U0534896

图书馆与馆配商
合作效益研究

宋旅黄 著

中国社会科学出版社

图书在版编目（CIP）数据

图书馆与馆配商合作效益研究 / 宋旅黄著. —北京：中国社会科学出版社，2019.3

ISBN 978 – 7 – 5203 – 3885 – 1

Ⅰ.①图… Ⅱ.①宋… Ⅲ.①图书采购—研究 Ⅳ.①G253.1

中国版本图书馆 CIP 数据核字（2019）第 000367 号

出 版 人	赵剑英	
责任编辑	田　文	
特约编辑	林　玲	
责任校对	闫　萃	
责任印制	王　超	

出　　版	中国社会科学出版社	
社　　址	北京鼓楼西大街甲 158 号	
邮　　编	100720	
网　　址	http://www.csspw.cn	
发 行 部	010 – 84083685	
门 市 部	010 – 84029450	
经　　销	新华书店及其他书店	
印　　刷	北京君升印刷有限公司	
装　　订	廊坊市广阳区广增装订厂	
版　　次	2019 年 3 月第 1 版	
印　　次	2019 年 3 月第 1 次印刷	
开　　本	710×1000　1/16	
印　　张	16	
字　　数	238 千字	
定　　价	99.00 元	

凡购买中国社会科学出版社图书，如有质量问题请与本社营销中心联系调换
电话：010 – 84083683
版权所有　侵权必究

序

"馆配"和"馆配商"是近30年在中国出现的两个新名词。"馆配"是图书馆图书配送的简称,"馆配商"自然也就是图书馆图书配送商家的简称。在欧美,"馆配商"一般称为"Book Vendor"(图书供应商)或者"Book Dealer"(书商)。为什么在中国要把为图书馆提供图书配送服务的商家称为"馆配商",而不是"图书供应商"或者"书商",其原因大概是中国的"馆配商"与欧美的"图书供应商"和"书商"的确存在很大的差别。这种差别主要在于欧美的"图书供应商"和"书商"一直沿袭以向图书馆提供图书为主的相对较为单一的服务,而中国的"馆配商"则在为图书馆提供图书的基础上,还深度介入图书馆的图书分类、编目和加工业务,承担了图书馆采访编目的大量外包工作。可是,这种外包又不是完全的或者纯粹的外包,所以也不能称之为外包商。也就是说,"馆配商"同时扮演着"图书供应商"和"图书采编加工外包商"两种角色,"图书供应商"是基色,而"图书采编加工外包商"则是彩色,二者完美的结合才构成"馆配商"的完整角色。这种差别可以称为"中国特色",也是20世纪末中国图书发行体制改革开放的结果和成果。

1988年4月1日,中共中央宣传部和新闻出版署联合发布《图书发行体制改革试行办法》(原名《中共中央宣传部、新闻出版署关于当前图书发行体制改革的若干意见》),提出:"改革的基本目标,是建立和发展开放式的效率高的充满活力的图书发行体制。……继续完善和发展以国营书店为主体的、多种流通渠道、多种经济成分、多种购销形式、少流通环节的新格局，推进'三放一联'。即放权承包，搞活国营书店；放开批发渠道，搞活图书市场；放开购销形式和发行折扣，搞活购销机制；推行横向经济联合，发展各种出版发行企业群体和企业集团。""三放一联"彻底改变了中华人民共和国成立以后长期形成的过分集中、统治过死、行政干预过多的发行管理体制和经营形式，打破了长期以来新华书店独揽图书馆图书供应的一统江山局面。2018年正好是我国图书发行体制改革30周年，可以说，如果没有《图书发行体制改革试行办法》，就不可能出现"馆配商"。

20世纪90年代，在"三放一联"图书发行体制改革的影响下，图书发行的格局开始发生巨大变化：一方面，以新华书店为主的国营书商开始全面改革，同时催生了一批新的国营书商；另一方面，涌现了一大批民营书商。既然是书商，自然在商言商，以追逐利润的最大化为目标，于是，在图书发行市场出现了两个新的名词"A版图书"（正版图书）和"B版图书"（高仿的盗版图书）。"B版图书"没有编辑成本，不用支付稿费、版税，自然利润丰厚，也就成了许多民营书商攫取第一桶金甚至一夜暴富的源泉，以致有的国营书商也不得不为之。于是，图书馆的藏书中开始有了"A版图书"和"B版图书"，而"A版图书"和"B版图书"的区分并非易事。一般而言，"A版图书"的印刷和装订质量要高于"B版图书"，但是也有"B版图书"的质量高于"A版图书"的情形，以至于出版商都难以辨别真伪，甚至把别人的"B版图书"误认为是自己的"A版图书"，令打假的新闻媒体啼笑皆非。

"B版图书"之所以能够进入许多图书馆，其最主要的原因是民营书商可以通过供给"B版图书"为图书馆提供比国营书商更低的折扣，由此也就滋生了图书馆图书采购的诸多问题：一则是许多图书馆均把获得图书采购的回扣作为创收手段，以改善图书馆从业者的低工资待遇，是为"明扣"；二则是图书馆的相关负责人还私下与书商勾结，另外再收受回扣或者佣金，进行贪腐，是为"暗扣"。当然，无论是"A版图书"还是"B版图书",也不论是国营书商还是民营书商,"明扣"和"暗扣"都是普遍存在的现象,只不过"B版图书"更加暴利,更加扰乱市场而已。

2004年,国家有关方面开始全面启动图书馆图书采购的反腐,从书商着手倒查各个图书馆在图书采购上的不规范行为和贪腐行为。虽然绝大多数图书馆收受图书采购的回扣基本上采用的是明收明用,主要是采购行为不规范的问题,但是,也有不少图书馆的相关责任人存在滥用回扣经费和贪腐行为,因此受到了党纪、政纪和法律的惩处。这次全国性的图书馆图书采购反腐清查,一方面使图书馆收受图书采购回扣的现象基本得以杜绝;另一方面则使全国各类型图书馆普遍开始实行图书采购招标,全面规范了图书馆的图书采购行为。在图书采购招标中,大多数图书馆为了确保图书供应的质量并不采用"价低者得"的采购策略,而是采用公开规定折扣,遴选优质书商的策略。一般而言,出版社给书商供货的折扣在码洋的6—7折,而各个图书馆的图书采购招标折扣标的8折左右,也就是说,书商的服务成本和利润在0—20%。同时,大部分图书馆在图书采购招标中招的是资格标,通常会选择3家左右中标的书商,并且只规定每家中标书商的最低采购图书金额,而最终实际采购的金额则视中标书商的各种服务能力分别增加,且以不超过各类图书采购的总预算为上限。由于书稿的人力成本相对固定,其运营的关键在于做量,如果没有足够量的图书馆客户和订单,任何书商都将不得不退出图书馆市场。

事实上,在2004年图书馆开始普遍推行图书采购招标以后,全国各类型图书馆的图书购置费普遍偏低,并不能达到大量书商赢利所需要的量,颇有几分僧多粥少的味道,因此许多专营图书馆业务的书商曾一度难以为继,有的甚至开始退出图书馆市场。恰在此时,公共图书馆和高校图书馆评估开始在全国盛行,新馆建设如火如荼,图书馆的购书经费普遍增长,加上图书馆采编人员的数量严重不足,质量不高,天赐良机,为书商的转型发展提供了大好机遇。

面对这种发展机遇,各书商迅速从"拼折扣"转向"拼服务",

为做大做强，在提供图书馆图书配送业务的同时，开始普遍提供深度介入图书馆图书采编业务的服务：（1）提供比"三目"更加广泛的可供图书目录；（2）进一步提高订购图书的满足率；（3）提供图书的分类编目服务和统一的规范编目数据，甚至免费提供到馆编目人员；（4）提供盖藏书章、贴书标、装磁条等图书加工服务；（5）提供更加及时的图书配送和上架服务；（6）甚至提供"纸+电"一体化采购服务。这种对图书馆采编业务的深度介入使书商开始转化为馆配商，并成为与图书馆紧密结合的"共同体"。

随着这种"共同体"的深入发展，各图书馆的图书供应商逐渐由分散转向集中，以致大多数图书馆的中标书商最后都是少数几家实力强劲的优秀馆配商，一些实力不足的图书馆供应商开始逐渐淡出图书馆市场。而现存的馆配商与图书馆所结成的"共同体"则愈加紧密、难以分割。在这个"共同体"中，如何保持利益的平衡，实现共生双赢，这既是一个不可回避的现实问题，也是一个值得研究的理论问题。如今，宋旅黄博士的著作《图书馆与馆配商合作效益研究》正好回应了这两个亟待解决的问题。

宋旅黄博士于1998年创办湖北三新文化传媒有限公司，经过20年的发展，已经将"湖北三新"建设成为屈指可数的全国优秀馆配商。能够取得如此成功的成就，宋旅黄博士自然有自己的独特之处。在笔者看来，其独特之处就在于宋旅黄博士对图书馆需求的不断深入地了解和研究。记得在过去的十余年间，宋旅黄博士曾与国内的图书馆学术团体和相关图书馆合作，组织召开过多次有关藏书建设的专题学术研讨会，他个人自然从中获益不少。然而，宋旅黄博士并没有因此止步，而是百尺竿头更进一步，进而不辞辛苦地拜图书馆学大家彭斐章教授为师，专心攻读图书馆学博士学位，从而实现了向"儒商"的蝶变。本书正是他在博士学位论文的基础上完成的成果，也是他长期从事馆配实践和图书馆学研究的思想结晶。

在这本著作中，宋旅黄博士系统地回顾了我国馆配商的形成与发展过程，以供应链管理理论、客户关系管理理论、合作竞争理论、营销管理理论、成本效益理论为基础，重点结合"湖北三新"与多个图书馆的合作案例与实践经验，对图书馆与馆配商的合作效益进行了全面而深入的研究。在他看来，图书馆与馆配商的合作领域主要有文献采访、阅读推广和业务外包三个方面，其中文献采访包括书目数据提供、图书现采和纲目购书。他以成功的案例阐述了图书馆与馆配商在这些领域的合作，提出了一系列进一步改进的措施。

21世纪以来，数字化与网络化的发展对图书馆的资源建设产生了巨大的影响，对图书馆与馆配商的合作也提出了严峻的挑战。宋旅黄博士通过对国内外图书馆图书采访发展动向的分析，提出了一系列具有实践创新和理论创新的独到见解。

鉴于21世纪以来国外图书馆在数字资源采购中兴起的读者决策采购（Patron-Driven Acquisition，PDA），宋旅黄博士提出了图书馆与馆配商合作来共同建立读者决策采购的理论与方法，为此专门构建了读者决策采购合作效益模型和评估方法，并以实践案例进行了实证分析，从而论证了图书馆与馆配商在读者决策采购系统上的合作可以给双方都带来效益的提升。

在此基础上，宋旅黄博士提出了通过建立云平台，实现"纸电同步"的合作模式，为图书馆提供买纸赠电、纸电捆绑和纸电融合等多种合作方式，以满足图书馆馆藏发展的现实需要，其中对图书馆与馆配商在纸电同步合作中的双方效益分析甚为细致，可资图书馆和馆配商借鉴参考。

多年来，宋旅黄博士一直十分强调根据学科建设的需要开展精准采购。为此，宋旅黄博士对精准采购的理论与方法进行了详细的阐述，总结和提炼了精准采购效益模型，并通过实践案例对该模型进行了数理分析，认为精准采购可扩大学科文献的采购面，减少学科文献漏购率，节省学科文献采购成本和人力成本。其中有关进一步改进和完善精准采购的建议，如建立馆藏文献资源测评体系，规范图书选题策划，制定科学合理的学科分类购书表，馆配商建立发展数据库，实现与图书馆数据双向互通等，对于完善图书馆的图书采购理论与方法颇有裨益。

宋旅黄博士提出的读者决策采购、纸电同步和精准采购等新的合作模式，均可比较准确地测度双方的合作效益，因此，可成为提升图书馆与馆配商合作效益的有效途径，具有重要的理论和实践价值。

总之，本书是一部理论与实践相结合的著作，其中的案例具有可复制性，其对策建议具有可行性和可操作性，有利于提升图书馆的馆藏发展质量和效益，值得阅读和借鉴。

是为序。

程焕文

2018 年 8 月 21 日

于中山大学康乐园竹帛斋

【程焕文，中山大学资讯管理学院教授，图书馆馆长，文献与文化遗产管理部主任，中国图书馆学会副理事长，国际图书馆协会联合会（IFLA）管理委员会委员。】

目　　录

第一章　绪论 ……………………………………………………（1）
　一　研究背景与意义 ……………………………………………（1）
　　（一）研究背景 ………………………………………………（1）
　　（二）研究意义 ………………………………………………（4）
　二　国内外研究现状 ……………………………………………（8）
　　（一）国外研究现状 …………………………………………（8）
　　（二）国内研究现状 …………………………………………（22）
　三　研究内容与框架 ……………………………………………（27）
　四　研究方法 ……………………………………………………（29）
　　（一）案例分析法 ……………………………………………（29）
　　（二）数学模拟法 ……………………………………………（29）
　　（三）实证分析法 ……………………………………………（30）
　　（四）跨学科研究法 …………………………………………（30）

第二章　图书馆与馆配商合作及其效益的相关理论分析 ………（31）
　一　图书馆与馆配商及其合作概述 ……………………………（31）
　　（一）我国图书发行体制的变革与民营书业的兴起 ………（31）
　　（二）馆配商业务板块的变化 ………………………………（33）
　　（三）图书馆、馆配商合作关系 ……………………………（37）
　　（四）图书馆与馆配商合作的意义 …………………………（39）
　二　合作的理论依据 ……………………………………………（41）

（一）供应链管理理论 …………………………………… (41)
　　（二）客户关系管理理论 ………………………………… (43)
　　（三）合作竞争理论 ……………………………………… (46)
　　（四）营销管理理论 ……………………………………… (49)
　　（五）成本效益理论 ……………………………………… (53)
　三　合作的实践动因 ………………………………………… (56)
　　（一）内在联系 …………………………………………… (56)
　　（二）环境驱动 …………………………………………… (58)
　四　合作效益的内涵 ………………………………………… (69)
　　（一）经济效益 …………………………………………… (69)
　　（二）社会效益 …………………………………………… (70)

第三章　我国图书馆与馆配商合作的实践及其效益 ………… (74)
　一　图书馆与馆配商的合作领域 …………………………… (74)
　　（一）文献采访领域 ……………………………………… (74)
　　（二）阅读推广领域 ……………………………………… (78)
　　（三）业务外包领域 ……………………………………… (80)
　二　我国图书馆与馆配商合作效益 ………………………… (81)
　　（一）北京白云公司的实例分析 ………………………… (81)
　　（二）湖北三新与图书馆的合作 ………………………… (85)
　　（三）北京百列公司与图书馆的合作 …………………… (91)
　三　我国图书馆与馆配商合作效益提升所面临的问题 …… (93)
　　（一）图书馆的所需图书品质、品种与馆配商实际
　　　　　供应能力的矛盾 …………………………………… (94)
　　（二）图书馆对服务质量要求提高与馆配商希望控制
　　　　　运营成本的矛盾 …………………………………… (95)
　　（三）信息传递效率与链式信息传递模式的矛盾 ……… (97)
　　（四）图书馆的差异化需求与馆配商标准化服务的矛盾 …… (99)
　　（五）市场环境激变与馆配商应对能力的矛盾 ………… (101)

（六）短期利润与长期效益的矛盾⋯⋯⋯⋯⋯⋯⋯⋯⋯⋯（103）

第四章　新形势下图书馆与馆配商合作效益的提升⋯⋯⋯⋯⋯⋯（105）
　一　图书馆与馆配商合作面临的新形势⋯⋯⋯⋯⋯⋯⋯⋯⋯⋯（105）
　　（一）互联网的迅速发展改变了读者的阅读习惯⋯⋯⋯⋯（105）
　　（二）图书馆数字资源建设需求增加，电子出版物发展
　　　　　潜力尚待释放⋯⋯⋯⋯⋯⋯⋯⋯⋯⋯⋯⋯⋯⋯⋯⋯（110）
　　（三）"十三五"新政为图书馆与馆配商的合作带来新的
　　　　　机遇与挑战⋯⋯⋯⋯⋯⋯⋯⋯⋯⋯⋯⋯⋯⋯⋯⋯⋯（112）
　二　新形势下国外图书馆与馆配商合作效益提升的借鉴⋯⋯（114）
　　（一）新形势下国外图书馆与馆配商合作效益提升的
　　　　　举措⋯⋯⋯⋯⋯⋯⋯⋯⋯⋯⋯⋯⋯⋯⋯⋯⋯⋯⋯⋯（114）
　　（二）新形势下国外图书馆与馆配商合作效益提升的
　　　　　思考⋯⋯⋯⋯⋯⋯⋯⋯⋯⋯⋯⋯⋯⋯⋯⋯⋯⋯⋯⋯（126）
　三　我国图书馆与馆配商合作效益提升的探索⋯⋯⋯⋯⋯⋯（130）
　　（一）用户导向的合作：读者决策采购⋯⋯⋯⋯⋯⋯⋯⋯（130）
　　（二）基于技术的合作：纸电同步⋯⋯⋯⋯⋯⋯⋯⋯⋯⋯（133）
　　（三）服务一流学科建设的合作：精准采购⋯⋯⋯⋯⋯⋯（135）

第五章　读者决策采购的效益分析⋯⋯⋯⋯⋯⋯⋯⋯⋯⋯⋯⋯（139）
　一　读者决策采购中图书馆与馆配商的合作方式⋯⋯⋯⋯⋯（139）
　　（一）选择合作书商⋯⋯⋯⋯⋯⋯⋯⋯⋯⋯⋯⋯⋯⋯⋯⋯（140）
　　（二）预设文档、资源查重⋯⋯⋯⋯⋯⋯⋯⋯⋯⋯⋯⋯⋯（140）
　　（三）设定图书购买的触发机制，形成订单⋯⋯⋯⋯⋯⋯（142）
　二　读者决策采购合作效益模型的构建⋯⋯⋯⋯⋯⋯⋯⋯⋯（144）
　　（一）读者决策采购合作的成本、收益界定⋯⋯⋯⋯⋯⋯（144）
　　（二）读者决策采购效益的评估模型⋯⋯⋯⋯⋯⋯⋯⋯⋯（146）
　　（三）读者决策采购效益模型分析⋯⋯⋯⋯⋯⋯⋯⋯⋯⋯（150）
　三　读者决策采购效益提高的改进策略⋯⋯⋯⋯⋯⋯⋯⋯⋯（151）

（一）加强对读者决策采购的推广和培训 ……………（151）
（二）严格设定预设文档，降低馆藏文献重复率 ………（152）
（三）推动书商转变营销方式 ……………………………（152）
（四）先试读再购买，实行读者决策采购的"贷款"模式……（153）
（五）推动图书馆员角色转变 ……………………………（153）
（六）对参与读者决策采购的读者进行反向筛选 ………（154）
四　读者决策采购的实证分析 ……………………………（154）
（一）合作中成本、收益数值的确定 ……………………（155）
（二）江门市玲珑图书馆与湖北三新的合作效益分析 …（156）
（三）读者决策采购合作及其效益模型的实践效果 ……（158）
（四）读者决策采购合作及其效益模型的改进策略 ……（158）

第六章　纸电同步的效益分析 ……………………………（160）
一　纸电同步的技术背景 ……………………………………（160）
（一）EDI 对接技术 ………………………………………（160）
（二）云平台技术 …………………………………………（163）
（三）App 开发技术 ………………………………………（170）
二　纸电同步中图书馆与馆配商的合作方式 ………………（173）
（一）买纸赠电 ……………………………………………（174）
（二）纸电捆绑 ……………………………………………（175）
（三）纸电融合 ……………………………………………（177）
三　纸电同步合作效益模型的构建 …………………………（179）
（一）纸电同步合作的成本、收益界定 …………………（179）
（二）纸电同步效益的评估模型 …………………………（182）
（三）纸电同步效益模型分析 ……………………………（186）
（四）纸电同步效益的其他体现 …………………………（191）
四　纸电同步效益提高的改进策略 …………………………（192）
（一）全品种可供书目平台的建立 ………………………（193）
（二）电子书的招投标制度的完善 ………………………（193）

（三）保证电子书的品质及提高馆配商平台的纸电
  同步率 ································· (194)
五 纸电同步的实证分析 ··························· (195)
  （一）合作中成本、收益数值的确定 ················· (195)
  （二）南艺图书馆与湖北三新的合作效益分析 ········· (197)
  （三）纸电同步合作及其效益模型的实践效果 ········· (198)
  （四）纸电同步合作及其效益模型的改进策略 ········· (200)

第七章 精准采购的效益分析 ························ (202)
一 精准采购的背景：学科建设新形势对图书采购的
  影响 ································· (202)
  （一）学科建设新变化 ···························· (202)
  （二）学科建设对图书馆采购图书的影响 ············· (203)
二 精准采购合作效益模型的构建 ····················· (204)
  （一）精准采购合作的成本、收益界定 ··············· (204)
  （二）精准采购效益的评估指标 ····················· (204)
  （三）精准采购效益的评估模型 ····················· (206)
  （四）精准采购效益模型分析 ······················· (209)
三 精准采购效益的主要体现 ························· (211)
  （一）扩大学科文献采集面 ························· (211)
  （二）减少学科文献漏购率 ························· (212)
  （三）节省文献订购成本 ··························· (213)
  （四）节省人力成本 ······························· (213)
四 精准采购效益提高的改进策略 ····················· (214)
  （一）建立馆藏文献资源测评体系 ··················· (214)
  （二）规范图书选题策划 ··························· (215)
  （三）制定科学合理的学科分类购书表 ··············· (215)
  （四）馆配商建立发展数据库，实现与图书馆数据
    双向互通 ································ (216)

五　精准采购的实证分析 …………………………………（216）
　　　（一）合作中成本、收益数值的确定 ……………………（216）
　　　（二）湖北爱华图书馆与湖北三新的合作效益分析 ………（218）
　　　（三）精准采购合作及其效益模型的实践效果 ……………（220）
　　　（四）精准采购合作及其效益模型的改进策略 ……………（221）

第八章　结论与展望 …………………………………………（223）
　一　研究结论 ………………………………………………（223）
　二　研究的创新与局限 ……………………………………（226）
　　　（一）研究的创新 …………………………………………（226）
　　　（二）研究的局限 …………………………………………（227）
　三　后续研究的展望 ………………………………………（228）

参考文献 ……………………………………………………（230）

后　记 ………………………………………………………（242）

第一章

绪　　论

一　研究背景与意义

（一）研究背景

图书馆是收集、选择、组织、保存和传递文献信息资源，为社会提供文献信息服务的机构，因此，文献信息资源是图书馆最基本的构成要素，是图书馆提供服务的基础。文献信息的生产者——出版社，是图书馆文献信息资源的源泉，它为图书馆源源不断地生产各种文献信息产品。而在出版社和图书馆之间，还有一条文献信息产品的流通渠道，就是图书发行商。那些聚集着各级各类出版机构生产的文献信息产品，并根据图书馆的需要向其配送图书文献的图书发行商，被称为馆配商。在"出版社—馆配商—图书馆"形成的图书文献供应链中，图书馆与馆配商的关系更为直接，联系也更为紧密。图书馆与馆配商良好的合作，是图书馆建设高质量文献信息资源体系的保障条件，当然，也是馆配商提高经营效益的重要前提。

改革开放以来，特别是进入21世纪以后，我国的图书馆事业迅速发展。党和政府制定了科教兴国的战略和促进社会主义文化大发展大繁荣的方针，作为国家的科学、教育和文化事业重要组成部分的图书馆，迎来了前所未有的发展机遇。随着国力的增强，国家对图书馆事业的投入大幅度增加，图书馆的资源建设得到了充分的财力保障。

在这种良好的社会环境中，图书馆如何有效地利用国家资金，建设资源丰富、质量优良、服务效能优化的文献信息资源保障体系，是图书馆同时也是社会十分关注的问题。而要实现这一目标，图书馆与馆配商建立良好的合作关系是重要的前提之一。

同样是改革开放以来，我国的图书出版发行事业也取得了长足的发展。随着我国的经济体制由计划经济向社会主义市场经济转型，图书发行体制打破了由新华书店垄断的局面，不同所有制的图书发行企业如雨后春笋般涌现，多元化的图书发行格局已然形成，专门服务于图书馆的馆配商也应运而生。图书发行市场在繁荣发展的同时，竞争也日趋激烈。馆配商要在这样纷繁复杂、竞争激烈的市场环境中生存和发展，取得良好的社会效益和经济效益，也必须与图书馆密切合作，互利共赢。

正是在这样的形势下，图书馆与馆配商形成了"利益共同体"。近年来，图书馆与馆配商的合作越来越密切。以笔者所在企业湖北三新文化传媒有限公司（以下简称湖北三新）为例，湖北三新成立于1998年，彼时正逐步展开同图书馆的合作，由于行业体制固化，湖北三新同图书馆的合作模式尚未形成体系，产业链也仅初具雏形。2004年8月12日，教育部出台了新的《普通高等学校本科教学工作水平评估方案（试行）》，该方案中对图书馆的生均图书量及生均年进书量等图书馆指标做出了规定，并将这两个指标列入高校基本办学条件。图书馆评估的C级标准以生均图书和生均年进书量来进行统计，据教育部规定，包括生均图书、生均年进书量在内的12条指标，若高校图书馆未达到标准，将给予该校限制招生甚至暂停招生的严厉处分。

该政策的颁布使各高校加快了文献资源建设的步伐，各高校图书馆文献资源的采购量激增，吸引了众多民营书商投身于高校图书馆图书批销领域。之前便在湖北高校教材领域开展业务的湖北三新，也将高校图书馆作为业务重点，扩大与高校的合作规模，逐渐发展壮大。该政策为图书馆配行业的兴起创造了有利条件，湖北三新正是在这样的政策推动下加强了与出版社的联系，同时也与全国众多图书馆建立了合作关系。合作的图书馆从2003年的402家增加到2017年的2152家，合作的领域从单纯的图书采购发展到图书编目、加工，甚至读者培训、图书馆馆藏分析报告等各项服务。2013年，受到互联网技术的冲击以及图书馆的需求刺激，并随着文献资源数字化、信息传递网络化的发展，湖北三新研发了融纸质图书和电子图书采购以及图书馆自动化集成管理系统于一体的馆配云平台，力图以更为先进和更有效率的方式为图书馆资源建设提供更为优化的服务，从而可以有效提升图书馆与馆配商的合作效益。

近年来，我国经济建设发展进入新常态，社会环境也变化巨大。习近平总书记在十九大报告中指出，近五年来我国在经济建设方面取得了巨大成就，思想文化建设取得了巨大进展，人民生活不断改善，我国社会的主要矛盾已经发生了变化，发展的不平衡不充分成为满足人民日益增长的美好生活需要的主要制约因素。社会经济文化建设已经进入了新的阶段，各领域的建设重点也有了新的目标。图书馆在不断进步的社会经济文化建设中所起到的作用也在发生变化。近年来，人们可以发现，图书馆馆藏资源建设重点由重视规模数量逐渐转变为重视文献信息资源的质量，以及提供读者所需要的信息资源；图书馆的服务内容及服务能力成为近年来的建设热点。因此，图书馆的需求已经发生了变化。十九大报告同时指出，在经济建设领域需要深化供给侧改革，需要提高供给体系的质量，支持传统产业优化升级，加快发展现代服务业，瞄准国际标准提高水平。作为图书馆供应商，馆配商的业务内容伴随着图书馆的需求扩充而不断丰富，创新服务内容、提升服务效率等问题，是馆配商长期以来的工作重点。而随着社会科技水平的急剧提升，传统行业陆续发生革命性的变化，市场需求变化给馆配行业带来的冲击及压力也越来越大；图书馆馆配领域也需要突破传统批销业的固有模式，向现代信息服务业发展。

社会环境在不断地变化，科学技术也在不断地发展，图书馆与馆配商的合作空间将会越来越大，合作的内容会越来越深入。如何使这种合作的效益进一步提升，仍然有许多问题需要研究。本研究正是在这样的背景下，以提升图书馆与馆配商的合作效益为目标，探讨图书馆与馆配商合作及其效益形成机制，以北京白云公司、北京百列公司（以上均为化名）、湖北三新文化传媒有限公司等知名馆配企业为例，分析我国图书馆与馆配商合作及其效益状况，在此基础上，提出在新的形势下图书馆与馆配商合作的若干新领域，论证在这些领域的合作能够产生的效益，以及提升合作效益的途径，从而为未来图书馆与馆配商的合作提供决策依据。

（二）研究意义

馆配市场是伴随着馆配商与图书馆合作关系的不断深化而逐步发展的。研究馆配商与图书馆合作效益的提升将有助于馆配市场继续健康发展，实现馆配商与图书馆的双赢。

1. 促进图书馆与馆配商的关系从贸易向合作发展

随着馆配市场的发展，馆配商与图书馆之间的关系不再停留在浅层的贸易关系，而是发展成一种深层的合作关系。在传统图书供应关系中，馆配商仅仅作为图书馆的资源提供者，沟通次数少，交流层次浅；且作为买卖双方，图书馆与馆配商之间往往存在不信任感。图书馆作为承担公共服务的非营利性组织，其经费来源于公共财政，数量有限。图书馆在采购过程中不可避免地希望获得低价优质的服务；而馆配商作为企业，必然需要追求利润，二者的矛盾不可避免。一直以来，馆配商在市场竞争机制下，长期向图书馆提供附加性服务（如图书加工、上架等）而不收取额外费用（或象征性收取少量费用）。图书馆习以为常，也将其作为馆配商服务的标准内容。这在客观上增加了馆配商自身的运营成本。长此以往，图书馆认为馆配商要价高，但未能提供相应的产品服务；而馆配商则认为图书馆要求日益苛刻，经营压力大。可以看出，在传统贸易关系中，图书馆与馆配商始终处于博弈状态，不利于双方建立良好充分的信息沟通渠道，馆配商难以完全了解图书馆的需求，图书馆亦不能充分利用馆配商提供的支持。

近年来，随着图书馆对读者服务能力及信息资源质量越来越重视，图书馆陆续开始服务创新；同时，馆配商在新的市场环境下也在谋求企业转型、升级。这离不开产业链上下游的密切配合与信息交互，或由图书馆主动提出，或由馆配商积极推动，双方不由自主地开始探讨共建或合作项目，渐渐突破传统贸易关系的范畴，而开始转为合作关系。图书馆与馆配商，有着同样的存在的意义，那就是追求信息和知识的最大范围普及和最大价值体现。这是促进图书馆与馆配商抛去利益纠纷团结在一起共同协作的根本所在[1]。同时，图书馆与馆配商想要达成良好的合作，必须要满足一些客观的条件，双方必须要保持顺畅的沟通，要达成互惠互利、互帮互助的共识，对彼此有基本的尊重，同时要保障物质上的需求，比如人力、物力、财力，确保合作的效益和成果。

2. 帮助图书馆对合作的馆配商作出更优选择

随着我国社会经济的不断进步，图书馆配行业也迎来繁荣发展期，民营书商陆续进入馆配行业，形成覆盖我国各区域、规模及特色各异的不同馆配商。图书馆在选择馆配商作为项目合作伙伴的过程中，需要通过制定各种客观、科学的标准，以便评估、选择符合图书馆自身特点及项目需求的馆配商，从而保障合作项目的顺利开展，达到预期效果，行使图书馆公共文化服务的职能。有学者指出，图书馆具备了主导挑选馆配商的能力，尤其从用户立场来讲，图书馆的各个岗位的工作者都能够对馆配商进行评分判断，形成科学客观的数据和分析，帮助图书馆筛选、作出决定[2]。还有学者指出，图书馆的选择标准应该包含道德信用准则、供货质量和价值、生产和服务的技术水

---

[1] 彭飞、陆聆：《关于图书馆与书商关系的博弈论分析》，《图书馆学研究》2006年第12期，第53—55页。

[2] 王瑞玲：《从图书招标谈图书供应商的选择》，《图书馆建设》2006年第3期，第57—59页。

平等①。事实上，仅从馆配商企业表面状况或短期的合作中，图书馆难以事先作出有效判断。且在现有图书招标采购制度体系下，图书馆采访人员的话语权严重不足，评标人员往往以折扣的多少作为确定中标的依据。随着市场竞争日益激烈，馆配商间恶性竞争事件层出不穷，部分馆配商为赢得竞争，以极低价格中标，抢得市场。而中标后则难以履行合同义务，无法满足图书馆需求，甚至提供恶劣的服务，对馆配市场造成极大的负面影响。

除馆配商自身规模及经济指标外，图书馆实际仅可从过去图书供应业务及项目合作中的实际情况来评判馆配商的优劣状况。因此，科学评估图书馆与馆配商的合作效益情况，是考核并选择馆配商的最佳手段。通过对业务来往及合作过程中馆配商的各项服务表现、服务能力细化，制定量化评估模型，从而使图书馆能够对不同馆配商的实际表现进行客观的比较。再结合调查采访等辅助手段，进一步获得对馆配商实际能力的评估信息，最终形成规范、标准的评估模型，为图书馆新项目的馆配商合作招标提供综合性评判标准。所以，对图书馆与馆配商合作效益的分析，正是为了建立一个科学评价体系，以帮助图书馆选择合适的馆配商，而这也是图书馆与馆配商构建良好合作关系的基础。

3. 推动馆配商提高自身服务水平和质量

由于图书馆的公共文化服务特性，其自身绩效情况难以像营利性企业一般依据盈亏状况来评判。因此长期以来，在图书馆与馆配商的业务来往及项目合作中，缺乏一种科学有效、直观清晰的效益评估方式。仅以馆配商提供图书的品种、数量，供货周期等简单指标，难以区分不同馆配商的优劣情况；而对于馆配商的服务水平，图书馆也难以给出有依据的、系统性的评价反馈。馆配商未收到切实的客户反馈，则往往简单地认为交货后就已满足图书馆需求，缺乏对自身服务

---

① 李四克：《析图书馆对书商的选择》，《咸宁学院学报》2004 年第 5 期，第 205—206 页。

水平和质量的审视和提升的驱动力。一旦读者有紧急的阅读需求时，馆配商无法及时为图书馆提供其所需的图书，或者图书馆对某一种比较热门的图书有需求时，馆配商因其实力不足、货源单一而无法充分满足图书馆的复本需求，就从根本上影响了读者用户的体验和对图书馆的信任[①]。又如图书馆对电子书平台、数据库的采购，其标准往往局限于数据库的规模、电子书并发数等方面，对资源实际使用体验、使用率等方面则没有有效的评估标准，从而难以引起馆配商的重视。

对图书馆与馆配商合作效益的研究，可以重新审视双方合作中所涉及的各项细节及其影响，并提供科学评估双方合作效益的可行方法，进而成为图书馆选择合作馆配商的依据，最终形成对馆配商提升服务的市场压力，驱使馆配商进一步提升服务水平、服务质量等。

图书馆在对馆配商进行评价、分析和筛选的同时，要从能有效解决问题、创建优良图书馆配生态环境的角度出发，帮助馆配商不断求进步求发展，提高馆配商的自我觉悟，促进馆配商主动积极地提高为图书馆服务、与图书馆合作的技能和水平。

4. 丰富图书馆与馆配商合作的理论研究

目前关于图书馆与馆配商合作关系的理论研究往往集中在图书馆与馆配商合作的原因、背景、发展历程、发展障碍等问题上，而真正涉及图书馆与馆配商的具体合作方式、实际合作效果等现实问题的研究都较为缺乏。图书馆与馆配商的合作，是一种非营利性组织与营利性组织间的合作。其合作效益问题则涉及这种差异性组织间的合作目的、合作方式等，以及非营利性组织绩效评估方式、供应链效益评估等问题，不仅需要紧密结合图书馆公共服务的自身特点，也需要联系市场营销、供应链、客户关系等跨学科理论。

本书力图填补这块理论空白，通过对多个图书馆与馆配商合作的实践例子以及目前正在采用的合作模型和合作数据的定量定性分析，

---

① 徐夏莲：《谈谈图书馆与图书供应商合作中存在的问题及对策》，《图书馆界》2009年第3期，第44—46页。

延展和丰富图书馆与馆配商合作的理论研究，为图书馆与馆配商的合作实践提供理论参考。

二　国内外研究现状

（一）国外研究现状

国外图书馆与馆配商已有悠久的合作历史，在相关领域也不乏多方面的学术研究。然而，直接研究图书馆与馆配商合作效益的文献则比较有限。本书即从图书馆与馆配商合作的关联领域入手，其中，不仅包含图书馆学研究，也涉及了合作等商务领域的范畴，因此本书主要使用了Taylor & Francis、ASC（Academic Search Complete）、Wiley等文献范围较广、综合性较强的外文数据库。"图书馆"英文即为"library"，而在国外，"馆配商"的英文表达上通常直接采用"vendor（卖家）"一词，用于指代所有服务图书馆、为图书馆供应产品及服务的企业。图书馆与馆配商的合作可用"library（libraries）and vendor（s）""library（libraries）and vendor（s）relationship/collaboration"等。合作效益的英文表达通常为"cooperation performance"或"collaboration performance"等。效益评估通常为"performance measurement"等。考虑到馆配商与图书馆处于供应链中的上下游关系，笔者同时也采用"library supply chain（图书馆供应链）""supply chain performance（供应链效益）""performance measurement in supply chain（供应链效益评估）""cooperation/collaboration in supply chain（供应链中的合作）"等关键词。通过以上关键词，笔者对图书馆与馆配商合作效益的相关范围文献进行了充分检索，经阅读摘要及全文，发现其中约有60篇与本次研究关联度较高。

1. 国外图书馆与馆配商的关系研究

（1）国外图书馆与馆配商间的依存性。

虽然国外对图书馆与馆配商的合作效益方面并没有直接的研究文献，但是对双方的关系领域的研究探讨则不在少数。图书馆与馆配商的关系一直受到馆配行业业界人士的关注。尽管从现在看来,图书馆与馆配商已经形成了一定规模的合作,然而多年以前双方的关系曾经饱受质疑。Kenneth 在 2005 年的研究中指出,双方关系存在一定的矛盾,原因在于图书馆处于非营利性的公共服务领域,而馆配商则处于需要盈利的商业环境中[1]。二者的处世哲学存在很大的差异,馆配商为了保证自己的竞争优势,则必须保护商业机密,隐藏一些信息;而图书馆的业务领域则不存在商业竞争的概念,其出发点就是与大众分享信息;由此,在双方的业务来往中,难免存在一定的隔阂,甚至出现误解以及不信任感。Ronald 的研究中也指出双方的关系常被认为存在一种对抗的情形[2]。但实际上,图书馆与馆配商保持良好关系是保证图书馆项目成功的重要因素。

Sam Brooks 指出,图书馆与馆配商的关系并不是通常情况的顾客与商家的关系,原因在于图书馆的工作人员并不是终端用户,读者才是;图书馆是为读者提供服务的。若馆配商能够提供更好的产品或服务给图书馆,则图书馆也可以更好地服务于读者;相对的,馆配商也需要得到图书馆的反馈,以优化自己的产品。"二者实际存在一定的依存关系"[3]。Matt 认为,相比其他行业,馆配市场中图书馆与馆配商的合作程度实际上更高[4]。因为馆配商的营利性需求,图书馆则不与之合作是不现实的[5]。图书馆需要明白"馆配"就是一种商业行为,而不止馆配商,出版社也有着明确的营利性需求,从而冲抵成

---

[1] Kenneth E. Marks PhD, "Vendor/Library Collaboration—An Opportunity for Sharing", *Resource Sharing & Information Networks*, 18: 1 - 2, 2005, pp. 203 - 214.

[2] Ronald A. Gagnon, "Library/Vendor Relations from a Public Library Perspective", *Jounuil of Library Administration*, Vol. 44, No. 3/4, 2006, pp. 95 - 111.

[3] Brooks. Sam, "Introduction: The Importance of Open Communication between Libraries and Vendors", *Journal of Library Administration*, Vol. 44, No. 3/4, pp. 1 - 4.

[4] Dunie, Matt, "Negotiating with Content Vendors An Art or a Science?", *Library Technology Reports*, Vol. 51, Issue 8, 2015, pp. 16 - 26.

[5] Katy Ginanni, Anne E. McKee, Jenni Wilson & Linda A. Brown, "Yer Doin' it Wrong: How NOT to Interact with Vendors, Publishers, or Librarians", *The Serials Librarian*, Vol. 68, Issue 1/4, 2015.

本，满足自身的发展，并吸引作者提供更多、更优秀的作品①。

图书馆与馆配商的合作，并不意味着其"背叛"了学校（若为高校馆的情况）及自身的使命，相反，双方建立紧密的联系，更能创造符合读者需求的服务②。Himmelfard 图书馆曾需要一种类似谷歌的搜索引擎，用于解决馆藏文献的检索问题；而 EBSCO 则看到了与图书馆的合作机会，并尝试将其 EDS 平台应用在图书馆领域③。尽管该项目使得双方都投入了相当大的时间及精力，但最终得以成功实施。该研究指出，EBSCO 在项目中表现出的对图书馆需求及建议的开放性，以及努力寻找解决方案的高投入度，是项目成功的关键，同时也赢得了图书馆方面的认可，改变了其对馆配商的固有看法。事实上，Kenneth 的研究案例中也表示，图书馆与馆配商需要有共同的目标，当双方为达成共同目标而攻克难关时，相互之间则自然产生了合作："建立共同目标而进行合作实践，是消除隔阂，建立信任，提升双方关系的有效手段"。

（2）国外图书馆与馆配商的合作成效。

图书馆与馆配商的合作效果，从结果来说是正面而显著的。从国外文献中可知，图书馆与馆配商建立合作，保持良好关系，不仅有利于文献采访等常规工作的实施，也可为图书馆在数字化建设、阅读推广，或者探索新的采购模式等方面提供极大的助力。

美国肯特州立大学图书馆（Kent State University Library）在 2000 年前后与 YBP 公司④及 OCLC（联机计算机图书馆中心⑤）开展合作，重新建立了工作流程，将重复性、规律性的工作，如图书 MARC 数据的记录、传输等，都采用计算机自动完成；留给图书馆工作人员更多

---

① Matt Barnes Jon Clayborne Suzy Szasz Palmer, "Book Pricing: Publisher, Vendor, and Library Perspectives", *Collection Building*, Vol. 24, Issue 3, 2005, pp. 87 – 91.

② Yvette Diven , Cathy Jones & Katy Ginanni, "Working Collaboratively with Vendors to Create the Products You Want", *The Serials Librarian*, 48：3 – 4, 2005, pp. 247 – 250.

③ Tompson, J. L., Obrig, K. S. & Abate, L. E., "Web-scale Discovery in an Academic Health Sciences Library: Development and Implementation of the EBSCO Discovery Service", *Medical Reference Services Quarterly*, 32（1）, 2013, pp. 26 – 41.

④ YBP 图书馆服务公司介绍：www.ybp.com/。

⑤ 联机计算机图书馆中心介绍：http：//www.oclc.org/zh-Hans/home.html。

"有趣的"工作①。项目实施后,从 1998 年至 2002 年,肯特州立大学图书馆在编目外包的成本由每年 7.6 万美元减少至 4.3 万美元,平均每条记录成本从 8.67 美元降至 3.71 美元。该项合作不仅降低了图书馆的运作成本,也让馆配商意识到提高效率的可行方法。

Knovel②与工程类图书馆,如德雷塞尔大学图书馆、科罗拉多矿业大学图书馆等,开展了不同领域的合作③。其主要产品 Knovel 工程学术文献搜索引擎除外,Knovel 还帮助德雷塞尔大学图书馆在校内推广该工具的使用,让该校师生使用信息检索工具来完成各自研究或学业问题;而对科罗拉多矿业大学图书馆,Knovel 则满足了该校对馆配商电子资源无缝对接的需求,即使用本校搜索工具即可获取各种出版社/馆配商来源的电子资源——这不仅需要对网络平台进行对接,也需要将馆配商的电子书 MARC 数据同步至图书馆系统中。

加拿大 CRKN 图书馆联盟与 Érudit 也正在接洽在开放获取领域(Open Access)的合作事宜,并计划于 2017 年付诸实践④。该计划不仅尝试将图书馆与馆配商的关系提升到"合伙人(Partner)"的层面,也将支持相关领域的数字出版。若能得以成功应用,则可以形成 OA 领域的可持续的合作方式;对后续 OA 领域的研究及商业实践都有重要的参考价值。

John Blosser 也曾指出,在图书馆数字化建设中,馆配商可以为图书馆提供更多的附加价值。因为国外各出版商及整合商的数字资源合约和打包条款非常繁多而复杂,作为中介服务的馆配商则可以整合这

---

① Margaret Beecher Maurer & Michele L. Hurst, "Library-vendor Collaboration for Re-engineering Work flow: The Kent State Experience", *Library Collections, Acquisitions, & Technical Services*, 27: 2, 2003, pp. 155 – 164.

② Knovel 产品网站介绍:www.knovel.com/。

③ J Bhatt, WC Paulsen, L Dunn, ASV Epps, "Vendor Partnerships with Engineering Libraries: Partnering with Knovel: Case Studies in Information Outreach", *American Society for Engineering Education*, 2005.

④ Monica Ward, Joanie Lavoie, "A Library-publisher Partnership for Open Access Building an Innovative Relationship between Scholarly Publishers and Academic Libraries", *Liber Quarterly*, Vol. 25, No. 4, 2016, pp. 189 – 204.

类信息，并提供便于图书馆理解的合约。馆配商也可提供最新的数字产品信息，并帮助图书馆监测读者的使用情况（当使用馆配商数字平台时），以及对图书馆人员进行电子产品的培训①。

（3）影响合作成效的隐患及应对方式。

可见，图书馆与馆配商的合作对拓展图书馆服务范围、保证图书馆服务质量等方面的促进作用都有较多的实践证明。Ray L. Henry 的研究中指出，随着网络信息技术的发展，双方的依存关系进一步提升。如云服务的应用，使得资源的基础服务都存在于服务提供商的系统和设施上，而不是图书馆的本地系统，这就需要图书馆与馆配商有更加紧密的联系②。图书馆非常在意其所购买的数字产品的使用体验，因为这直接关系到读者的使用情况，在合作中的任何阶段都有可能出现问题导致合作效果的降低甚至失败，从而危及双方关系，如产品问题、系统故障、新的需求，但馆配商没能及时解决或响应缓慢等。

Ray L. Henry 同时指出，图书馆可以通过更换馆配商来换取更好的合约折扣，或者服务质量；然而现实中往往并不如此，因为图书馆的选择面在逐渐减小，馆配商的数量实际在不断减少。Kevin M. Marmion 与 Richard J. Spinelli 的研究中指出，在过去 20 年中，图书馆的责任范围及功能在不断扩大，而馆配商的数量正不断减少，市场上出现了若干出版、馆配领域的巨型企业，然而相比这些巨型企业，过去的小型馆配企业、专门中介，反而更了解图书馆的实际需求③。

从 Taylor&Francis④、Elsevier⑤、Springer⑥ 等出版领域知名企业发展历程可知，国外图书市场通过收购、合并、战略合作等商业运作，

---

① John Blosser, "Vendors and Licenses", *The Serials Librarian*, 38: 1 - 2, 2000, pp. 143 - 146.
② Ray L. Henry, "Library Software Vendors: Improving Relationships", *The Journal of Academic Librarianship*, Vol. 42, Issue 5, 2016, pp. 620 - 621.
③ Kevin M. Marmion & Richard J. Spinelli, "The Changing Role of Law Library Vendors", *Legal Reference Services Quarterly*, 21: 4, 2002, pp. 301 - 306.
④ http://taylorandfrancis.com/about/history/.
⑤ https://www.elsevier.com/about.
⑥ http://www.springer.com/gp/about-springer/company-information/history.

逐渐形成了一批集图书出版、分销、数据库订阅、技术服务于一体的国际性出版巨头企业/集团，在国外图书馆配市场中也占有了很大的份额。然而，这类企业在全球范围提供全面的、多样化的产品及服务时，却不能如过去小型馆配商那样了解各自细分市场的客户需求；对于地区性的，特别是非英语背景的用户需求，往往存在一定的疏漏（或不予满足）。Sarah Raley 与 Jean Smith 的文章指出，美国社区大学图书馆就存在着一种困境，一方面，非常需要馆配商所提供的电子资源；而另一方面，馆配商提供的产品通常都是针对学术型图书馆及公共图书馆的，同时馆配商的营销人员也并不了解社区大学的特点及需求[1]。而在北美，社区大学实际在国民教育体系中扮演着不可或缺的角色，而他们的需求却并不能得到良好的满足。Ronald 也表示公共图书馆的需求特点有时也得不到满足，馆配商没有将他们与学术、研究型图书馆做区分，而提供有针对性的产品或服务[2]。一些有实力的图书馆则自行研发所需求的产品，如瑞典隆德大学开发了 ELIN@，可集中管理电子期刊资源，已被 10 多所瑞典大学使用[3]。

不过在以上文献中，相关学者并不止步于提出问题，还进行研究发现，向馆配商明确表明图书馆的需求是最直接的解决手段。事实上，馆配商也渴望与图书馆的交流，Elsevier 图书馆关系部门负责人 Tony McSeán 在采访中表示，他们的职责就是倾听图书馆的需求，从而指导图书馆相关产品和服务的研发[4]。其他关于图书馆与馆配商关系的研究中也指出，沟通是确保合作成功、解决潜在问题的关键因素[5]。

---

[1] Sarah Raley & Jean Smith, "Community College Library/Vendor Relations", *Journal of Library Administration*, 44: 3-4, 2006, pp. 187-202.

[2] Ronald A. Gagnon, "Library/Vendor Relations from a Public Library Perspective", *Jounuil of Library Administration*, Vol. 44, 2006, pp. 95-111.

[3] Anna Alwerud & Lotte Jorgensen, ELIN@, *The Acquisitions Librarian*, 17: 33-34, 2005, pp. 85-95.

[4] Kelly Lynch, "E-books: The Future for Publishers and Libraries", *Collection Building*, Vol. 31, Iss 2, 2012, pp. 78-80.

[5] Ronald A. Gagnon, "Library/Vendor Relations from a Public Library Perspective", *Jounuil of Library Ailministrnlion*, Vol. 44, No. 3/4, 2006, pp. 95-111.

(4) 国外图书馆与馆配商进行有效沟通的要素。

从国外文献中可知，进行有效沟通需要双方，特别是图书馆，在观念上发生改变，图书馆不能忽视在馆配商关系管理上的投入。Ronald 的文中提出要消除双方关系中可能存在的"对抗"情况，若能有效利用与馆配商企业中各层面的工作人员的联系，可以保证图书馆的需求能够得到积极的应对。例如，利用与馆配商产品研发人员的例会，图书馆可以直接描述需要的产品形态，而得到迅速的反馈。①

在 Rick Anderson、Jane F. White 及 David Burke 的研究中，作者指出在馆配商有义务满足客户（图书馆）需求的同时，图书馆也有义务配合馆配商的工作。首先应该尊重馆配商工作人员，作者认为"馆配商人员都是诚恳的"，因为如果出现问题仍需要他们来解决，他们不会自己制造麻烦。在与馆配商开例会之前应该做好准备，确认需要交流、讨论的内容及方向。同时，也应考虑到馆配商所能承受的范围，因为馆配商的资源并不是无限的，图书馆的需求也应有一个合理的限度。此外，图书馆应及时反馈产品使用情况以及产品问题，从而使馆配商能够在第一时间做出安排。②

相对地，馆配商应该确认图书馆人员的沟通方式偏好。Kirsten Ostergaard 与 Doralyn Rossmann 的采访研究表明，通常图书馆人员有沟通方式的偏好性。在一般情况下，图书馆人员并不希望接到电话来访，特别是对于新产品的介绍等，因为他们平时工作比较繁忙；而对于紧急情况，图书馆人员则会致电馆配商，并希望得到迅速响应，因为馆配商的产品会直接影响读者体验。因此，馆配商需要向图书馆确认适合的沟通方式，并依此设置固定的沟通渠道③。

---

① Ronald A. Gagnon, "Library/Vendor Relations from a Public Library Perspective", *Jounuil of Library Ailministrnlion*, Vol. 44, No. 3/4, 2006, pp. 95-111.

② Rick Anderson, Jane F. White & David Burke, "How to Be a Good Customer", *The Serials Librarian*, 48: 3-4, 2005, pp. 321-326.

③ Kirsten Ostergaard, Doralyn Rossmann, "There's Work to be Done: Exploring Library-Vendor Relations", *Technical Services Quarterly*, 34: 1, 2017, pp. 13-33.

（5）国外图书馆与馆配商的合作领域的发展。

从 Timothy J. Tillack 的研究中表明，近年来澳大利亚图书馆的经费预算逐年减少①。在国外馆配市场中，图书馆则存在跨国采购电子书、数据库等数字化产品，而这些供应商（出版社）通常为美国或者英国企业。图书馆采购因此而受到汇率及通货膨胀等方面的影响，导致采购经费的购买力下降。图书馆通常求助于馆际联盟，为图书馆协商到更合适的采购合约。Matt 也指出，尽管从行业角度看馆配市场存在一定的增长，但实际上图书馆的采购经费并没有得到相应的增长。从局部来看，图书馆实际上减少了纸质图书的采购，而选择了数字化的产品或服务②。实际上，图书馆建设的数字化趋势由来已久，但是适合的电子书定价及合作模式的行业标准仍待建立③。在 TRLN（Triangle Research Libraries Network）组织的出版社、图书馆、馆配商三方会谈中，达成了一定的共识，然而也存在一些问题④。

三方共识：应有多种采购模式供图书馆选择；纸电图书的共存；对工程流程、订购信息的整合。

存在的问题：电子书的所有权；电子书使用和采购的行业标准；电子书的折扣问题。

此外，数字化转型中也产生了电子书编目等问题，伊利诺伊大学的实践经验显示，编目数据最好在馆配商处进行优化，再传入图书馆系统，而实践中也需要投入大量的人力和时间。因此需要提升图书馆与馆配商的自动化水平，以及对接程度。

---

① Timothy J. Tillack, "Pressures, Opportunities and Costs Facing Research Library Acquisitions Budgets: An Australian Perspective", *The Australian Library Journal*, 63: 3, 2014, pp. 206 – 219.

② Dunie, Matt, "Negotiating with Content Vendors An Art or a Science?", *Library Technology Reports*, Vol. 51, Issue 8, 2015, pp. 16 – 26.

③ Kelly Lynch, "E-books: The Future for Publishers and Libraries", *Collection Building*, Vol. 31, Iss 2, 2012, pp. 78 – 80.

④ S. K. Lippincott, S. Brooks, A. Harvey, J. Ruttenberg, L. Swindler, J. Vickery, "Librarian, Publisher, and Vendor Perspectives on Consortial E-Book Purchasing: The Experience of the TRLN Beyond Print Summit", *Serials Review*, Vol. 38, Issue 1, 2012, pp. 3 – 1.

2. 图书馆与馆配商合作价值的评估方法

馆配商作为企业，可以通过对其经营状况的评估来测量其商业行为中所产生的效益。而对图书馆的价值评测，则相对复杂。在佛罗里达州公共图书馆的价值研究中，国外学者采用对投资回报率（return on investment，即ROI）的评估方式，对该州公共图书馆的价值进行评估，即测量每投入1美元所能够得到的价值收益。然而其难点则在于对公共图书馆所得到的回报（收益）的界定。该研究界定了公共图书馆存在的四层价值，并随后设计问卷对佛罗里达州公民进行了抽样调研[①]。

使用价值：净支付意愿（net willingness to pay，以下简称WTP）。

选择价值：将来选择使用的支付意愿。

存在价值：保持其存在的支付意愿（尽管将来也可能不会选择使用）。

遗赠价值：让后人也得以使用的支付意愿。

在2006年俄亥俄州西南部公共图书馆价值研究中，Levin, Driscoll及Fleeter等人指出在通常的效益研究中，一般以"经济影响（economic impact）"，即能够吸引到的资本规模，作为界定公共服务价值的指标。然而图书馆更倾向服务当地人群，因此经济影响的测量方式并不适合。其代替方式即为投资回报研究。该研究进一步指出图书馆服务所存在的直接价值与间接价值[②]。

直接价值：图书馆服务直接提供的信息及感受所代表的价值，如借阅一本书所获得的信息的价值。

间接价值：使用图书馆服务后所获得的后续收益所代表的价值，如利用借阅的图书中的信息，成功解决了工作中的问题。

[①] J-M. Griffiths., D. W. King., C. T. Herbison., S. Beach., J. Schlarb, "A Study of Taxpayer Return on Investment (RoI) in Florida Public Libraries: Detailed Results & Study Methods".

[②] Levin, Driscoll & Fleeter, "Value For Money: Southwestern Ohio's Return from Investment in Public Libraries", 2006.

作者认为,"没有能够测量间接价值的方法存在",因此该研究仅对图书馆所产生的直接价值进行研究。

而对于直接价值的测量则采用如下三种方法:消费者盈余(customer surplus);条件价值研究法(contingent valuation):WTP;时间成本法(cost of time):用户使用图书馆服务的时间的机会成本。

然而后两种方法存在调研成本高、主观性强,以及投机性行为等弊端。

在 Carol Tenopir 的研究中则探讨了多种测量图书馆价值的方法,包括[1]:

隐形价值(Implicit value):通过服务的使用量(图书借阅量、文献下载量、网站访问量等)来评测图书馆的价值,因为读者使用图书馆的服务,显然对于他们来说图书馆服务具有价值。

确切价值(Explicit value):通过定性调研找出读者从图书馆服务中获得的收益。

衍生价值(Derived values):以 ROI 等方法估测出图书馆服务所带来的价值。

研究指出,ROI 只是评测图书馆价值的一种方法,同样可以通过对用户的定性调研,以读者亲身经历的"案例"找出图书馆对其用户所带来的价值。

在类似的研究中,最著名的便是英国国家图书馆(British Library[2],以下简称 BL)的价值评估研究。在牛津经济研究院的研究文献中指出,对 BL 价值的评估方式采用了成本—收益分析(Benefit Cost Analysis, BCA),并将其应用于总经济价值(Total Economic Value, TEV)框架下[3]。该评测方法符合英国财政部(HM Treasury)绿皮书的相关研究指导方针。研究指出,图书馆的价值应分为使用价值

---

[1] Carol Tenopir, "Beyond Usage: Measuring Library Outcomes and Value", *Library Management*, Vol. 33, Iss 1/2, 2011, pp. 5 – 13.

[2] http://www.bl.uk/.

[3] Andrew Tessler, "Economic Valuation of the British Library", *Oxford Economics*, 2013.

及非使用价值（如图1—1）。其中非使用价值指的是没有使用图书馆服务的个体，对图书馆服务的认可并愿意支持其发展的潜在价值体现。在BL的效益研究报告中[1]显示，BL的价值也是通过条件价值研究法进行测量。为此，调研组对英国公民进行了详细的问卷调研。结果显示每投入1英镑，英国国家图书馆则可以产生约4英镑的价值。

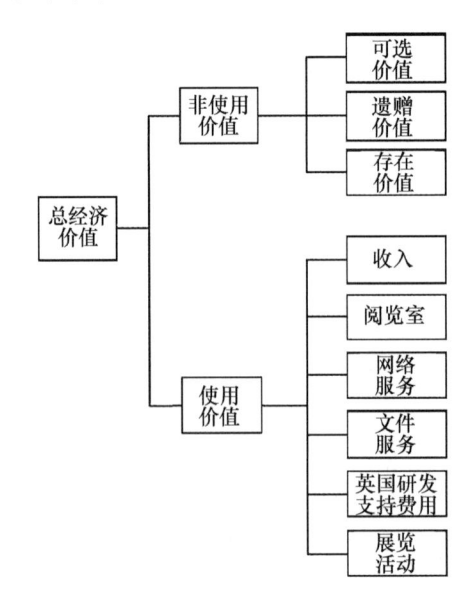

图1—1 总经济价值（TEV）框架下的价值评估模型

3. 供应链中的组织合作效益研究

（1）供应链中的组织合作。

组织间的合作被定义为，两个及以上的组织间联合技能和资源并共同创造价值的行为[2]。同时，不同于一般关系，组织间建立的合作关系是一种战略联盟，比普通关系更加持久、稳固[3]。Christopher指

---

[1] British Library, "Measuring our Value".

[2] Ricco, M. E., "21st Century Inter-organizational Collaboration Success and Dedicated Alliance Function", Phoenix, AZ: University of Phoenix, 2009.

[3] Kushner, R. J., "Understanding the Links between Performing Artists and Audiences", *Journal of Arts Management, Law, and Society*, 33（2），2003, pp. 114 – 126.

出供应链灵敏性的主要元素就在于供应链的灵活性,而这种灵活性与供应链中组织间的合作程度、信任建立、关系情况高度相关[1]。而灵敏的供应链则意味着更短的市场反应时间、交货周期等。

组织间合作关系的建立,有助于提高供应链的表现及效率。一项对英国食物供应链的研究表明,大型零售商都希望其供应商提供灵活的物流服务,从而应对意想不到的情况[2];通过供应链合作则可以共同解决这个问题。Dreyer 与 Gronhaug 发现与客户建立合作关系可以应对供应中的不确定性[3]。供应链中组织的合作程度同时可增强供应链的弹性,使之抗风险能力得到加强[4]。另一项研究则强烈号召将供应链中各企业联合起来共同解决问题[5]。

然而,供应链中的合作并不总能成功建立,其中存在一系列的挑战[6]。首先,建立合作关系通常需要相当的时间、精力及资源的投入,需要参与组织有足够的耐心[7]。Taps 和 Steger-Jensen 指出,说服企业放弃短期利益而加入供应链合作是困难的,然而最终的结果的确是能够达到双赢的效果[8]。另外,促成并保持合作也需要一定的动因及特别考虑;供应链中的成员变动、外在影响、组织扩展等各种因素都会影响

---

[1] Christopher, M., "The Agile Supply Chain: Competing in Volatile Markets", *Industrial Marketing Management*, 29 (1), 2000, pp. 37 – 44.

[2] Peck, H., "Resilience in the Food Chain: The Inside Story", *Logistics & Transport Focus*, 9 (4), 2007, pp. 20 – 23.

[3] Dreyer, B., K. Gronhaug, "Coping with Unpredictable Supply: The Role of Flexibility and Adaptation", *European Journal of Marketing*, 46 (10), 2012, pp. 1268 – 1279.

[4] Bingcong Zeng, Benjamin P. -C. Yen, "Rethinking the Role of Partnerships in Global Supply Chains: A Risk-based Perspective", *International Journal of Production Ecnomics*, Vol. 185 (3), 2017, pp. 52 – 62.

[5] Gosling, J., M. Naim, D. Towill, "A Supply Chain Flexibility Framework for Engineer-to-Order Systems", *Production Planning & Control*, 24 (7), 2013, pp. 552 – 566.

[6] Haig-Brown, C., "Continuing Collaborative Knowledge Production: Knowing When, Where, How, and Why", *Journal of Intercultural Studies*, 22 (1), 2001, pp. 19 – 32.

[7] Huxham, C., *Creating Collaborative Advantage*, London, UK: Sage, 1996.

[8] Taps, S. B., K., Steger-Jensen, "Aligning Supply Chain Design with Manufacturing Strategies in Developing Regions", *Production Planning & Control*, 18 (6), 2007, pp. 475 – 486.

到合作关系的持续性[1]。所以，建立成功而稳固的合作关系，不仅需要供应链成员的高度参与，也需要足够的市场动力来驱使他们行动。实际上，往往是财政压力迫使供应链成员开展新领域合作的尝试。

（2）供应链中的效益评估。

供应链效益评估（Supply Chain Performance Measurement，SCPM）是对供应链中效果及效率的量化评估。效果即为组织对客户需求的满足程度[2]；而效率则指代当达到特定的客户满意度时，组织所需花费的资源的经济性[3]。通过 SCPM 则可以对供应链的表现情况进行较为直观的监测和评估。

一般来说，供应链效益评估仅需测量供应链中单独企业的效益情况，因为他们的效益情况自然会反应在供应链的效益上面[4]。然而这种方式并不能正确反应整条供应链的效益表现，对供应链中的多企业合作情况传统的方式则无法测量[5]。在多企业合作情况的效益评估中，会涉及从多渠道收集数据、目标确定、信息共享等多种挑战。

不少学者以针对各自领域重新建立并测试了供应链效益评估模型（见 Laura、Rosanna 及 Andrea[6]；Vier、Davide、Paolo 及 Federico[7]等）。

---

[1] Foster-Fishman, P., Berkowitz, S. L., Lounsbury, D., Jacobson, S. and Allen, N., "Building Collaborative Capacity in Community Coalitions: A Review and Integrative Framework", *American Journal of Community Psychology*, 29 (2), 2001, pp. 241 – 261.

[2] Shepherd, C and Günter, H., "Measuring Supply Chain Performance: Current Research and Future Directions", *International Journal of Productivity & Performance Management*, 55 (3): 2006, pp. 242 – 258.

[3] Gunasekaran, A and Kobu, B., "Performance Measures and Metrics in Logistics and Supply Chain Management: A Review of Recent Literature (1995 – 2004) for Research and Applications", *International Journal of Production Research*, 45 (12), 2007, pp. 2819 – 2840.

[4] Dey, P. K., A. Bhattacharya, and W. Ho., "Strategic Supplier Performance Evaluation: A Case-based Action Research of a UK Manufacturing Organisation", *International Journal of Production Economics*, 166, 2015, pp. 192 – 214.

[5] Hofmann, E., "Quantifying and Setting off Network Performance", *International Journal of Networking and Virtual Organisations*, 3 (3), 2006, pp. 317 – 339.

[6] Rosanna Fornasiero, Carlo Brondi, Davide Collatina, "Proposing an Integrated LCA-SCM Model to Evaluate the Sustainability of Customisation Strategies", *International Journal of Computer Integrated Manufacturing*, 0: 0, 2017, pp. 1 – 14.

[7] Vieri, Davide, Paolo, Federico, "Supply Chain Performance Measurement Systems: A Systematic Review and Research Agenda", *International Journal of Production Economics*, Vol. 183 (1), 2017, pp. 299 – 315.

然而，图书馆馆配市场也存在其特殊性，并不能直接应用这些模型。

（3）供应链中合作的决胜因素。

供应链合作成功的影响因素包括：建立信任及关系、分享成就、领导力、时间、共同决策等[1][2][3][4]。基于网络服务的供应链合作成功因素则为：沟通、高层承诺、数据安全、培训教育以及软硬件的可靠性等[5]。

4. 国外研究现状评析

综上所述，国外学者在图书馆与馆配商关系方面的研究，阐述了双方相对特殊的合作关系，并指出这种合作关系直接影响着图书馆服务的最终效果，并存在不少成功的实践案例。而通过合作，图书馆成功地实现了预期目标，图书馆与馆配商的关系也可得到进一步的增强。良好的沟通显然是应用任何项目的基础条件。然而，在以上研究中，仅能从合作实践的结果判断双方合作的效果，并未对合作效益的预估及测量方式进行探讨。那么，对于图书馆与馆配商间可能存在的各领域中的合作项目，则缺少一种可以预先评估的效益研究模型。

国外的相关研究成功地对公共图书馆等进行了价值评估，其结果显示图书馆的存在确实给社会带来了良好的效益。然而，这些研究也偏向于对图书馆价值的一种主观判断，且需要开展较大规模的调研。

---

[1] Bell-Elkins, J. B., *A Case Study of A Successful Community-campus Partnership: Changing the Environment Through Collaboration*, Boston: Unpublished Dissertation, University of Massachusetts, 2002.

[2] Metzler, M. M., Higgins, D. L., Beeker, C. G., Freudenberg, N., Lantz, P., Senturia, K. D. and Softley, D., "Addressing urban Health in Detroit, New York City, and Seattle through Community-based Participatory Research Partnerships [Electronic Version]", *American Journal of Public Health*, 93 (5), 2003, pp. 803 – 811.

[3] Strand, K., Marullo, S., Cutforth, N., Stoecker, R. and Donohue, P., *Community-based Research and Higher Education: Principles and Practices*, San Francisco, CA: Jossey-Bass, 2003.

[4] Zizys, T., "Collaboration Practices in Government and in Business: A Literature Review", *In The Inter-agency Services Collaboration Project*, Edited by: Robert, J. and O'Conner, 2007, pp. 68 – 88.

[5] E. W. T. Ngai, T. C. E. Cheng & S. S. M. Ho, "Critical Success Factors of Web-based Supply-chain Management Systems: An Exploratory Study", *Production Planning & Control*, 15: 6, 2004, pp. 622 – 630.

图书馆与馆配商的效益研究可以参考成本收益的分析方法，然而对于双方成本、收益的界定则需要一种更能体现实际的方式。同时，图书馆价值除了可量化的层面外，也存在需要通过定性分析而发现价值体现，这在本次研究中也应考虑进来。

供应链中组织合作有利于提升供应链的整体效益，然而对于供应链效益的具体评估方式，仍需要结合我国图书馆与馆配商合作的实际情况进行制定。

（二）国内研究现状

在对国内学者的相关研究成果进行整理后发现，国内关于馆配商与图书馆的研究并未涉及二者之间的效益研究，故先从同本主题相关度较大的几个研究领域对国内研究现状做出论述。随着馆配商与图书馆的合作深入，越来越多的学者就以馆配商与图书馆为主题展开了分析，基于同本书相关度考量，主要从以下两个方面来进行论述。

1. 图书馆与馆配商合作研究

图书馆与馆配商作为图书行业供应链上的两个重要环节，其对图书行业的发展起着决定性的作用，而这二者在长期的博弈过程中也逐步趋向互利共赢的协同发展模式。对图书馆与馆配商关系的发展进程中各个阶段所存在的问题，我国学者进行了相关研究。沈秀琼指出馆配商面临竞争日益激烈的市场行情，需要调整招标竞争策略，创新馆配供书模式，拓展书目信息服务内涵，通过提升自主服务来加强同图书馆的合作关系，提升二者之间的黏性，加强对自身的管理以及内部建设，通过技术创新以及信息革新来提升自身的竞争力，并积极同出版社进行紧密联系，加强互动与交流，提升业务人员素质，为同图书馆的"非零和"博弈提供机会。[①] 俞欣则是从出版社、馆配商、图书馆之间的三方博弈来探讨图书行业供应链上三者之间的联系。其指出

---

① 沈秀琼：《蓝海战略：高校图书馆与馆配商的"非零和"博弈》，《馆配园地》2015年第6期，第88—91页。

图书馆与出版社、出版社与馆配商、馆配商与图书馆这三组博弈关系对三者之间的发展均产生了至关重要的影响。并提出图书馆需要逐步完善采购政策和采购工作的规范化建设；出版社需要加强与馆配商合作，努力做好各项营销服务工作；馆配商需要提供专业化和个性化的服务需求。三者只有协同发展，才能实现图书行业的繁荣。① 肖希明、完颜邓邓对国外图书馆与出版商、书商（馆配商）的合作模式进行研究来探索三者之间的关系。其中，图书馆同馆配商之间的合作主要体现在文献采访、编目业务外包、阅读推广、开放获取、知识援助这五个领域，他们从这五个方面深入探讨了图书馆和馆配商合作互助均能为双方的发展带来一定的益处。② 崔波也指出，图书馆同馆配商的长期合作关系的形成对双方的发展是互利共赢的，馆配商从该合作关系中获得的不仅为经济利益，也带来了一定的社会效益，同时馆配商也需要加强自身服务，这样才能提升自身竞争力，加强同图书馆的黏性。③ 叶菁则从双向诚信的角度来分析图书馆与馆配商之间的关系。其指出在图书馆同馆配商达成合作过程中存在着图书馆采购人员以及馆配商双向失信问题，而诚信是馆配商的一项隐形资本，也是确保图书采购工作健康发展的不可或缺的因素，因而在图书馆同馆配商达成合作关系过程中需要确保双向诚信，并提出为了构建双向诚信需要建立有关监管部门与公众舆论相结合的监督体系，通过该方法来促进图书馆与馆配商之间实现长期稳定的互利共赢关系。④

2. 互联网环境下的图书馆与馆配商合作研究

（1）关于读者决策采购（PDA）的研究。

读者决策采购（Patron-driven Acquisition，PDA）是一种全新的资

---

① 俞欣：《馆配市场中三方博弈与合作》，《图书馆建设》2008 年第 8 期，第 38—44 页。
② 肖希明、完颜邓邓：《国外图书馆与出版商、书商的多元化合作》，《图书馆》2016 年第 4 期，第 6—12 页。
③ 崔波：《高校图书馆与馆配商互利共赢的思考》，《图书馆工作与研究》2009 年第 10 期，第 28—32 页。
④ 叶菁：《高校图书馆图书采购中构建双向诚信的思考》，《科技情报开发与经济》2014 年第 1 期，第 68—69 页。

源建设模式，该方法在美国图书馆兴起，国内也较少有图书馆对该方法进行重点推进，关于该模式的研究主要集中在对国外案例进行分析。

史丽香对国外图书馆使用 PDA 的情况进行了分析，指出目前国外图书馆运行的 PDA 主要有两种类型：一种是把馆际互借图书转化为订单，另一种是读者在 OPAC 中发现 MARC 数据并发起购买。分析指出，PDA 一定程度上能满足读者需求，但其有别于读者荐购，国内图书馆在采用该种方法时需要对采购流程进行符合自身资源的设计，并对该方法进行评估，以检测该方法的适用性。[1] 吕娜娜对加利福尼亚州立大学图书馆电子书 PDA 项目进行了研究，EBL 和 Coutts 两家书商对该图书馆提供了不同的服务，在实施 PDA 电子书项目期间，EBL 相对于 Coutts 提供了较多的 MARC 书目记录并且持续时间较长，其主要原因是两个书商的营销方式不同，Coutts 没有使用短期租借的方式而采用了第二次阅览电子书则触发购买机制，导致资金消耗过快。国内图书馆在采用 PDA 时需要对工作流程进行优化，以降低图书馆馆藏文献重复率。[2] 谢莉指出，美国大学在实施 PDA 期间，该项目带来了一系列问题，由于 PDA 将购书权交给了读者，读者主观上根据自身喜好来采购图书，图书馆的学科建设、系统化的藏书体系则被弱化，造成图书馆藏书体系失衡、购书经费超支等问题。并指出，PDA 的推广需要采用灵活的经费分配方案、设置分级制选书权限、开展馆员进修以及读者培训活动等方式的辅助。[3]

在具体研究我国图书馆应该如何利用 PDA 来为读者提供更好的服务时，我国学者主要将 PDA 结合其他方式协同合作来进行分析。周群

---

[1] 史丽香：《纸本图书 PDA：境外图书馆的实践及其启示》，《图书馆杂志》2013 年第 11 期，第 83—86 页。

[2] 吕娜娜：《加利福尼亚州立大学图书馆电子书 PDA 项目分析》，《图书馆建设》2014 年第 10 期，第 27—31 页。

[3] 谢莉：《美国大学图书馆实施 PDA 过程中面临的问题及解决办法》，《图书情报工作》2013 年第 5 期，第 65—69 页。

将 PDA 采访嵌入图书馆微信服务平台,构建图书馆 PDA 微信采访平台。并以五邑图书馆为例进行分析,所构建的 PDA 微信采访平台包括读者加急订单、读者荐购、馆际互借、高码洋复本需求及纸质图书选购五个模块,并将 PDA 平台所采访的图书馆成本与流通量进行对比性分析统计。通过有关分析,他认为 PDA 这一图书采访模式在满足图书购买量的同时又满足了读者的需求,对图书馆的资源建设起到了一定促进作用。[①] 杨丹丹认为 PDA 是图书馆未来服务展开的方向,该方法以读者需求导向为中心,为读者提供优质的图书采购服务,为图书馆的长期发展提供一定的助力。其认为大数据分析能够为读者决策采购提供精准的数据源,在一定程度上使图书购书经费能够得到合理利用,大数据通过分析图书的个性化行为判断读者的需求,从而在满足读者需求的同时最大限度地避免了浪费。[②] 白新勤在对图书馆实施 PDA 的基本路径上做了有关研究,指出 PDA 存在其自身优势,如以读者需求为本,将重图书馆馆藏转变为重图书使用,真正做到了以读者为中心。并提出实施 PDA 需要图书馆、信息资源供应商、读者三方的工作协作,PDA 的构建需要服务平台的搭建、馆员筛选、读者发现与借阅存取、书目维护和政策调整、付费和预算管理五个步骤。其指出 PDA 作为新兴事物,在图书馆的使用和推广必然会困难重重,但如能真正将 PDA 运用到图书馆的日常管理中来,势必能极好地解决目前图书馆普遍存在的大型期刊外文数据库订购费用过高的问题。[③]

在图书馆施行 PDA 的过程中,图书馆员仍然有着重要的角色定位。张丹认为,虽然 PDA 以读者为本,实行读者决策采购即强调读者在图书采购中的优势地位,但图书馆员在 PDA 实施过程中仍有着不可取代的重要作用。图书馆员仍是系统化、学科化馆藏建设的主力

---

① 周群:《图书馆 PDA 微信采访平台构建》,《数字技术》2015 年第 11 期,第 100—104 页。

② 杨丹丹:《利用大数据分析法提高图书馆读者决策采购效能探析》,《图书馆工作与研究》2015 年第 1 期,第 60—62 页。

③ 白新勤:《图书馆实施读者决策采购的基本路径探讨》,《图书情报工作》2013 年第 3 期,第 76—80 页。

军，其需要在 PDA 实施过程中负责选择馆配商、设置预设文档、划分读者权限等重要工作，是 PDA 项目建设的重要参与者。①

（2）关于纸电同步的研究。

纸电同步即纸质图书与电子图书的同步销售，对该主题的研究起因主要是目前电子书的兴起以及纸质图书市场低迷。宋旅黄、赵冉指出传统图书采购模式存在着采购成本高、效率低等弊端，在"互联网+"时代背景下，图书馆应该寻求新的采购途径，其以湖北三新纸电同步云平台——田田网为例分析纸电同步相比于传统图书采购的优势，基于云平台以及 EDI 对接等技术的纸电同步云平台具有信息对接方便、物流信息公开化、财务结算透明化等特点，相比于传统购书方式来说效率更高也更便捷，提升了图书馆的采购效率，简化了图书馆的采购流程，高效便捷的合作方式也提升了馆配商自身的竞争力。

（3）国内研究现状评析。

国内学者对图书馆以及馆配商的主题研究主要集中在图书馆同馆配商合作领域效能优化、合作策略等方面，对该方面的研究也主要以对图书馆的研究为主，较少从图书馆与馆配商双方的角度出发来探索各自需要为提升双方合作效益而做出的改善策略。另外，国内研究也缺少对图书馆与馆配商合作效益研究，相关的研究大多是从宏观的角度分析图书馆同馆配商的合作对双方能够带来互利共赢的局面，从而缺少了对二者效益的具体研究，而确定二者具体效益又具有较为重要的研究意义，只有通过对图书馆和馆配商合作的具体效益进行分析，才能对如何改进双方合作过程中的弊端，实现双方效益进一步的提升提出具有针对性的看法。因而，在分析图书馆和馆配商之间的关系时，还需要对二者之间的合作效益进行深入的探索挖掘。

关于图书馆与馆配商具体合作领域如 PDA、纸电同步等方面的研究也局限于对其概念的阐述以及有关案例的介绍，相关研究并未深入

---

① 张丹：《读者决策采购模式中馆员的角色定位及职业前景分析》，《图书与情报》2014 年第 2 期，第 86—89 页。

挖掘以上领域的合作对图书馆与馆配商双方带来的效益的提升,因而更缺少对这些领域效益提升的路径研究。

三 研究内容与框架

本书在供应链管理、成本收益等相关基础理论的指导下,深入分析当前我国图书馆与馆配商合作实践的内外部环境及合作效益现状,尝试归纳分析影响图书馆与馆配商合作效益的现存问题,并对新的市场形势下合作效益的拓展作出预测分析,尝试建立评估双方合作效益的可行性模型,提出推进我国图书馆与馆配商进一步合作并提高效益的途径及策略,以实现馆配市场合作共赢的新局面。具体而言,本书拟解决以下五个方面的问题。

(1) 分析国内图书馆与馆配商合作的内外部环境状态,找出促成图书馆与馆配商合作的实践动因,以及在环境变化下双方合作的发展状态及趋势,确定合作对图书馆与馆配商的各自效益的具体内涵。

(2) 分析我国图书馆与馆配商的合作领域、合作流程以及合作效益,从而明确当前我国图书馆与馆配商的合作状态,并发现影响双方合作效益提升的主要因素。

(3) 分析评估市场变化所产生的合作新形势,并对新形势下国外图书馆与馆配商的实践经验作出分析借鉴,找出新形势下我国图书馆与馆配商提升合作效益的可行方式。

(4) 根据各途径合作方式的特点,构建不同合作领域的合作效益模型,探索分析影响双方在该领域合作效益的主要因素,并提出提高合作效益的改进策略。

(5) 结合实践案例,对新合作领域的合作效益,以及对应的效益模型应用效果作出实证分析,发现新合作领域给图书馆及馆配商带来的实际效益,以及效益模型的应用价值,并针对不足点提出改进策略。

本研究的框架如图1—2所示。

研究背景及研究意义

国内研究现状	国外研究现状

国内外研究的不足

图书馆与馆配商合作及其效益的理论分析		
合作的相关理论	合作的实践动因	合作效益的内涵
供应链管理理论 客户关系管理理论 合作竞争理论 营销管理理论 成本效益理论	环境驱动：政策、社会、经济、市场、技术、需求	经济效益
	内在联系：供应链关系、合作关系、竞争关系	社会效益

我国图书馆与馆配商合作的实践及其效益		
我国图书馆与馆配商的合作领域		
文献采访领域	阅读推广领域	业务外包领域
我国图书馆与馆配商合作效益的实例分析		
北京人天的实例分析	湖北三新的实例分析	百万庄的实例分析
提升合作效益所面临的问题		

新形势下图书馆与馆配商合作效益的提升	
图书馆与馆配商合作面临的新形势	新形势下国外图书馆与馆配商合作效益提升的借鉴
我国图书馆与馆配商合作效益提升的探索	
用户导向的合作 / 基于技术的合作 / 服务一流学科建设的合作	

图书馆与馆配商合作效益模型的构建		
读者决策采购	纸电同步	精准采购

图书馆与馆配商合作效益的实证分析

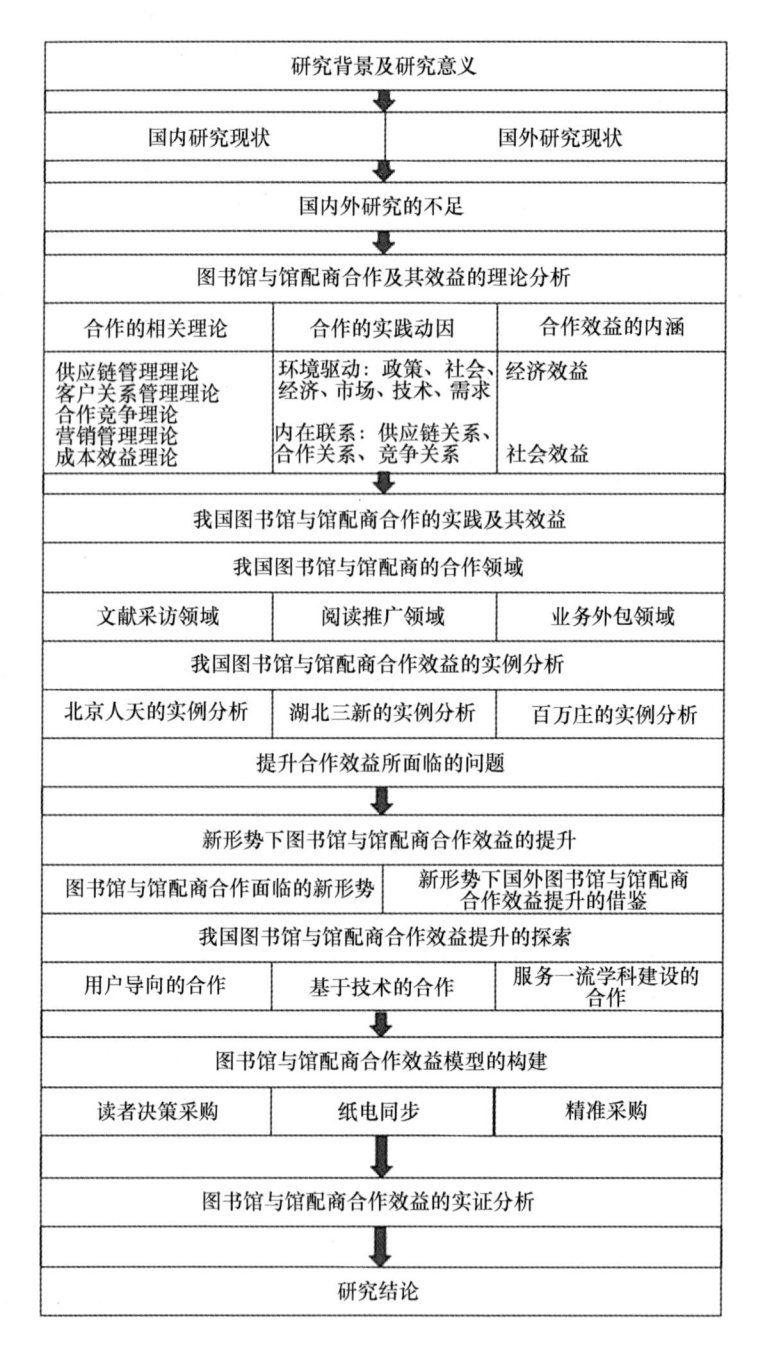

研究结论

图1—2 研究思路示意图

四 研究方法

本次研究的目的是探究图书馆与馆配商的合作效益。由国内外文献可知，若要系统性地分析、研究双方的合作关系，首先需要对我国图书馆与馆配商的合作现状、合作领域、合作模式，以及合作的未来发展有一个全面的了解。在此基础上，可尝试归纳建立一种用于评估图书馆与馆配商的合作效益的分析方法。因此，本次研究主要采用定性的研究方法，同时采用案例分析法以及数学模拟法，对图书馆与馆配商的合作效益问题进行归纳、总结并建模探讨分析；在建立模型分析后，通过实证分析法来验证模型的实际应用效果。

（一）案例分析法

从文献中可知，在国外相关实践案例中可较全面地总结、归纳图书馆与馆配商合作时所涉及的合作领域、合作方式及合作效果等情况。因此，本次研究也可通过国内图书馆与馆配商的合作实例作为切入点。以我国馆配市场的代表性的企业与图书馆合作的实践情况为基础，对我国该领域的合作基本形态作出分析。同时也基于实例分析，探索我国图书馆与馆配商合作效益提升所面临的问题。在合作的新形势下，本研究同时参考、分析国外图书馆与馆配商提升合作效益的实践经验，为我国图书馆与馆配商在新形势下的合作效益的提升提供思路及方法的借鉴。

（二）数学模拟法

在对我国馆配市场中的合作形态有一个清晰的认识后，则可以结合图书馆与馆配商在不同领域的合作方式，建立能够反应特定合作方式的数学模型。根据文献可知，成本—收益分析可以成功地应用于图书馆的价值评估。因此，本次研究也将使用成本—收益分析作为数学模型的基本框架。然而本次研究的主要目的并不是研究图书馆对社会产生的总体效益,而是针对其与馆配商之间特定合作所能产生的效益的评估。所以,本次研究将主要采用直接价值(图书馆与馆配商合作的商业行为所产生的价值,如图书销售额等),以及时间的机会成本(用于衡量双方合作中的人工成本价值)等方式,界定图书馆与馆配商合作中的成本及收益。

由于在合作的实践中,影响双方合作效益的因素复杂而多变,若在研究中计入所有影响变量,则会增加模型的复杂性,使得实际研究成为不可能。所以本次研究也将运用科学的抽象法,舍弃一些合作中较小的因素或变量,将复杂现象简化和抽象为若干主要变量,再根据合作的实际形态构成模型。不同领域的合作,所涉及的投入、产出以及合作背景及内涵存在区别,故而更适宜采用不同的分析模型,进行有针对性的测量分析。在基本模型建立后,本研究将根据合作实践中的典型情况做出假设并设置相应参数,并作对比分析,以得出趋近现实的结果。从各变量的关系中,尝试分析得出影响图书馆与馆配商合作效益的关键因素。对相关参数的设置将在效益分析章节详细说明。

(三) 实证分析法

数学模型建立与理论分析之后,也需要由事实佐证,以检验模型的应用效果以及存在的不足。本次研究主要采用湖北三新文化传媒有限公司与其图书馆客户的合作实践经验为参考,分别对不同领域的合作效益模型进行验证分析。

(四) 跨学科研究法

图书馆与馆配商的合作效益研究,不仅是图书馆学领域的研究课题,也同样涉及了工商管理、经济学、网络信息技术等其他学科的应用理论及应用方式。采用多学科理论的综合运用及分析,从多角度展开本次研究课题,有助于建立全面的图书馆与馆配商合作效益的认识体系。本次研究即结合图书馆学、工商管理、经济学、网络信息技术等学科的理论及应用模型开展研究。

第二章

图书馆与馆配商合作及其效益的相关理论分析

一 图书馆与馆配商及其合作概述

馆配商是指向图书馆提供图书和配供服务的供应商,和出版社、图书馆形成中、上、下游的关系。从广义上来讲,馆配商包括纸质图书供应商、数据库提供商、出版社馆配部门等多种类型,而其中纸质图书供应商现阶段为图书馆合作的主体。因此,本研究对馆配商的研究及指代对象为图书馆纸质图书供应商。馆配商作为供应链中的重要一环也经历过从无到有,业务结构由简到繁的变化过程。

(一)我国图书发行体制的变革与民营书业的兴起

20世纪90年代前,我国的图书发行体制基本上是以国营的新华书店为主渠道的一家独大的局面。图书馆图书供应渠道主要是新华书店,其位于全国各地的分设书店为图书馆的重要采书点。随着我国的经济体制由计划经济向市场经济的转型,各种类型的民营书店应运而生。在图书馆方面,随着我国经济和科学、教育、文化事业的快速发展,图书馆事业也出现繁荣兴旺的局面,图书馆文献资源建设规模持续扩大,图书采购量急剧攀升,从而吸引了大批民营书商进入图书馆馆配市场,馆配市场的格局由此发生变化。馆配市场由新华书店一统天下转变为多方馆配商竞争的格局。

在20世纪90年代，新华书店的国营体系为我国图书销售发行的主要渠道，图书馆文献资源采访也不例外。早期文献采访主要依赖于新华书店所发行的《新华书目报》，图书馆采访人员通过该报了解图书目录信息，以及勾选报订表单等人工方式完成采访工作。由于早期我国图书馆馆藏规模较小，采访量较少，上述模式也可以满足当时图书馆的需求。90年代末期，若干民营书商开始涉足图书馆文献资源采访领域，但规模较小。

自2002年起，我国第一轮高校评估的开展对高校人均图书占有量做了硬性规定，不达标的高校将面临减少招生名额甚至暂停招生的处分。高校图书馆随即增大文献资源采访规模。而随着图书馆采购图书品种及数量的急剧提升，传统新华书店为主的供应模式的局限性也渐渐暴露。传统文献资源采访模式中，图书的加工（盖章、贴磁条等）、上架、图书编目等业务均需要由图书馆员完成。随着图书采购量的急剧增大，随之产生的后续工作量远远超过单一图书馆所能处理的程度，而这些服务新华书店并不能够提供。因此，民营书商随即找到了市场切入点。

成都世云书店率先提出图书加工服务外包的业务内容，帮助图书馆完成图书配送、加工、上架等工作，受到各类型图书馆的广泛欢迎。之后，安徽儒林图书、福建邦德、北京人天书店、中教图书中文馆配部等企业及单位也在图书馆文献资源采访领域崭露头角。随后，大量民营书商陆续进入图书馆图书供应市场，我国"馆配市场"逐渐形成。伴随着2003—2005年高校教学评估的持续推行，以及改革开放后我国市场化需求的进一步加深，民营馆配商迎来了快速发展期，市场份额逐步提高。曾经新华书店垄断供应的局面不复存在，多方馆配商相互竞争的格局逐渐稳固。民营馆配商曾一度占有60%的市场份额。武汉三新书业有限公司（湖北三新文化传媒有限公司前身）也在此阶段进入馆配领域，并快速在湖北市场发展扩张。

随着馆配市场竞争的逐渐加剧，而与此同时，馆配市场相关法律法规尚未形成。为了抢占市场份额，同行倾轧手段层出不穷。2005

年，部分恶性竞争事件引发了社会各界对图书馆馆配市场的关注，有关部门就此着手对馆配市场开始整顿，将图书馆文献采访纳入政府采购，引入招投标机制，以此规范馆配市场。

2008 年，随着高校第一轮教学评估进入尾声，以及金融危机的到来，馆配市场需求急剧下降，市场陷入萎靡状态，各大馆配商均受到冲击。2011 年，多家先行馆配商在市场压力及自身经营问题的双重打击下相继倒闭；部分馆配商宣布退出馆配市场，转攻其他领域。诸多小型、行业竞争力薄弱的馆配商也均被淘汰，市场空缺迅速被其他馆配商补位（如湖北三新收购了部分退出的馆配商的业务），馆配行业就此重新洗牌，形成了由若干大型企业主导、多家小型企业多元竞争的行业新格局。

而存活的馆配商则寻找更灵活的经营方式以及提供更优质的服务来稳固自身市场地位，继而谋求发展扩张。馆配市场就此进入平稳发展阶段。

（二）馆配商业务板块的变化

20 世纪 90 年代初，在今天属于馆配行业的主要企业彼时尚未正式进入馆配市场，这些企业仍处于摸索过程中，服务的主要客户也并非为图书馆。之后，随着这批书商对行业的洞察以及经验积累，探索出了一条同图书馆合作的道路。但由于固有体制的限制，这批兴起的馆配商在进行馆配业务时由于尚未开拓图书供应链上游——出版社的供货渠道，在运营初期仍需向国营新华书店采购图书以供馆配，这不仅使得以服务为利益增长点的民营书商在向图书馆提供服务时仍不免受国营书店的掣肘，并且国营书店的中间折扣使得这批馆配商的利润空间被压缩。在这样的情况下，为了扩大市场份额，进一步提升馆配利润，馆配商积极探索同出版社的合作，构建图书馆配供应链，自此，真正意义上的图书馆馆配商开始初具雏形。

馆配商的业务大体上可分为以下几个板块：

1. 可供书目、数据分析板块

1999 年之前，图书馆在向馆配商报订图书时主要是根据《新华书目报》来进行图书预订。由于《新华书目报》反映的图书信息只包括北京地区出版社的信息，地方版图书信息匮乏，覆盖面窄，不能满足大型图书馆的报订需求，在市场需求迫切而相关政策又缺位的情况下，部分馆配商开始建立在版图书信息平台，并提供更全面的书目信息资料。馆配商在提供图书配送服务之外，也开辟数据分析板块来洞悉行业动态，如武汉卷藏信息技术有限公司。板块业务包括对北京区域出版社、地方出版社在图书出版发行的数据进行分析，统计各出版社年图书出版量、按学科分类或中图分类品种数、图书馆配量等数据。关于出版以及馆配的分析报告使产业链上下游能够及时了解图书出版及馆藏信息，从而带动图书出版、发行、馆配的良性循环。

2. 图书馆配板块

馆配商同图书馆的合作模式初期相对较为单一，提供的仅为图书的配送服务。伴随着众多资本方的加入，图书馆市场逐渐由卖方市场转向买方市场，图书馆开始由被动接受产品到主动提出相关服务需求，图书馆与馆配商的合作也逐步转为以满足图书馆需求为主的招投标模式。面对图书馆馆藏资源建设的客观需求，馆配商自身服务意识增强，根据图书馆的需求逐步完善服务体系，从采购前数据的提供、采购文献的过程到采购后配套的相关服务，包括物流配送、编目、上架入库等。由于招投标模式的广泛应用，图书馆对馆配商的服务质量也提出了更高的要求，图书从出版到图书馆上架，要完全满足图书馆的需求，需要26道工序。人工成本的上升以及折扣的日渐压低使得馆配商的利润越来越低，为了寻求利润突破，馆配商为了自身的长远发展开始了业务板块的扩张。

3. 馆配中盘板块

图书馆配作为馆配企业的主营业务，在高校评估结束后业务量逐步降低，趋于平稳值，而市场规模的限制、行业成本的提升都要求馆配商开拓新的业务板块。由于我国图书行业产业链上游的出版社以及产业链下游的销售商数量都非常可观，这就导致双方各自逐个合作所产生的交易成本将非常庞大，图书中盘商业务板块也就作为馆配商的业务范围应运而生。

馆配中盘业务旨在为各区域性中小规模馆配商提供更优惠、更全面的图书进货渠道，同时亦可缓解馆配市场激烈竞争中所存在的价格战，以及由此引发的图书及服务品质下降等问题。通过联合采购的方式，形成较大的议价能力，从而能够从出版社方面获取更优惠的图书折扣价。可以看出，承担馆配中盘业务，需要馆配商在规模及渠道方面都有市场领先优势。目前，主要涉猎馆配中盘业务的馆配商仍为规模型馆配商。其中，北京白云公司自2006年设立中盘业务以来，除服务馆配商外，还成为部分新华书店、民营书商及网店的重要供货企业。

4. 电商板块

零售、批发业务作为馆配商业务板块的重要一环对馆配商的发展也起到了重要的作用，随着电子商务的快速发展，馆配商零售、批发业务的销售模式也开始通过电子商务的形式来开展，例如北京白云公司网店、三新图书网店等。

北京白云公司网店创办于2000年，是较早涉足电子商务的馆配商之一，除零售业务外，该网站也是在线馆配平台，图书馆可在线完成图书采访工作。

湖北三新涉足电商领域较晚，约在2013年建立第一家天猫店铺，但通过在各主流电商平台广泛设点，并凭借馆配商固有的渠道优势，迅速完成图书电商的多平台布局，进军面向大众的图书销售领域，年销售额迅速增加到亿元级别。同时，电商零售平台也成为图书馆采访人员单本采购、补缺品种的有效方式之一。

5. 出版板块

馆配商涉足出版业务主要在于提升企业软实力，增加自身竞争优势。一方面，行业竞争的加剧，以及当前招标制度使得馆配商采取多种方式提升自身中标率，特色图书品种即其中一种。通过自行出版则可以建立特色图书品种库，使竞争对手无法复制，从而在招标采购中获得一定优势。另一方面，出版图书也会为企业带来一定的收益。同时，馆配商进入图书出版的专业化领域，也可以提升馆配商对相关领域专业的掌握，培养专业化人才。

该板块作为馆配商图书馆配业务的一种补充，其规模相对较小，不会与出版社产生直接竞争，相反是一种与出版社深化合作、拉近关系的途径。而直接与图书馆联系的馆配商亦可以为出版社提供出版需求的有效反馈，对馆配的主营业务也起到一定的推动作用。

湖北三新于2017年开设出版部，主要服务内容为自费出版。为广大图书馆界及高等院校中有出版需求的人士提供了便利的渠道，是他们展示创作成就和独特思想的一种途径。

6. 图书馆管理系统板块

图书馆管理系统长期以来都由专门的系统服务商提供，如汇文、图创、金盘以及以色列的 Exlibris 公司等，并不是馆配商会涉足的领域。随着图书馆服务内容逐渐丰富、多元化，不少新服务模块、第三方应用等都需要完成与图书馆管理系统的对接。然而开启接口的服务往往需要支付一定的服务费用，且需要重新开发，周期较长。图书馆服务扩充和升级工作的成本较高。此外，图书馆配商在图书馆配业务利润空间逐渐被压缩的环境下，一直在寻找新的增长点及突破口。因此，馆配商也逐渐开始尝试研发新一代的图书馆管理系统，建立更立体化、全面性的图书馆服务体系。一些大型的馆配商率先研发了各自的图书馆管理系统，对图书馆在日常管理以及书目信息维护的工作中起到了重要的作用，同时，馆配商根据图书馆管理的专业化需求也开发了相应的板块，来维护图书馆日常运营。

2015年，湖北三新着手研发成蹊智能图书馆管理系统，是馆配商在管理系统板块的业务尝试，并获得了市场的初步认可。

7. 图书出口板块

近年来，随着我国国际政治地位的提升以及在国际贸易中作用的凸显，不少国家都出现了对中文及中国文化学习的热潮，这为中文图书及中英对照版图书出口提供了不小的市场。为建立新的增长点，提升企业影响力，一些馆配商也被吸引进来，开始活跃在海外市场，向海外市场提供中文题材图书，尝试与境外图书馆进行合作。

2017年9月，湖北三新受斯里兰卡凯拉尼亚大学（University of Kelaniya）信息与管理学院邀请，参加科伦坡国际书展，并开展交流。此次参展访问开启了湖北三新涉足图书出口领域的先河。

8. 电子资源、数字平台板块

高校图书馆电子资源预算一度上升，对馆配商的电子资源服务提出了新的要求，另外，网络信息资源的普及以及读者群体阅读方式日趋多样化也使得馆配商同图书馆的合作模式越来越丰富。馆配商所提供的服务也不再仅限于图书的供应，而是对图书馆及读者群体的需求进行深入挖掘探索，并对有关技术进行研发，结合多种新兴形式打造图书、信息、数据多元化于一体的新型服务模式。随着馆配商与图书馆之间合作的进一步深入，馆配商同图书馆的业务范围也逐步扩大。根据图书馆与日俱增的多样化需求，馆配商创新了图书馆馆配服务，其提供的服务除了传统的图书馆配业务外，还结合信息时代变革趋势、读者及图书馆需求等多方因素的考量，推出了包括读者决策采购、纸电同步、精准采购等功能的馆配服务平台，加强了同图书馆的合作联系紧密度。

综上所述，随着技术水平的提升以及用户需求多样化，馆配商所提供的服务也越来越完善以及多样化，对图书馆图书资源建设起到了较大的促进作用，同时图书馆提供的馆内数据也对馆配商服务的优化提出了新的挑战。

（三）图书馆、馆配商合作关系

图书馆的图书资源建设需要来自图书供应链的多方合作，主要包括来自图书馆、馆配商、出版社以及读者的多方配合。馆配商是供应链上的重要参与者，对图书馆的图书起到直接供应的作用，其与图书馆的双方合作关系对图书馆图书资源建设的重要性不言而喻。

图2—1为图书馆资源建设合作多方的结构示意图，其中图书馆和馆配商的合作关系主要体现在以下三个方面。

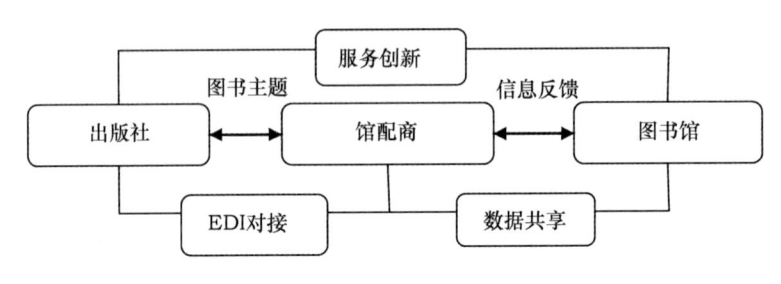

```
         ┌─────── 服务创新 ───────┐
         │                        │
  图书主题│                        │信息反馈
出版社 ◄──►    馆配商    ◄──►  图书馆
         │                        │
         └── EDI对接    数据共享 ──┘
```

图 2—1　图书馆资源建设合作结构

1. 沟通交流

目前，图书馆同馆配商达成合作关系主要以招标形式为主，图书馆设定基于图书品种、到货时间、服务质量等多方面的指标需求，在招标过程中馆配商需要同图书馆进行沟通交流，针对各项指标的设定要求给予反馈，在沟通交流过程了解双方的供需，馆配商才能为图书馆提供良好的服务满足图书馆资源建设的需求。

在具体实施过程中，馆配商需要同图书馆进行深入沟通交流，了解图书馆的馆藏结构以及图书馆的资源建设方向等多方面的信息，才能前瞻性地为图书馆提供针对性的服务，进而达到优化图书馆馆藏结构、提高图书馆馆藏图书利用率等多方面的目的。同时，图书馆也需要积极向馆配商进行信息反馈以及资源互通，将馆配商所提供服务的缺失之处及时反馈，以便于馆配商能够及时了解图书馆的需求，以促进馆配商提高服务质量，从而使双方形成长期的合作共赢模式。

2. 数据对接

由于信息时代的到来，图书馆电子资源经费大幅度提升，部分高校电子资源经费远超纸质图书经费，图书馆数字化的到来使得馆配商在同图书馆进行合作时需要了解图书馆的电子资源馆藏情况，并根据图书馆馆藏资源建设方向为图书馆制订电子资源采购方案，从而能够帮助图书馆较为有效地解决电子图书缺藏漏藏的问题。图书馆积极向馆配商提供高校馆馆藏数据，一方面，有助于高校馆能够优化馆藏结构；另一方面，图书馆提供有关馆藏数据有助于馆配商同上游出版社EDI（Electronic Data Interchange，电子数据交换）对接的顺利实施，进而使上游出版社能够根据高校馆需求出版满足馆藏需求的图书。

3. 延伸服务

在图书馆和馆配商的合作过程中,图书馆对馆配商的服务进行实时监测和指标评分,对馆配商的服务优势项和劣势项进行打分评价,有助于馆配商了解自身同其他馆配商之间的区别,针对弱势项进行改进。馆配商也可以在服务过程中探索自身在服务过程中需要改进的地方,优化服务的同时自主探索创新型服务,从而同图书馆形成长期合作模式。

(四) 图书馆与馆配商合作的意义

馆配商是随着我国图书馆文献信息资源建设的需要而产生的,然而图书馆与馆配商间并不是简单的购销关系。通过对行业整体的观察可知,图书馆与馆配商共同为我国馆配服务产业链中的重要环节;图书馆与馆配商的合作,不仅有助于双方自身组织绩效的提升,对于我国馆配行业发展,以及图书馆信息资源建设也有着积极的现实意义。

1. 图书馆与馆配商的合作有利于双方组织绩效的提升

馆配商是连接出版社与图书馆的桥梁,可以整合供给端(出版社)信息,为需求端(图书馆)减少无效劳动,节省采访人员时间,提高工作效率[1]。图书馆与馆配商的合作,消除了简单购销关系中可能存在的对抗与消耗,将双方关系提升至友好协作的阶段,从而能够在价格、服务质量、交货期限等方面达成一定的共识[2],减少在供应阶段的流程及成本;并在双方利益有一定保障的同时能够进行有效的信息互通,为优化图书馆信息资源建设、提升馆配商服务质量等提供了空间。

此外,图书馆工作人员并不是信息资源或服务的最终使用者,他

---

[1] 田利:《图书馆、馆配商与出版社三方合作共赢的实现模式》,《图书馆学刊》2016年第4期,第16—19页。

[2] Carstea G., Paun O., Paun S., "New Approaches of Supplier Relationship Management", "Ovidius" University Annals, Economic Sciences Series, Vol. 14, No. 2, 2014, pp. 285 – 290.

们也是服务于各类读者群体（客户）。与馆配商关系的提升也有助于图书馆满足"客户需求"，而馆配商也需要图书馆作为媒介获取用户反馈信息，从而形成一种依存关系①。图书馆与馆配商合作关系的建立可以增强这种纽带，保证需求信息的有效反馈与应对，进而更好地满足终端用户的需求。所以，图书馆与馆配商的合作能够促进双方自身组织绩效的提升。

2. 图书馆与馆配商的合作可促进产业链发展

出版社、馆配商以及图书馆，作为馆配产业三要素，形成了上、中、下游的完整的馆配服务产业链②，三者密不可分，三者之间的交流呈动态性、双向性③。图书馆是馆配服务产业链上的终端客户，然而图书馆的文献信息资源建设是围绕读者的需求而展开的。读者需求的变化将直接影响图书馆资源建设导向，进而影响文献信息资源采购，三者共同构成围绕读者需求运作的产业链闭环，他们之间彼此合作以增进整个系统的绩效④。图书馆与馆配商的合作，对馆配服务产业链绩效有着促进作用。

3. 图书馆与馆配商的合作有利于信息资源建设

信息资源的特点及规律表明，信息资源利用需要自觉地开发、建设，使之形成并优化⑤。这样的特性以及读者需求的不断变化，使得图书馆—馆配商关系并不会局限于着眼短期利益的简单购销关系。从图书馆与馆配商的合作将双方推向中长期的战略考虑，借助馆配商的技术及数据服务支持，图书馆得以突破本地信息的局限，从全局上考虑信息资源建设部署。同时，通过双方合作而产生的对组织效益、产

---

① Sam B., "Introduction: The Importance of Open Communication between Libraries and Vendors", *Journal of Library Adminstration*, Vol. 44, No. 3/4, 2006, pp. 1–4.
② 娄冰：《馆配商的过去、现在与未来》，《图书馆学刊》2016年第3期，第21—28页。
③ 杨淑琼：《高校图书馆与馆配商合作机制探讨》，《图书馆学研究》2016年第7期，第33—37页。
④ [美] 菲利普·科特勒、加里·阿姆斯特朗：《市场营销原理》（亚洲版·第3版），洪瑞云、梁绍明、陈振忠、游汉明译，机械工业出版社2016年版，第238—241页。
⑤ 肖希明：《信息资源建设》，武汉大学出版社2008年版，第21—32页。

业链发展等方面的良性影响下,信息资源建设工作随之得以有序开展,并将获益于行业发展中所伴随的管理理论及技术的突破及进展。

二 合作的理论依据

(一) 供应链管理理论

1. 供应链管理理论要义

供应链管理(Supply Chain Management,简称 SCM)是指在满足一定的客户服务水平的条件下,为了使整个供应链系统成本达到最小而把供应商、制造商、仓库、配送中心和渠道商等有效地组织在一起来进行的产品制造、转运、分销及销售的管理方法。供应链管理包括计划、采购、制造、配送、退货五大基本内容。

表 2—1　　　　　　　　供应链管理主要发展阶段

阶段	期间	研究方向和重点
第一阶段	20 世纪 60 年代及 70 年代	分离的物流配送和物流成本管理
第二阶段	20 世纪 70 年代及 80 年代	整合内外部物流管理和企业间关系管理
第三阶段	20 世纪 90 年代及以后	整体价值链效率和价值增值的提高

供应链管理理论的快速发展离不开制造业自动化的快速发展、企业管理理念的进步以及信息技术的跳跃式发展等多方力量的推动。20 世纪 60 年代,制造业提高经济效益的方式主要是降低生产单位成本,具体方法是通过增加库存量,对市场缺乏关注,新产品以及新技术的研发缺乏效率,企业上下游之间的合作也较少。70 年代制造资源计划理念的提出使得企业对物料管理有了新的认识,企业管理者意识到存货对产品生产提前、成本费用、新产品研发等都带来了较大的冲击,物料管理也成为企业提高生产绩效的重要因素之一。80 年代经济全球化格局导致企业通过多方渠道来降低生产成本,提高企业经济效益,JIT(Just In Time,准时制生产方式)理念使得日本企业率先

采用无库存生产方式，极大地提高了生产效率，减少了生产库存。JIT 理念通过构建无库存的生产系统以达到提高生产效率、避免资源浪费的模式也使得企业管理者意识到加强同上下游企业联系的重要性，由此产生了对供应链管理的探索和研究。

供应链管理理论对企业的效益提升带来了较大了影响，供应链管理的具体实施是整合供应链上下游企业，企业之间形成长期的合作关系，各个环节的资源利用以及生产效率都得到优化提升，极大地节约了成本并避免了资源的浪费。另外，通过利用网络技术实现信息资源共享互通，信息流、物流、资金流得到了高效的流动，对整个供应链的产能优化升级起到了较大的推动作用。

供应链管理理论运用到图书馆和馆配商的合作过程中主要体现为馆配商在为图书馆提供服务时，需要全局性地把握自身在产业链中所处的地位，并能够根据自身优势同产业链上下游进行沟通协作，提升产业链运作效率，加强三者之间的互利共赢。

图书馆与馆配商属于图书行业供应链上的两个重要参与者，二者形成供应链上的信息互通以及资源共享式的长期合作关系，有助于彼此信息资源的高效链接。馆配商能根据图书馆提供的有关数据为图书馆设定针对性图书采购方案，同时馆配商同上游出版社的 EDI 对接能够使出版社掌握图书馆图书需求动向，出版图书馆资源建设所需的图书，图书馆也能根据馆配商反馈的有关馆藏报告了解图书馆同其他高校馆的馆藏情况差异，从而根据所提供报告显示的本馆馆藏漏洞进行针对性的改进。

2. 供应链管理理论在湖北三新的实践

在对供应链理论的运用中，湖北三新进行了有益的探索。在同 1000 多家图书馆、1000 多家出版社建立合作关系的基础上，基于对成本、资源节约、效益增长等多方因素的考量，湖北三新主动加强同供应链上下游的紧密联系。在馆配服务的创新发展上业已同上下游达成初步合作，在纸电同步项目的开发上同部分上下游图书馆、出版社形成合作关系，数字对接的图书馆达到 50 多家，并同 150 多家出版社签订电子书协议，形成数字对接的出版社也已达60多家。

为了进一步优化供应链在实际运用中的效用，湖北三新基于相关需求开发了"三新图书供应链管理系统"，该系统旨在开发基于上游出版机构、中游图书发行、下游图书馆客户群体间的图书出版、终端购买和中间服务等全流程化专业信息服务的平台网络，具体涵盖以下几个部分。

①图书信息发布平台。图书信息的发布平台是一种基于云计算的应用，海量的图书信息可以存放在云计算中心提供的存储资源里面，不仅只是出版机构自己的内容，还可以容纳下游客户历年的需求（采购）信息，这个内容发布平台以PC端的网站形式发布，后台使用云计算数据中心，对服务和需求内容进行存储和管理。云计算中心，前期依据企业自身的规模和应用采购基础设施搭建，为企业自身业务需求提供支撑。后期通过市场推广和运作，扩大用户来使用云计算资源，按需出售获利。

②图书管理平台。图书的管理平台主要打造图书查询、评论、荐购、统计与图书供应全环节监控功能于一体的数字化管理平台，力图解决信息不对称所造成的误选、误购和效率低等问题。

③大数据处理平台。系统包含了图书上下游客户的贡献数据，通过对下游客户的需求数据的分析，可以为上游出版机构提供图书选题、策划、制作的方向性指导。同时，通过对上游出版机构的图书出版数据的整理和分类分析，可以为下游图书馆客户有针对性地进行推荐，使得客户能够大批量、高效率、低成本的买到所需的、高质量的图书。从而为图书行业有序、经济、高效的循环起到十分重要的辅助作用，降耗增效。

（二）客户关系管理理论

1. 客户关系管理理论要义

客户关系管理（Customer Relationship Management，简称CRM），最先由美国咨询公司Gartner Group于1999年提出，是企业管理理论

在客户层面的应用和发展，是指以客户为中心、调整经营行为和组织结构、规范管理机制和业务流程、利用一切内部资源和外部资源提供最大限度满足用户需求的产品和服务的企业策略①。CRM 的诞生有赖于信息技术的发展，但并不只是一种技术的应用或一套简单的系统，而是通过客户信息的搜集、挖掘、跟踪、分析以及与客户关系的建立、维护，最终实现客户满意度提高、企业收益增加的双赢战略模式②。

在图书馆与馆配商的合作中，其双赢局面的合作效益包含两方面，一是满足图书馆用户的需求，二是提高馆配商的利润所得，帮助企业健康发展。因此客户关系管理理论也成为促进图书馆与馆配商合作的重要理论依据。

CRM 的核心是"以客户为中心"，从了解和研究客户需求开始，通过深入的分析和优质的产品和服务来满足客户需求，并跟进客户的交流与反馈，从而不断改进和完善，与客户建立互信互助互利共赢的良性关系③。这个核心理念分解开来是四点，分别是客户价值的理念、市场经营的理念、业务运作的理念、技术运用的理念，即不管是从企业价值理念，还是从市场运营、业务流程、技术运用，各个层面都真正树立"以客户为中心"的管理理念。

客户关系管理理论的目的是达到企业与客户的双赢④。一方面，对客户的需求及时精准地响应，巩固与原有客户的关系；另一方面，收集客户信息，进行研究和挖掘，甚至创造出客户的新需求，并进一

---

① 郝长春：《我国企业客户关系管理（CRM）的应用研究》，对外经济贸易大学，2006 年。
② Rolando B. Oloteo, Henry A. Mabesa, Jr. , "Library Services and Customer Satisfaction in State Universities and Colleges in the Blcol Region".
③ 王光波：《基于客户关系管理的图书馆服务模式分析》，《图书馆工作与研究》2009 年第 7 期，第 92—94 页。
④ 李迎：《基于客户关系管理理论的高校图书馆服务读者研究》，《情报探索》2014 年第 9 期，第 97—99 页。

步招揽潜在客户①。

对于图书馆来说，读者就是客户。21世纪初，在图书馆学的研究领域就引入了客户关系管理理论。通过对读者信息的获取、分析，对读者需求的挖掘、满足，不断与时俱进地创新性地提供让读者满意的服务，是图书馆价值所在。

对于馆配商来说，图书馆是它的客户。作为追求利润增长的企业，不能以利润为中心，而应该以客户为中心、以图书馆为中心，乃至以客户的客户（即读者）为中心，用最先进的信息技术装备自己，以提供满足图书馆业务需求和转型任务的产品和服务为目标，不断跟随图书馆学的研究方向，最终实现馆配商和图书馆的共同发展。

客户关系管理理论要在实践中实行，需要三个条件，分别是需求、技术和管理理念②。需求拉动生产，需求促使改变，对客户关系管理的需求能够帮助这一理论应用在市场实践中，并通过实践检验和改进理论。技术也是一种强大的推动力，互联网的普及、计算机技术的不断发展为客户关系管理理论的实践提供了技术支持。不论是图书馆，还是馆配商，都要实现管理理念的转变，不能再只以文献、以馆藏或以自己的产品为中心，而要以客户为中心，所有产品、服务、业务流程都要从最大限度地满足客户需求的角度出发③。

客户关系管理系统一般包括收集和传输客户信息的集成应用系统、存储客户数据建立模型以量化的数据库系统、分析识别客户信息以适应市场应用和推广的处理系统④。因此，不论是从理论的角度还是从实践的角度出发，客户关系管理理论对提高图书馆与馆配商合作

---

① 李爽：《客户关系管理理论在图书馆的应用》，《图书馆杂志》2003年第1期，第15—17页。
② 王磊：《国内"图书馆客户关系管理"研究探析》，《河南图书馆学刊》2007年第1期，第6—9页。
③ 陈双飞：《大数据时代图书馆基于服务生命周期的客户关系管理研究》，《现代情报》2014年第5期，第91—93页。
④ 徐辉、李长华、彭万程：《CRM在企业营销中的应用研究浅谈》，《商业经济》2016年第10期，第91—93页。

水平、增强图书馆与馆配商合作效益有着指导性的意义。

2. 客户关系管理理论在湖北三新的实践

湖北三新作为经营范围遍布全国图书馆的大型馆配商，拥有非常庞大的客户基数，在日常经营活动中，客户关系管理是企业工作的重点也是难点。除了利用全国各地办事处直接同客户建立合作关系外，数字化管理系统的建立也是维护客户关系的重要渠道。CRM客户关系管理系统自被应用以来大大提升了企业的日常工作效率，简化了企业的操作流程，同时也提升了客户满意度，目前已经深入公司运营的方方面面，成为公司运营的重要一环。随着湖北三新业务板块的扩张，同越来越多新客户建立合作关系，客户管理系统也逐步得到改版和升级，根据不同板块的客户业务往来需求设立了对应的服务体系。除了对上下游客户关系的管理，湖北三新也努力发掘"客户的客户"的需求。云田智慧图书馆云平台的研发进一步优化了客户关系管理，云平台不仅记忆存储图书馆的采购需求，根据图书馆的浏览进行精准推送，同时也为图书馆提供了馆藏数据分析以及图书馆管理系统服务，较大限度地改善了图书馆的操作环境，便捷了图书馆的图书采购和管理。云平台的荐购功能也为图书馆的读者群体提供了渠道来反映其阅读需求，当荐购数达到图书馆设置的"触发点"时，荐购图书将会进入图书馆的采购订单中，这也一定程度上满足了读者群体的阅读需求。在云平台板块设置上，合作出版社也可以通过该平台的登录进行图书上新发布，并能够及时了解供应链下游的图书馆采购需求，并根据图书馆的相关需求进行新书策划。

（三）合作竞争理论

1. 合作竞争理论要义

合作与竞争理论最初是于1949年由Morton Deutsch提出，由David W. Johnson于1989年发展并给出详细的概念阐述，Johnson提供了最广泛的理论和有关研究的总结。

这个理论有两个基本的想法。一个是基于相互依存的合作意识，另一个是具有对抗性的竞争理念。一般很少出现纯粹的合作或竞争关系，多数情况都是两种混合，而不管是合作还是竞争，都是为了人们想要实现的目标。

合作可以是一种积极的相互依存的关系，通过双方的联合与分工获得回报和成就，并且可以共同分享资源，实现社会对他们所属团体的身份认证和价值认可。合作也可能成为一种消极的相互依存的关系，比如不公平的利益分配等会造成这样消极的合作。此外，合作的双方关于相互作用的程度可能存在不对称性，假设 a 做什么或发生什么事情可能对 b 有相当大的影响，但是 b 做什么或者发生什么事情对 a 没什么影响，b 比 a 更依赖对方。在极端情况下，a 可能完全独立于 b，而 b 可能会高度依赖 a。由于这种不对称的结果，a 有更大的权力和影响力。

而竞争通常被认为与合作相反，是阻碍沟通的、对团队目标无益的，甚至会产生消极的影响。但是，在竞争的过程中，涉及的团队或个人都会想尽办法增强各自的自身力量。可以说，通过冲突，竞争能够产生积极的激励意义，成为有建设性的竞争，参与竞争的对手能学会如何改善自我，获得学习和提高技能的机会，不论成功还是失败都将拥有一段有价值的经历。建设性的竞争甚至是一种合作的方式，能够结构化地应对双方合作或冲突的过程中不可避免的分歧，加强互动和交流。此外，竞争还是一种有用的社会机制，能够用来选择更能执行任务的人才。

因此现代社会诞生的合作竞争理念是企业为了在竞争愈发激烈的市场环境下主动求变，让自身和整个行业都能实现长远发展的"多赢"策略手段，最终目的是获得丰富的经济利益。

需要注意的是，图书馆中的合作竞争观念有别于企业。根据图书馆传统公益性的特点，不同于企业竞争是为了追逐更多的利益，图书馆中的竞争不是为了强化竞争优势，追逐利益，分享利润，而是为了增强竞争意识，以此来促进更好的合作，从而提高服务质量,提升社会地位,进一步促进信息资源在更广阔范围内的共享。

在图书馆与馆配商的合作中,不仅存在馆配商们之间的竞争、图书馆与馆配商之间的合作,甚至还有图书馆与馆配商的竞争、馆配商们之间的合作。不管是馆配商之间还是图书馆与馆配商之间,他们的竞争都不应该是以产生对抗和破坏性影响为目的的竞争,而是为促进图书馆和馆配商合作层次加深,更加优化他们的合作效果、推动馆配行业的生态健康发展、实现图书馆与馆配商合作效益共同提高的双赢局面。

2. 合作竞争理论在图书馆与馆配商合作中的运用

合作竞争理论在馆配企业的战略规划以及企业长期发展方向确定中起到了重要的指导作用。作为供应链中的中间环节,同上下游的密切合作是馆配企业长期发展的安身立命之本。比如,为了加强同上下游的关联,湖北三新研发了"三新图书供应链管理系统""云田智慧图书馆云平台"等项目,从加强合作的角度深度挖掘上下游客户的需求。在构建图书馆服务平台时,根据图书馆的操作行为对图书馆的潜在需求进行挖掘,并对关键词以及采购订单长期储存,图书馆可以根据存储的关键词直接进行订单式采购。除了软件、平台在下游图书馆客户中的日常服务外,企业也根据图书馆的需求开展相关的增值服务。如湖北三新每年在武汉大学开展"图书馆馆长及业务骨干高级研修班",邀请全国各地图书馆馆长及图书馆骨干人才进行免费的图书馆专业知识培训;一年一度的"'馆藏与出版'论坛"也为全国各地图书馆人员提供免费的专业学术交流平台,以推动图书馆之间学术交流以及学术进步。另外,馆配商也通过提升服务品质来达成同图书馆的紧密合作关系。随着馆配市场的调整以及行业规模稳定,馆配商之间也在加强彼此之间的合作关系以提升要价能力以及服务水平。2017年,湖北三新发起成立全国馆配商数字联盟,一定程度上改变了原有的竞争格局,加强了馆配商之间的黏性,使得联盟馆配商之间形成合作共同体。馆配商同上游出版机构之间也存在紧密的合作关系,出版机构作为馆配商采购图书的重要渠道对馆配商的发展举足轻重,加强同出版社的合作关系对馆配商的长远发展有着重要意义。如在云田智慧图书馆云平台的构建中，馆配商加强了同出版社的联系，同时在对"纸电同步"的推进上也加强了同出版社的联系，协同合作，共同优化对图书馆的服务质量。

馆配商在同图书馆的业务往来中也存在一定的竞争，目前馆配商同图书馆的合作一般采取招投标的模式进行，如果图书馆追求低折扣则会导致馆配商服务质量的降低，包括图书的订到率以及后续的上架服务。因此，在图书单本价格日益上升以及出版社图书折扣难以降低的情况下，馆配商同图书馆之间仍然存在着一定的博弈。馆配商之间的竞争在行业成立以来就十分激烈，随着市场格局的日趋稳定，民营馆配商形成了由北京白云公司、湖北三新等数家大型企业领导、众多小型企业共同发展的格局。行业秩序在经过多方割据以来得到了有效维护，同行恶意倾轧等现象也得到较为有效的改善，良性竞争也成为行业中的常态。馆配商同出版机构之间的竞争主要体现在图书折扣以及经销渠道等方面的博弈，馆配商要同出版社达成长期的合作关系，就需要双方共同探索互利共赢的合作路径。

因此，用合作竞争理论看待整个馆配行业，供应链上的主要参与方之间均存在着合作与竞争的关系，均衡处理合作与竞争的关系才能促进供应链上多方的互利共赢，才能让馆配市场更加壮大，形成良性循环。

（四）营销管理理论

1. 营销管理理论要义

营销管理，菲利普·科特勒简单定义为公司通过创造价值，建立牢固的客户关系来从客户身上获得价值的过程；并确立了市场营销策略的五个步骤：第一，了解市场和客户的需要；第二，设计一个以客户为驱动的市场营销战略，目标是获得、保持和增加客户；第三，制订一个事实上提供优质价值的市场营销计划；第四，建立可以赢利的客户关系并增加客户的愉悦度；第五，公司从稳固的客户关系中得到回报，即从客户那里获取价值。由其定义及基本步骤可知，营销的核心即是围绕客户需求及客户关系建立和运作[①]。

营销通常被认为应用于营利性组织，而早在20世纪70年代，非营利性组织（如图书馆）的营销概念便已被提出[②]。随后，营销概念的范围愈加宽泛，"营销无处不在"[③]。在国外，20世纪70年代营销概念便被引入图书馆管理中[④]；Shripad和Meghana[⑤]指出，信息爆炸、技术革命、图书馆成本逐渐上升及预算减少、人们阅读习惯的变化等多项因素导致图书馆需要营销以"满足读者需求；提升图书馆形象；与企业建立联系；回收成本等"[⑥]。营销理论在图书馆服务中的应用已得到广泛的研究，如市场定位，著名的4P，以顾客为核心的4C[⑦]以及服务营销的7P等理论在图书馆领域的应用等[⑧]。

2. 营销管理理论在图书馆馆藏建设领域中的运用

（1）图书馆STP策略，明确图书馆自身定位及服务对象。图书馆馆藏建设的同质化已被不少学者提出。然而在业内人士广泛呼吁服务创新的同时，图书馆学本身并没有可直接应用于创新实践的理论依据。而在营销管理学中，通过对市场的细分、客户群定位、企业/产

[①] ［美］菲利普·科特勒、加里·阿姆斯特朗：《市场营销原理》（亚洲版·第3版），洪瑞云、梁绍明、陈振忠、游汉明译，机械工业出版社2016年版，第2—10页。

[②] Kotler, Philip & Sidney, J. Levy, "Broadening the Concept of Marketing", *Journal of Marketing*, Vol. 33, No. 1, 1969, pp. 10–15.

[③] Baker, Michael J., "Marketing is Marketing-Everywhere!", *Vikalpa*, July-September, 30 (3), 2005, pp. 1–9.

[④] 金声：《高校图书馆服务营销研究综述》，《图书馆论坛》2013年第7期，第167—172页。

[⑤] Shripad V. Chandratre, Meghana S. Chandratre, "Marketing of Library and Information Services", *Journal of Commerce & Management Thought*, Vol. 6–1, 2016, pp. 162–175.

[⑥] Jose, J & Bhat, "Marketing of Library and Information Services: A Strategic Perspective, Vision", *The Journal of Business Perspective*, Vol. 1, No. 11, 2007, pp. 23–28.

[⑦] 王克平、刘文云、葛敬民、冯晓娜：《基于SWOT分析的我国大学图书馆4P与4C营销理念》，《图书馆理论与实践》2013年第2期，第75—78页。

[⑧] Wakeham M., "Marketing and Health Libraries", *Health Information and Libraries Journal*, Vol. 21, 2004, pp. 237–244.

品定位等步骤，即可科学地找出自身特点及差异化经营路径。例如，公共图书馆承担着公众文化服务的功能，其所面向的读者是社会大众，读者身份广泛，似乎难以区分。但结合公共图书馆所在区域，仔细考察区域读者需求特征，图书馆仍可找出针对性读者，并依此确定自身定位，制定有针对性的馆藏结构及服务体系。例如，社区图书馆，社区居民对生活类读物的需求较多；在历史文化名城，标志性的图书馆亦是感兴趣的旅客或学者可能造访的去处之一，拜读当地特点文献资料。

（2）以市场为导向，以顾客满意为目标，为读者服务。市场导向要求图书馆也时刻关注组织外部及内部环境的变化及其影响，包括社会经济文化发展变化，人口民生变化，科学技术发展等，以及图书馆自身组织情况，而不仅只着眼于图书出版发行领域。综合考量宏观微观环境，进而借助SWOT等营销管理学工具，明确自身优劣势以及外部发展的机会和威胁，进而指导图书馆营销组合（4P、4C、7P等）策略的选择。同时明确市场需求，以追求顾客（读者）满意度为建设目标，即提供符合目标读者群体所需的信息资源，以及提供能帮助读者的配套服务。图书馆除文献典藏的重要使命外，社会对图书馆的读者服务能力的要求日益提升；事实上，读者服务日益成为图书馆的主要职能。而对读者行为信息的收集、分析以及利用，是提升图书馆读者服务能力的首要关键。然而需要指出的是，"顾客导向"是存在一定局限性的，即顾客"受其固有文化影响，不具有先进性"；从而导致完全迎合客户的创新是有局限的[1]。真正了解市场实际需求（尽管有时顾客还没有认识到该需求），引导顾客需求，是图书馆服务营销的关键。

（3）追求并实现图书馆的社会价值，以效益最大化为最终目标。图书馆作为非营利性组织，承担着公共文化服务的职能；长期以来，

---

[1] 肖希明、张伶：《营销管理理论与图书馆管理》，《图书馆理论与实践》2011年第3期，第6—10页。

信息资源的馆藏是图书馆的主要任务,而图书馆"效益"情况往往遭到忽视。这实际是造成图书馆同质化建设、重复建设等问题的主要原因之一。馆藏的信息资源若无法为社会经济文化活动提供参考支撑,或者无法令读者及时、方便地获取所需的文献信息资源,则馆藏资源的社会价值必然较低,图书馆的社会地位及存在意义必然受到拷问。近年来,各类型图书馆的读者到馆率、借阅率都呈下降状态,图书馆需要重新思考其自身价值。在营销管理理论中,经营活动在向目标客户传递价值的同时必然追求价值回报,并采取相应措施保障价值传递过程的高效、流畅。同样,对于图书馆等非营利性组织来说,其对社会效益等价值的追求程度,与营利性企业对经济效益的追求程度是一样的。只有存在对效益最大化的追求,才能够产生持续促使图书馆不断改进、完善图书馆服务体系的驱动力。所以,图书馆应改变"囤积图书"的固有思想,而将利用信息资源、在服务过程中为社会创造价值为最终使命。

　　Gupta 在研究中对比了营销活动及图书馆活动功能,并指出采购(Buying/Acquisition)是图书馆最重要的功能——在有限的预算下获取能让读者满意的信息资源或服务,是图书馆营销决策的关键[①]。即图书馆在本身并不直接生产产品(信息资源、配套服务)的情况下,如何通过采购方式形成能够完成既定营销目标的产品或服务组合,在最佳的时间、地点,以最佳的方式传递给顾客(读者),并获取相应价值(社会效益等)。因此,在实践中,图书馆营销策略的贯彻往往离不开上游环节的密切配合。在当前的招标体系中,图书馆的决策话语权较小,往往并不能获取其真正需要的信息资源。直接与馆配商建立合作关系是一种能够保证图书馆主导性,确保项目按计划实施的有效措施。

　　另外,在图书馆与馆配商既有的项目合作中,也同样需要制定严

---

① Gupta K. D., "Everything is Marketing: An Analysis of Functional Relationships of Marketing and Libraries", *Journal of Library & Information Technology*, Vol. 36, No. 3, 2016, pp. 126–130.

谨的营销策略。

（1）由项目环境分析明确自身优劣势、外部威胁及发展机遇，锁定目标读者，明确自身定位（在满足读者信息资源需求中所扮演的角色），制定项目目标。

（2）双方在服务创新环节交换意见，发挥各自优势，共同发掘读者需求，从而可以开发出更能让读者满意的信息资源体系或图书馆特色服务。

（3）制订可行营销组合及实施方案，明确馆配商在项目中的职责和工作内容。

（4）持续关注市场反馈及变化情况，结合图书馆与馆配商信息形成全面的分析结果，不断完善营销策略，保证项目与时俱进。

综上所述，各领域的经营行为均涉及营销理论的运用；让读者满意，发挥馆藏信息资源最大价值，已成为当今图书馆的终极目标。图书馆与馆配商的合作，为发掘、满足读者需求方面提供了有效保障。

（五）成本效益理论

1. 成本效益理论与图书馆的考核评估

成本效益分析法是被广泛使用的分析方法，因此重要的是要正确理解其方法。它已经成为世界各地所接受的各种技术研究和决策工具的理论依据。

成本效益分析法的目的是提供一个固定的模型来客观科学地评估组织决策的结果。成本效益分析法是一个使用较普遍的评估方式，其他替代模型还有如多数投票法，集体谈判法等。成本效益分析法的研究和应用涵盖了一个巨大的领域，其最知名和最重要的应用是公共服务部门的效益评估，此外还发展为包括税收、贸易或收入政策，提供公共物品、配送商品的分配或私人投资许可等不同领域的政府决策评估提供明确指导。同时，成本效益分析理论也可为私营组织效益的评估提供可行的指导。

对于私营组织来说，其成本、收益比较容易从可量化的人员、物资的投入，技术的引进、开发，产品的生产、加工，以及产品或服务销售的收入等方面计算出来；或直接使用财务报表等更加直观的措施评估企业的实际经营情况或项目的实际收益。而对于公共服务部门，由于其并不直接产生经济效益，而其社会效益往往不能直接通过量化的方式观测或计算出来。因此，公共服务部门（如图书馆等）对社会的实际贡献情况、建设成果也经常处于模糊的状态。而成本效益分析法则是评估公共服务部门效益情况的简单有效的方式之一。其关键在于对公共服务输出的价值的界定。

在成本效益理论中，主要有三种分析或界定方法，即消费者剩余法、条件价值评估法，以及时间价值法。消费者剩余法在于找出某一公共服务的市场代替品的价值/价格，并进一步计算出用户的意愿付出超出实际付出的部分，即消费者剩余。例如，廉价的公共交通的代替品是自行驾车；在理想条件下，公共交通的消费者剩余即为自行驾车所应付出的燃油费用与公共交通车票的差额。条件价值评估法是通过调查采访等方式了解用户愿意为某一公共服务所支付的市场价格。比如，社区居民意愿支付多少费用来为社区新增一个图书阅览室等。时间价值法则是计算用户为了使用某种公共服务（如借阅图书）而放弃的同等时间段的机会成本（如去工作赚取工资等）。即对于用户来说使用某一公共服务的价值大于或等于利用相同时间去进行其他活动的价值。如去阅览室阅读一个下午，对于读者来说其价值大于或等于做一下午零工；则可估计一下午的阅读的价值不小于一下午临时工的工资。

过去长期以来，我国主管部门对图书馆的考评方式主要侧重于图书馆馆藏资源的数量及结构，对于图书馆对社会或高校的贡献情况并没有注重。然而，随着信息社会的发展，图书馆不再占据以前的信息中心地位，面临着庞大的信息网络所带来的强大竞争。同时，自2008年经济危机以来，世界经济发展陷入疲软状态，西方国家普遍对公共事业的资金投入进行削减。所以，西方各国图书馆陆续开展对自身的效益评定，以证明图书馆对社会的贡献不仅只局限于概念性的

第二章 图书馆与馆配商合作及其效益的相关理论分析

文化影响,也能够产生不可小觑的经济价值。其中较为著名的即英国国家图书馆效益评估。调查显示,对英国国家图书馆每1英镑的投入至少可以产生价值4英镑的社会影响。我国自经济发展进入新常态以来,各级政府也对图书馆经济进行了一定的控制,图书馆经费逐渐紧缩。在这样的背景下,只有通过科学有说服力的经济分析,才能展现图书馆等公共事业单位的社会价值和意义,从而为图书馆争取到更宽松更有利的发展空间。

2. 成本效益理论对图书馆与馆配商合作效益评价的意义

在过去图书馆与馆配商的交易来往中,也存在不同程度的项目合作;其中存在由馆配商承担主要投入的情况,也存在图书馆与馆配商共同承担投入的情况。对于馆配商来说,其主要追求是利润,对合作项目的成本效益评估是其自然的考量。当然,在特定情况下,馆配商也可能选择放弃其短期收益,而着眼于与图书馆未来的长期合作效益。馆配商成本效益的计算方法比较直接,以其销售收入与其投入的总成本的差额即可得出。而相对来说,图书馆对合作效益的评估意义在于:其一,评估图书馆特定项目的开展效果及意义;其二,评估与特定馆配商的合作效率及效果,方便图书馆选择合作方。对应的,图书馆的合作效益的评估则略微复杂,采用成本效益理论的分析方法是较为简单有效的措施之一。一方面,成本效益分析已广泛用于对公共服务的效益评估,且在图书馆服务领域有范例参考(如英国国家图书馆等),便于建立评估模型;另一方面,成本效益分析与营利性企业(馆配商)的财务收支计算方式逻辑一致,方便整合计算,从而得出合作效益。

而图书馆与馆配商的合作效益的评估,其关键是对项目合作投入和收益中非具象化的内容的量化统一,如工作效率、借阅量、电子书的满足率等。可综合考虑图书馆与馆配商合作中涉及的具体情况,并灵活使用条件价值评估法、时间价值评估法等成本效益理论,将合作中所涉及的不同类型的投入、产出量化为代表其可能价值的价格体系,从而构建出图书馆与馆配商在项目合作中的数学模型,方便最终

· 55 ·

对双方合作效益的评估。

对于图书馆与馆配商的合作，成本效益理论及其分析方法能够使非营利性组织与营利性组织的合作中难以具化的因素转换为可计算的量化模型，为计算双方的合作效益提供了可实施的理论依据，是让图书馆与馆配商持续提高合作效益的理论推动力。

三　合作的实践动因

图书馆与馆配商的合作并非偶然的、随意的，二者合作关系的形成既是社会环境发展变化客观要求，也是内力驱动的结果。

（一）内在联系

1. 馆配商是图书馆采购图书的主要来源

随着 21 世纪以来馆配行业的迅猛发展，馆配市场日益繁荣，日渐形成"出版社→馆配商→图书馆"这样一个稳定的供应链。从这个供应链可以直观看出，构成馆配市场的主要是出版社、馆配商、图书馆这样三个实体单位，而箭头的指向则表明了物流的流向和服务的指向，即馆配商与出版社合作、从选择的出版社获取图书并进行一系列的加工，而图书馆则与馆配商合作、从选择的馆配商采购所需图书并且享受馆配商为图书馆所提供的各种图书加工和信息分析等服务。馆配商是出版社和图书馆的枢纽，是物流和服务的中继站。研究图书馆与馆配商的合作，就无法绕开这最基本的一点。要加强图书馆与馆配商的合作、提升图书馆与馆配商的合作效益，也要从这图书来源这一点出发，在做好图书渠道扩展、图书信息服务完备的基础之上，再进行发散性的思考。

2. 图书馆是馆配商实现经济效益的主要途径

与有政府财政拨款或学校经费投入支持的公共事业单位图书馆不同，馆配商是追求经济利润的企业，要在社会生存和发展，就必须通过为图书馆提供服务来实现其经济效益。

在馆配市场，形成"图书馆→馆配商→出版社"这样的资金链，与上文提到的供应链相同的是，都是涉及图书馆、馆配商、出版社这样三个实体单位，不同的是箭头的指向改变了。出版社通过向馆配商提供图书而赚取利润，馆配商通过向图书馆提供图书和服务赚取利润，图书馆是馆配行业资金链的源头。

馆配商只有充分意识到这一点，一切以图书馆为中心，不断追求自身的发展和进步，提高图书的满足率，扩展为图书馆服务的形式和内容，精益求精地提升服务质量和水平，才能让图书馆无后顾之忧地为读者服务、充分实现其社会价值，也才能保证馆配商自身在市场中的竞争实力和地位，良性地生存发展下去。

3. 图书馆与馆配商在追求效益的过程中既有竞争也有合作

如果只是一味地追求自己的利益，那么馆配商就容易导致其为图书馆提供的图书和服务质量下降。因为为了节省成本，可能选择进货的渠道会把价格压得更低，但提供的图书质量一定会下降，出现纸张较薄、印刷准确度受影响甚至少书缺页等现象；也可能减少雇佣的人力或者降低每个人的工资，那么工作人员在提供服务的过程中就会有怨言或者由于人力不足每个人精神太过疲劳而工作出错，从而导致图书馆对馆配商的不满意。

而图书馆如果也是只考虑自己的利益，拼命压低馆配商服务的利润空间，索取更多服务和超量图书，会造成馆配商的服务动力不足，更加无法达到图书馆的要求，使得图书馆无法获得满意的服务。

这样形成一种恶性循环，图书馆与馆配商互相索求、缺乏沟通、互不相让，将会导致馆配行业的衰退甚至消亡。

因此图书馆与馆配商在追求各自效益的过程中需要竞争与合作并行，在合作中相互理解，在竞争中互相赶超，从而共同进步与发展，实现双赢，如图2—2所示。

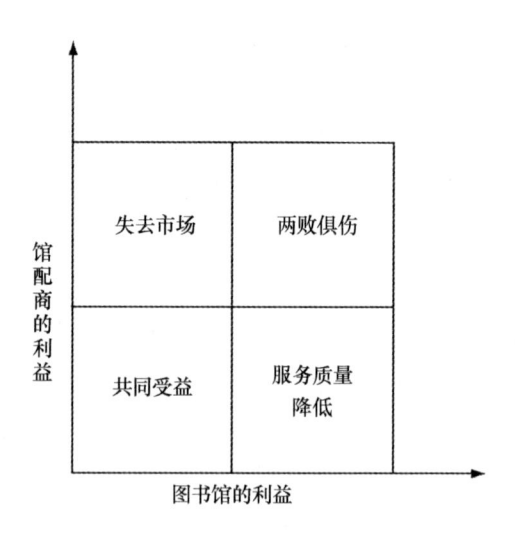

	失去市场	两败俱伤
馆配商的利益	共同受益	服务质量降低

图书馆的利益

图2—2　图书馆与馆配商的双赢矩阵

（二）环境驱动

总体来说，我国社会正处于和谐稳定的发展之中，政治稳定，社会安定，经济发展迅速，并参与全球化进程，民主法治不断完善，文化事业发展繁荣，尖端技术、高新技术突飞猛进。无疑，当今社会大环境为图书馆与馆配商的合作提供了良好的外部条件。

1. 政策环境

图书馆资源建设的完善以及馆藏结构的优化有赖于同图书行业上下游的合作，其中以同馆配商的合作为主。馆配商作为图书馆图书资源的主要购书渠道对图书馆资源建设的重要性不言而喻，而目前党和国家的各项政策也推动了两方的紧密合作。

（1）"推动社会主义文化大发展大繁荣"的战略决策明确了社会整体参与公共文化服务的迫切性和总要求。

2011年10月18日，中国共产党第十七届六中全会通过"中共中央关于深化文化体制改革，推动社会主义文化大发展大繁荣若干重大问题的决定"。该决议明确了推进我国文化改革发展的重要性和紧迫性，规定了我国文化发展的精神内核以及发展方向，是将由全国人民共同完成的建设使命。其中，第五条"大力发展公益性文化事业，保障人民基本书化权益"指出，应构建公共文化服务体系，加强图书馆等公共文化服务机构的建设，并制定公共文化指标体系和绩效考核办法。这一重要决策为增强图书馆建设提供了新的政策依据，同时也对图书馆建设提出了新的要求。

（2）《中华人民共和国公共文化服务保障法》的出台为图书馆与馆配商合作进行公共文化服务的资源建设提供了法律保障。

2016年12月25日中华人民共和国第十二届全国人民代表大会常务委员会第二十五次会议通过了《中华人民共和国公共文化服务保障法》（以下简称"《公共文化服务保障法》"）。法律鼓励公民、法人和其他组织依法参与公共文化设施的运营和管理，该法律的颁布构筑了我国公共文化服务基本法律制度体系的框架，推动了公共文化服务工作协调、有序开展，从而保障了以满足公民基本书化需求为主要目的而提供的公共文化设施、文化产品、文化活动以及其他相关服务的顺利实施。图书馆是公共文化服务的重要组成部分，而图书馆的文献资源建设离不开图书馆与馆配商的良好合作，《公共文化服务保障法》的出台无疑为二者的合作提供了有力的法律支撑。

（3）"基本公共文化服务均等化"治国方略的提出为馆配商参与公共文化服务提供了政策依据。

党的十七届六中全会将"实现基本公共文化服务均等化"确定为我国2020年全面建成小康社会的战略目标之一。2017年1月，国务院印发了《"十三五"推进基本公共服务均等化规划》，该规划指出基本公共文化服务均等化的核心是促进机会均等，重点是保障人民群众得到基本公共服务的机会，而不是简单的平均化。该规划的提出主要针对我国基本公共服务还存在规模不足、质量不高、发展不平衡等短板，突出表现在：城乡区域间资源配置不均衡，硬件软件不协调，服务水平差异较大；基层设施不足和利用不够并存，人才短缺严重；一些服务项目存在覆盖盲区，尚未有效惠及全部流动人口和困难群体；体制机制创新滞后，社会力量参与不足。而馆配商实际上是一个商业性的公共文化服务机构，也正是推进基本公共文化服务均等化的社会力量之一。馆配商与图书馆加强合作，对促进基本公共文化服务均等化的实现，必将发挥积极的作用。

（4）十三五时期文化发展改革规划对图书馆资源建设提出的要求。

2017年2月文化部发布了《文化部"十三五"时期文化发展改革规划》，规划指出，到"十三五"期末，全国人均拥有公共图书馆（含分馆）藏书量达到1册，全国公共图书馆年流通人次达到8亿，文化馆（站）年服务人次达到8亿。规划的提出对我国公共图书馆藏书量提出了新的要求，这势必要求图书馆加强同馆配商的合作与联系，共筑满足公众阅读需求的文化传播基地。

（5）《中华人民共和国公共图书馆法》的颁布为公共图书馆建设发展以及为社会力量的参与提供了有力的法律依据。

2017年11月4日第十二届全国人民代表大会常务委员会第三十次会议通过了《中华人民共和国公共图书馆法》（以下简称"《公共图书馆法》"），对公共图书馆的主要任务、图书馆管理、服务内容、文献信息范围等各方面作出了规定，同时明确了各级政府的责任，为公共图书馆的建设提供了法律保障。过去，我国各地对公共图书馆建设的重视程度，和公共文化服务的内容理解不同，各区域公共图书馆的建设标准和建设力度不一，从而导致我国公共图书馆发展明显不平衡。该法的出台在对各级政府提出了工作要求的同时，无疑也起到了科普和参考的作用，为各地公共图书馆建设提供了有效的指导。另外，该法律鼓励社会力量参与到公共图书馆的建设之中，为馆配商与公共图书馆的进一步合作提供了法律依据。

（6）"第六次全国县级以上公共图书馆评估定级工作"的开展促进公共图书馆开拓创新，实现转型发展。

2017年1月，文化部公布了第六次全国县级以上公共图书馆评估定级标准，各公共馆进入了紧张的筹备中。这次评估有别于前五次评估，更注重对图书馆的效能评估，将服务性指标列为重点；同时，评估提前公布评估定级标准，为各地公共图书馆留出建设时间，其目的在于"以评促建""以评促管""以评促用"①，帮助、指导各地公共图书馆向下一代图书馆转型升级，而不是"为评而评"。评估中，对图书馆服务创新、新技术的应用、与社会力量的合作都给予加分，这在一定程度上可以促进各地公共图书馆个性化发展，同时为图书馆与馆配商的合作提供了新的政策驱动力，引导图书馆利用社会资源完成对图书馆服务的优化、完善。

2. 需求环境

（1）全民阅读的推广带来了旺盛的阅读需求。

"全民阅读"活动，是中央宣传部、中央文明办和新闻出版总署贯彻落实党的十八大关于建设学习型社会要求的一项重要举措。全民阅读连续四年被写入国务院政府工作报告，十八届五中全会把"倡导全民阅读""推动国民素质和社会文明程度显著提高"列为"十三五"时期的重要工作。2016年12月27日，国家新闻广电总局印发了《全民阅读"十三五"时期发展规划》，该规划旨在推动全民阅读工作常态化、规范化，共同建设书香社会，提出了要举办重大全民阅读活动等十项主要任务，这也是我国制定的首个国家级全民阅读规划。全民阅读自提出以来在多方政策的倡导下于全国各地蓬勃发展，影响不断扩大，全民阅读的提出在全社会营造了良好的读书氛围，对提升全民的思想道德、文化素质，促进社会主义精神文明建设起到了良好的推动作用。全民阅读的持续推动需要来自图书馆与馆配商等文化机构的多方合力。图书馆是读者群体阅读的重要渠道，为图书馆提供高质量的图书、优质化服务则是馆配商的任务重点，二者的相互配合、合力互助才能为我国读者群体提供丰富的图书资源，从而才能进一步推动全民阅读在我国的持续发展。

---

① 柯平、宫平：《全国公共图书馆第六次评估的意义和特点》，《图书馆建设》2016年第12期，第4—7、14页。

（2）"双一流"建设为高校图书馆文献资源提供了强大动力。

2015年10月24日，国务院发布《统筹推进世界一流大学和一流学科建设总体方案》。《总体方案》提出，"到2020年，若干所大学和一批学科进入世界一流行列，若干学科进入世界一流学科前列"，即"双一流"建设。双一流建设意味着高校的发展重点将会集中到学科建设上，也预示着为一流学科建设服务将成为高校图书馆建设重点方向。高校图书馆基于学科建设的需求对馆配商提供的服务也就有了新的要求。高校学科建设的发展要求图书馆馆藏文献具有明显学术性、专业性，在同馆配商的合作过程中对所采访图书的质量和数量也会根据学科建设的客观需求而有着相应的变化。根据不同高校优势学科、重点学科建设需求，图书馆在制定图书采访书目时会根据学科建设要求来精准化采访图书，对专业学科图书所属出版社核心度的要求、学科图书采访年度新书覆盖率、交叉学科、前沿学科、边缘学科采访的情况都将作为高校图书馆采访图书的评价指标。目前，众多馆配商根据学科图书采访已制定专题书目来匹配图书馆的学科建设需求，高校的不同学科建设也会根据学科需求制定个性化需求订单。对高校学科建设提供精准化书单的服务是馆配商服务的重点，也是提升馆配商服务质量、建设馆配商服务品牌的重要途径。根据高校"双一流"建设的需求，馆配商为图书馆提供精准化的图书采访服务将会成为高校图书馆招投标的重要指标之一，也将会引导优质馆配商的评价由低折扣转向精准化高质量服务转变。总而言之，高校图书馆学科建设的精准化的提升离不开馆配商的服务质量的提升，这就要求高校图书馆加强同馆配商合作的紧密程度，以提升图书馆采购图书的学科专业性、科学性。

（3）数字阅读推动图书馆与馆配商合作的转型。

数字技术的发展日新月异，其带来的影响也逐步渗透到我们生活中的方方面面，而人们阅读方式的改变是信息技术发展带来的重要变化之一。由于便捷、获取渠道多样化等优势，数字阅读逐步成为众多读者阅读的趋势和常态。数字阅读包括阅读内容的数字化，也就是阅读内容以数字化的内容呈现，以及阅读方式的数字化，也就是阅读的载体和终端为电子产品。电子图书的兴起要求图书馆在购置图书时需要考虑电子图书在采购图书中所占的份额，另外，教育部对高校图书馆电子书购置经费的多次上调也体现了电子书在图书馆馆藏中的重要地位。手机、电脑、电子书阅读器等电子仪器的广泛使用也推进了数字阅读的快速发展。数字阅读的兴起催生了图书馆对电子资源的需求，同时也推动着馆配商从传统的纸质图书的供应商转型为纸质资源、电子资源多重载体的资源提供商，并促使馆配商在同图书馆合作过程中积极寻求合作新模式。馆配商在合作新模式上进行了诸多探索，"纸电同步"新型图书采购模式的研发为图书馆提供纸质图书的同时也增加了图书阅读的并发数，减少了高校对图书复本的采购量，一定程度地节省了图书采购经费，从而能够购置更多图书品种，提升图书馆馆藏图书品种数。另外，馆配商根据读者群体的阅读习惯，对终端平台进行改版，读者可以通过扫码或登录图书馆界面在电脑或手机端直接阅读图书馆采购的电子资源，这为馆配商所提供服务的最终用户群体提供了较大的便利。环境变化催生出新的用户需求，也推动着行业变革乃至服务领域的创新。随着信息技术在馆配领域中逐步被广泛应用，电子资源得到兴起，馆配商电子资源服务平台逐步形成规模，可以预料到未来图书馆对电子资源的需求将会越来越大，电子资源产品质量将是馆配商提升自身品牌竞争力的重要聚焦点。

3. 经济环境

（1）国家经济稳中向好的趋势为图书馆与馆配商的合作营造了良好的经济环境。

改革开放后，中国的经济步入让全世界都为之震惊的飞速发展的阶段。进入21世纪后，中国的经济增长水平不断提高，经济总量也不断增加，有了经济的支持，文化事业也得到迅速发展建设，在短短十几年间，全国从城市到农村都发生了天翻地覆的变化。2017年我国GDP超过82.7万亿元，同比增长6.9%，虽然经济增速有所回落，进入经济增长的新常态，但从全球的经济水平来看，中国经济增速仍处于较高增长速度。制造业是推动中国经济快速增长的重要部分，但近几年由于中国改变经济模式,服务业也取得了突飞猛进的发展。中国经济正逐步从制造业主导向服务业为主转型,服务业在全国GDP的占比年增加1%的数据[①],充分体现这种转型的成功。图书馆和馆配商都是文化服务业的组成部分,服务业整体发展的大好形势无疑为图书馆与馆配商的合作营造了良好的经济环境。

(2)国家对教育投入的经费充裕,为高校图书馆资源建设提供了经费保障。

2015年,全国教育经费总投入为36129.19亿元,比上年的32806.46亿元增长10.13%。[②] 教育经费的增长为高校图书馆资源建设提供了保障,使得高校在构建图书馆藏资源时能够根据自身建设需求来购置图书而不用受资金短缺的困扰。图书馆购书经费的充足在加强图书馆购买能力的同时也增加了图书馆资源购置的难度,如何提升经费的使用效率以及将购置经费合理地规划到不同的学科中也成为图书馆需要考虑的重要问题。对该问题的解决需要图书馆加强同馆配商的联系,以充分利用图书馆图书购置经费来提升图书馆的资金使用效益。

(3)国家加大对文化事业的投入,公共图书馆资源建设迎来大好机遇。

随着改革开放的深入,国家和政府对公共文化事业越来越重视,从中央到地方,都在人力、物力、财力上给予了巨大的投入和支持。

2015年全国文化事业费682.97亿元,比上年增长17.1%,占国家财政总支出比重为0.39%,比上年提高0.01个百分点;全国人均文化事业费49.68元,比上年增长16.5%。[③]

毫无疑问,国家增加对公共图书馆事业的投入,为公共图书馆文

---

① 数据来源:中华人民共和国国家统计局,《2016年国民经济和社会发展统计公报》,2016年12月31日,http://www.stats.gov.cn/tjsj/zxfb/201702/t20170228_1467424.html。

② 数据来源:中华人民共和国教育部,《2015年全国教育经费执行情况统计公告》,2016年12月31日,http://www.moe.edu.cn/srcsite/A05/s3040/201611/t20161110_288422.html。

③ 数据来源:中华人民共和国文化部,《2015年文化发展统计公报》,2016年12月31日,http://www.gov.cn/xinwen/2016-04/25/content_5067774.htm。

献资源建设提供了强有力的经济支撑,也为图书馆与馆配商的合作提供了良好的条件。

4. 市场环境

20世纪80年代以前,图书销售市场由新华书店垄断,新华书店成为图书馆采购的唯一渠道。当时双方关系仅局限于图书采购交易,而后续图书验收及加工环节需由图书馆自行处理。同时,当时图书发行的垄断引发出了诸多弊端及问题,主要表现为服务态度差、等待周期长、到书准确率低等,严重影响了图书馆的采访质量[①]。图书馆的需求并没有得到良好满足。随着我国市场经济的发展,同时在供需力量的驱动下,民营书商陆续进入了馆配领域,并逐步发展起来。从"订单式买卖"逐渐走向了"一站式服务"等更深层次的合作,并形成了今天的馆配市场格局。当前馆配市场暴露出了一些问题,同时也蕴含着机遇。

(1) 馆配市场主体的多元化,市场竞争激烈。

在出版社、馆配商、图书馆的上、中、下游的产业链关系中,市场主体间在相互合作的同时,也存在较明显的利益冲突。图书馆要求在有限的经费下采购更多高质量的图书,出版社要追求更好的图书销售价格及利润;在二者之间,馆配商为保证自身利润也需要进行一定的权衡。

同时,随着更多民营书商进入馆配市场,馆配商之间的竞争也日益激烈。在市场竞争的驱使下,不少馆配商逐步在服务内容及方式上进行拓展和创新,如举办图书采购会、提供编目数据、承担图书加工上架等工作,从而形成了图书馆配业务"一站式服务",将图书馆从繁杂的低端重复工作中解放出来。自此,馆配商与图书馆的合作已渗透至图书采访的各个环节,双方关系由传统的买卖关系升华到服务的层面。

---

① 莫丹萍:《从"读者书吧"与"彩云项目"看图书馆与书商关系的重构》,《山东图书馆学刊》2016年第2期,第54—58页。

这些深层次合作在为馆配商赢得更多客户认同及商机的同时，也无疑会增加其自身的运营成本。而图书馆习惯于馆配商的配套服务，对馆配商服务质量的要求也不断提高。一方面，每年采购成本及运营成本的上升[①]，致使馆配商的利润空间受到挤压；另一方面，由于当前图书采购招投标制度的不完善[②]，往往以最低折扣作为主要评定指标，馆配商在低价中标的情况下，利润空间受到进一步挤压。在这样的状态下，难免出现一些恶性竞争的市场乱象。不符合资质或实力不足的企业低价中标，其最终结果仍然是图书馆的需求不能得到满足。而馆配商作为中间商，在出版社及图书馆间受到双重挤压，若不能找到自身优势并形成核心竞争力，将难以摆脱低收益的劳动密集型企业模式[③]。而图书馆也需要获得优质、稳定的资源供应渠道。双方需要探索新的合作方式。

（2）馆配市场潜力仍可发掘。

我国高校图书馆经过高校扩招、"迎评"前大量采购之后，馆藏种类及数量激增。近年来，各型图书馆的信息资源建设规模也在逐年增加，并加重了对数字资源的建设力度。据国内606所高校统计，2014年文献资源购置费平均每家为481万元，比2013年上升了15%，其中纸本文献经费为260万元，约比2013年增加8%，数字资源经费为220万元，约比2013年增加20%。2014年国内引进资源中数字资源占比43%，相比2001年的8%上升35%。[④] 而全国公共馆电子书藏量2013年为37767万册，2015年达到83041万册[⑤]。

[①] 李洪梅、胡号寰：《国内图书馆配市场现状、问题及对策》，《长江大学学报》（社会科学版）2016年第8期，第63—65页。

[②] 张美莉：《高校图书馆选择馆配商之策略探析》，《出版广角》2016年第3期，第66—68页。

[③] 娄冰：《馆配商的过去、现在与未来》，《图书馆学刊》2016年第4期，第43—54页。

[④] 数据来源：《2014年高校图书馆发展报告》，2016年12月31日，http://www.cbbr.com.cn/article/96652.html。

[⑤] 张倩：《"十三五"期间馆配商如何突围？》，《中国出版传媒商报》2016年4月13日。

然而与国外高校相比,在人均藏书量、图书馆其他软硬件设施等方面仍有很大的差距。全国公共图书馆人均藏书量也不足0.6册,远低于教科文组织推荐的1.5—2.5册。馆配市场在馆藏建设、配套设施及服务等方面仍具有市场潜力,需要图书馆与馆配商共同发掘,这在一定程度上促进了图书馆与馆配商的合作。

5. 技术环境

伴随着现代科学技术的迅速发展,我国馆配市场也发生了深刻变革。从早期人工手工作业,到"大数据"时代、"互联网+"的一体化趋势,技术变革让产业链得以越来越高效地运作,同时也给图书馆及馆配商的合作在广度和深度上提出了更高的要求。

(1)"大数据"为双方合作提供数据支持。

首先,利用"大数据"改善产品及服务品质。"大数据"在特征上具有:数据量巨大(volume);数据处理速度快(velocity);数据种类繁多(variety);以及价值密度低(value)。通常难以通过传统的信息处理方式捕获及分析。在图书馆与馆配商的合作过程中,以及读者使用图书馆服务的过程中,将产生大量数据,如采购的品种、成交价格、图书借阅率等。通过伴随着"大数据"概念所出现的新的计算方法及处理流程,图书馆与馆配商可从中收集到如图书馆购买偏向、热门图书品种、读者偏好等价值信息,从而指导图书馆的服务及馆藏资源规格,以及馆配商的产品及服务设计和优化。

其次,"大数据"的有效利用需要双方进一步合作。"大数据"环境下信息资源呈现"载体多元化、生产分散化、传递快速化、内容无序化"[1],使得信息资源的采集和录入等工作愈加复杂、耗时。图书馆在其规模及经费等方面的限制下,将难以应对逐年递增的海量信息。事实上,馆配商在提供资源信息的同时,也以低价或免费承担图书馆编目等方面工作,作为其竞争力的一部分。图书馆因此得以降低加工成本,提

---

[1] 陈雪:《大数据时代高校图书馆采编工作转型探析》,《河南图书馆学刊》2016年第7期,第58—59页。

高相关工作效率，并可将宝贵的人力资源集中投入个性化服务方面。随着数字化进程的逐渐加深，采编等职能将日益复杂，走向专业化大数据处理及信息加工；通过职能外包，馆配商能够以工业化效率帮助图书馆达成既定目标。当然，外包服务中也存在数据、加工等标准不统一，相互难以对接等问题，需要图书馆与馆配商共同解决。

（2）"互联网+"为双方合作提供技术平台。

首先，"互联网+"的新思维催生馆配服务的新业态。"互联网+"的内在含义即为传统行业与互联网等新兴信息技术的有机融合。"互联网+"的新思维及新技术已在图书馆业务领域得以应用，并催生出了"微信阅读""移动图书馆""智慧图书馆"等图书馆读者服务创新；而馆配市场也逐步产生了有别于传统图书配送，以给图书采购、读者服务提供技术支撑为主要内容的新业态。馆配商一方面对上述图书馆新服务提供技术支持，或代为开发；另一方面也自行开发了在线图书订购平台、电子书借阅平台（如湖北三新"田田网"等）等新服务平台，图书采购进而由传统报订模式向在线实时采购的模式转变。馆配商在继续承担传统图书配送业务的同时，也开始起到技术服务提供商，或者解决方案提供商的作用；图书馆在优化自身服务的过程中与馆配商的交互性需求逐渐提升。

其次，"互联网+"相关技术助力馆配产业链升级。传统行业"互联网+"的转型过程，伴随着对各种信息技术的综合运用，如EDI对接、云计算、移动互联网应用、App应用软件等。在馆配领域，图书馆和馆配商的合作采用不同层面的信息技术，除新产品和服务等外在体现外，其内在作用将传统的纯人工的合作模式，替换为更具自动化的数字服务体系：由EDI对接可实现双方信息（书目信息、库存、馆藏、订单等）的高效传递；以云计算技术可实现软件服务、硬件资源和行业信息的共享；对移动互联网及App等技术的运用可拓展图书馆及馆配商的服务提供能力；从而对现有合作模式中的不足进行改良及弥补，减少业务流程，提高工作效率，降低运营成本。

同时，利用网络信息技术将供应链各环节有机地整合为一体，形成信息共享、优势互补、协调运作的共赢平台；以解决馆配市场中利益平衡、信息标准等问题，达到"以读者需求为核心"的高效价值链[①]。为实现产业链升级，则图书馆与馆配商需要突破"业务互动层"而走向"深度合作层"[②]，克服技术接口等限制因素[③]，构建一体化平台。

四 合作效益的内涵

（一）经济效益

经济效益是衡量一切经济活动的最终的综合指标。所谓经济效益，就是生产总值同生产成本之间的比例关系。图书馆与馆配商合作关系的形成对双方均能带来经济效益的提升。

1. 图书馆的经济效益

（1）节省成本。

图书馆与馆配商合作关系的形成节省了图书馆购书过程中发生的部分费用，节省了图书馆的购书成本。主要节省的经费开支包括图书馆未与馆配商合作所需要支付的采购人员的购书费用，以及相关采购人员的工资薪酬。

（2）提升服务质量。

图书馆在同馆配商合作后对其馆内服务质量的提升也起到了促进作用。通过同馆配商的多方合作，馆配商为图书馆提供的不仅是图书资源，更有与图书馆发展尤为相关的服务系统、数据资源服务、学科书目提供等。

（3）加快图书到馆速度。

图书馆通过加强同馆配商的合作，能较大幅度提高采购图书的到

---

① 王洁慧、张洪艳：《"互联网+"时代图书采购的供应链管理研究》，《图书馆学研究》2016年第3期，第30—34页。
② 崔雁黎、张洪艳：《"互联网+"时代书业一站式平台高校图书馆与馆配商互动模块的框架和功能研究》，《图书馆研究》2016年第11期，第28—31页。
③ 贾丽君：《基于PDA的图书资源采购云平台构建分析》，《图书馆情报工作》2016年第2期，第67—72页。

馆速度，一定程度上提升了图书馆的工作效益，推动了图书馆工作的顺利进行，为图书馆的后续工作的展开提供了保障。

2. 馆配商的经济效益

馆配商同图书馆合作为馆配商带来的经济效益主要包括出售图书带来的收益以及提供相关服务带来的收益。

（1）供给图书收益。

馆配商通过向图书馆提供图书馆配服务从中获取相关收益，这部分收益也是目前馆配商同图书馆合作过程中的主要收入来源，而随着馆配商与图书馆合作关系的深化，馆配商的收益渠道将会越来越多样化，服务、资源提供将在馆配商的收益构成中占据重要席位。

（2）提供服务收益。

随着图书馆馆藏建设需求的日趋多样化，馆配商在同图书馆合作过程中除了传统的供给图书外，逐步衍生出众多适合图书馆发展的专项服务，如图书编目加工服务、读者决策采购服务、馆藏分析服务、个性化系统再开发等。部分服务通常作为图书供应的配套服务附赠提供，如图书编目加工服务等。而一些专业化服务则越来越多地出现在图书馆与馆配商的业务来往中，如馆藏分析，优化图书馆馆藏结构，对现有图书馆系统、网络平台功能进行二次开发等。伴随着图书馆服务内涵的扩充，馆配商也逐渐变为解决方案提供商的角色，从而可获得额外的服务佣金。

（二）社会效益

图书馆与馆配商的合作，除给双方及馆配产业带来显著的经济效益外，也存在着不可忽视的社会效益。

1. 图书馆的社会效益

（1）馆藏文献资源质量的提高。

图书馆馆藏文献资源质量关乎读者使用图书馆资源的效果。图书馆与馆配商的合作，不仅体现在提高图书馆经费利用率等经济效益上，更在于提高了馆藏文献资源的质量。在合作关系中，馆配商可以更好地了解图书馆的需求，包括读者需求以及学科建设需求等，供给有针对性的新书及再版书书目信息，让图书馆可以准确采购符合读者需求的图书，剔除重复的馆藏资源。馆配商与众多图书馆的合作经验也可给图书馆提供参考，如重点高校图书馆的馆藏结构可予以其他同类图书馆借鉴，以便科学地设置馆藏图书品种及复本数量。合作关系也便于图书馆获取较全面的新书书目数据，避免漏藏。

（2）图书馆服务水平的提升。

在网络时代，人们获取信息的途径及阅读习惯发生了很大变化，图书馆不再是查阅信息的第一选择，资源的使用体验也逐渐成为图书馆服务的主要考虑之一。业界人士早已开始呼吁图书馆的转型，确立了以"为读者服务"为核心的发展方向。图书馆与馆配商的合作，有利于推动图书馆达成"服务读者"的发展目标，如双方的信息互通，便于对用户使用习惯进行分析，发掘用户需求。根据图书馆的反馈信息，馆配商可开发出更符合读者需求的信息资源服务，不仅可提供读者需要的信息资源，更可方便读者在需要的时候快速获取。另外，在图书馆与馆配商（服务提供方）两个层面共同对读者阅读习惯进行引导，便于让读者养成良好的阅读习惯，有效利用图书馆服务解决现实问题。

（3）图书馆馆员专业化水平的提升。

图书馆馆员作为图书馆运营以及维护的重要参与者对其专业性有着一定的要求，越来越多的高校馆或公共馆在图书馆馆员专业知识的熟练度以及计算机等其他学科储备方面都有着相应的要求，这也意味着我国图书馆的整体层次得到了一定的提升，对图书馆从业人员的专业素质也有了更高的要求。图书馆和馆配商的合作为图书馆提供了基本采访、编目、上架等加工服务，解放了图书馆馆员的重复性劳动，使得图书馆馆员有更多的精力投入图书馆的管理运维以及专业技能提升中。通过建立合作关系，图书馆与馆配商实现信息互联，从而更加有效地监控、评估图书馆购置的服务、产品的应用效果。另外，目前图书馆与馆配商的合作逐步趋向网络化合作，图书馆馆员能够直接在馆配商馆配服务在线平台上对所需图书进行按书单、学科等方式订单采购，也能通过平台增值服务实现荐购、图书馆日常管理、大数据分析等多功能操作，图书馆能够更加准确、科学地管理信息资源，不仅能够改善纸质图书及电子资源的典藏、共享方式及处理效率，也能够监测信息资源的生命周期，以及改善信息资源提供模式。新型合作模式的输入使得图书馆的运营更趋高效和智能，但新型运营模式的植入仍需图书馆员加强对云平台的学习，通过平台培训使得图书馆馆员在程序操作上更具专业性。

2. 馆配商的社会效益

（1）提升馆配商的社会形象。

馆配商与图书馆的良好合作有利于提升馆配商的社会形象。过去图书馆与馆配商之间存在一定的利益矛盾，因为馆配商的营利性目的，馆配商或多或少受到图书馆界人士一定的猜忌及误解。与图书馆的良好合作，可以使馆配商表现出作为服务提供方的专业性及社会责任感：不只是提供图书完成买卖，馆配商在图书馆建立完善的馆藏信息资源中起到了相当重要的作用，同时也在图书馆其他层面的业务及对外服务中提供了不少助力，如图书编目、上架及阅读推广等方面。在互联网所掀起的数据化浪潮中，馆配商作为图书馆配产业中承上启下的中间环节，可构建全新的供应渠道、服务平台，为推动图书馆智能化转型以及图书数字出版等起到关键作用；从而改变社会对馆配商等企业的传统看法，提升社会形象。

（2）体现企业的社会责任。

作为图书发行企业，馆配商追求利润是无可厚非的。然而在我国，图书发行也是社会主义精神文明建设的重要组成部分。馆配商若能为公共图书馆、高校图书馆配送符合读者需要的、高质量的图书，满足广大读者的精神文化需求，也是在为社会主义精神文明建设做贡献。馆配商与图书馆紧密合作，使图书馆的馆藏文献资源与读者的需求更加契合，更具有学术价值、文化价值和使用价值。同时，馆配商还通过与图书馆的合作，参与推动全民阅读活动等社会公益活动。因此，馆配商在与图书馆的合作中所追求的，绝不仅仅是经济效益，更体现了馆配商作为图书发行企业的社会责任。

（3）提升馆配商的信息和知识服务能力。

与图书馆的合作过程中，馆配商的知识服务能力得到了提升。为提升市场竞争力，馆配商除了纸质图书的供应外，也提供了诸如图书编目、阅读推广、图书采购会等配套服务，同时开发并推广图书馆管理系统、图书订购平台等信息化解决方案。馆配商的诸多探索与实践，除了提升了自身的服务水平外，在一定程度上促进了我国图书发行领域的发展。如在图书编目、上架方面，馆配商的介入减轻了图书馆的工作负担，也提升了自身的专业化水平；最终形成了分工明确的纸质图书供应模式，提升了这一领域的运作效率。实质上，馆配商在同图书馆的合作过程中，逐步拓展为集分销配送、营销推广、专业研究、技术开发于一体的多元化业务模式，形成了一整套知识服务体系，供应图书馆，最终服务于社会。

第三章

我国图书馆与馆配商合作的实践及其效益

一 图书馆与馆配商的合作领域

馆配商同图书馆的合作为双方均带来了一定的可见效益,随着馆配商同图书馆的联系愈加紧密,二者合作的领域也越来越多元化。目前馆配商同图书馆的合作集中体现在文献采访、阅读推广与业务外包这三个领域。

(一)文献采访领域

文献采访是图书馆根据自身资源建设方向以及图书馆经费等内在条件结合读者需求所进行的图书采访活动,文献采访是图书馆的基础任务,也是构建优秀馆藏资源体系的重要步骤。图书馆根据自身的馆藏建设方向、任务、读者需求、经费状况,通过觅求、选择、采集等方式建立馆藏,在这一过程中,图书馆同馆配商的合作主要体现在书目数据提供、图书现采、纲目购书这三个领域。

1. 书目数据提供

书目数据提供是文献采访的形式之一,也是目前图书馆采选图书的主要形式。图书馆在拟订购书单时需要对该年度新书出版情况以及自身采购需求具有一定的了解,这样才能够保证采购图书的全面性以及针对性。书目数据提供是图书馆根据新书书单挑选适合馆藏的图书，将筛选后的书单提交给馆配商，馆配商再根据图书馆提交的书单沟通出版社供货。图书馆获取每年新书书目信息的传统方式为《新华书目报》等刊物，从中了解当年出版情况，并依此作为图书采访的主要参考。而随着馆配市场的不断发展，馆配商对书目信息的整合能力日益提升。馆配商积极同出版社沟通，获取每年各大出版社拟出版图书信息，同时也在各种平台搜集图书信息，并根据出版社的样书对图书进行数据采集。馆配商完成对这些图书信息的采集后，则将从各种渠道搜集的图书信息整合后推送给合作图书馆，以方便图书馆能够对当年新书书目有更全面的了解。同时，馆配商还能根据图书馆的购书需求为其制定个性化的荐书单，以方便该图书馆能够直接获取到其所需图书。图书馆对馆配商提供的书目信息进行进一步的筛选后便可形成订单，从而进行后续的采购环节。

  作为馆配商承接上下游的重要环节，书目数据对图书订单情况也有着直接的影响。基于该板块的重要性，一些大型馆配商在书目数据板块投入了大量的人力物力来进行板块衔接以及相关功能的完善，如湖北三新等。书目数据的获取是书目数据中心运营的基础，拓展书目数据获取渠道是书目数据中心的重要任务之一。目前，书目数据中心的数据主要来源于《全国新书目》，基于该书目的基础，书目数据中心数据采访人员加强了同合作的近500家出版社的紧密联系，直接同新书供应方达成合作关联，从而能够及时、完备地获取年度书目信息，实现书目数据入库。在书目数据的录入和提供方面，数据编目人员参照国家CALIS联合编目规则进行MARC数据的编目，从而能够将年度书目信息进行MARC数据标准化供图书馆直接使用。另外，书目数据中心根据图书馆的采购历史以及图书馆的采购倾向来向图书馆推荐年度新书书单，并直接将书目数据导入图书馆系统以便图书馆能够有效地编目新入库书目。同时，书目数据中心根据年度书目数据以及图书馆采购数据等一系列数据对出版社年度新书出版销售情况进行分析，并对有关数据进行深度挖掘，形成关于出版年度新书出版的数据报告，供出版社在选题以及新书出版上作为参考。相关数据对图书馆也有一定的参考价值，根据图书馆的历年采购数据，对图书馆的图书学科分类以及图书利用率做出相关分析，从而一定程度上能够指导图书馆优化馆藏图书结构，节省图书馆馆藏经费，提升图书利用率。在湖北三新云田智慧平台上线后，书目中心通过该平台同步上传可供书目，年度新书以及库存书目将会经书目数据中心编目后在平台上显示，最终形成田田阅读可供阅读书目库，用户可以直接通过该平台了解到年度新书以及详细书目信息。

2. 图书现采

图书现采是馆配商获取图书馆订单的一个重要渠道，也是对书目数据提供的补充。图书现采是由馆配商举办的，联合各大出版社，旨在为全国各地图书馆提供图书现场采购的机会，以及达成订单的现场活动。图书现采一般一年两季，每季场次不等，即春季图书现采和秋季图书现采，全国各地图书馆可借此平台来进行图书现采活动。图书现采相对于线上购买或图书招标等形式所体现出的优势主要表现在三个方面：一是现采图书绝大部分均为新书，图书馆采购人员可以通过该平台直接下单本年度新书；二是图书馆采购人员可以直观了解图书质量以及内容，判断图书是否适合馆藏；三是出版社所展图书均有库存，为图书馆供货能够缩短到货时间，提高到货率。

以湖北三新为例，该企业自 2005 年起，每年在春秋两季举办全国地方版图书博览会。截至 2017 年年底，湖北三新已连续举办了 13 年，单季促成的交易码洋数现已突破 1.6 亿，形成了来自全国各大图书馆和出版社等 3 万多人次的聚首。2017 年 9 月，湖北三新联合上海出版社经营管理协会，在上海举办"2017 上海书展暨书香中国，中国书业馆配年会暨三新文化集团第十三届秋季图书博览会"。这是湖北三新首次在异地举办图书现场采购会，参加出版社达 400 余家，集合图书品种达 20 万种，全国约 607 家图书馆与会采访。同时还举办了"纸电同步的发展及趋势"高峰论坛等行业交流会。图书现采会是图书馆采购的主要渠道，同时也是促进图书馆馆配行业上下游交流，商议行业重大问题、探讨新项目的盛会之一。

3. 纲目购书

纲目购书（Approval Plan，图书纲目采购计划），也称自动配书，于 20 世纪 60 年代发源于美国，随后在北美、英国和欧洲大陆得到迅速发展，被大多数馆配商所采用。至今仍是大多欧美图书馆所采用的主要购书方式之一。所谓纲目购书，就是馆配商根据图书馆所需求和认可的购书纲目（出版社、图书类型、学术水平等）以及其他条件来主动推送图书给图书馆，图书馆根据需求来挑选适合馆藏的图书，不符合馆藏需求的图书则被退回，但退回量有一定的限制。

纲目购书在诸多图书馆得到应用的主要原因在于：①图书配到迅速，流程手续简单，几乎可以做到新书上架与图书到馆同步完成；②配书精准，基于图书馆与书商反复商定的购书纲目，配送的图书对图书馆需求满足率极高；③图书品种采集面广，漏购率低；④书商可以事先了解图书馆的需求，从而更有效地备货配送，避免库存短缺或积压，加快周转。

虽然纲目购书拥有以上优越性，在国外图书馆领域也得到了广泛、长期的成功应用，但在我国的应用情况则并不普遍。主要原因在于一方面，购书纲目的编制难度大，且时效性短，我国图书馆及出版业行业发展迅速，不断变化，需要经常修改。我国馆配商通常缺乏相关专业人员，难以编制科学合理的专用主题词表，往往需要图书馆自行编制提供，对图书馆相关工作人员的专业性也有很高要求，需要耗费大量时间。对一般中小图书馆来说不太适合。另一方面，我国图书馆配行业也尚未建立符合纲目购书特点的业务流程，其优势难以体现。同时，我国早期对图书馆建设的要求往往注重馆藏规模，对图书质量及精准要求不高，难以形成有效的驱动力推动图书馆及馆配商开展相关合作。

近年来，我国对社会文化建设的要求不断提高，图书馆对文献资源的质量问题也逐渐重视起来。结合我国馆配行业现状，我国图书馆与馆配商并未完全照搬国外纲目购书的订购模式，而是在部分领域逐渐建立出符合自身需求的订购模式。如在电子书采访领域，湖北三新自主研发的纸电图书采购平台设有基于中图分类法及其他条件的图书筛选器，用户可根据自身需求建立详细的图书甄选规则。用户不仅可以自行检索选购图书，系统也可以根据图书馆的选购规则及采购历史定期推送符合条件的新书。同时，不同图书馆用户可参考其他图书馆的选书规则模板，方便中小型图书馆向大型图书馆借鉴学习。在这个过程中实际上已经完成图书馆与馆配商共同制定购书纲目的任务，从而解决购书纲目难制定的问题，满足图书精准、快速订购的目的。随着图书出版、馆配领域网络信息技术应用的增强，图书馆与馆配商在图书订购模式方面的探索及合作也越来越普遍。

（二）阅读推广领域

图书馆在引导读者进行阅读时会协同馆配商一起举办阅读推广活动，也有图书馆在招标文件中注明馆配商需要为图书馆提供阅读推广活动策划。馆配商同图书馆在阅读推广方面的合作在推进图书宣传方面有较为积极的作用，目前有较多图书馆同馆配商成功举办了阅读推广活动，这些活动的举办对图书馆、馆配商、读者三方都起到了一定的积极作用。

提高图书馆图书利用率是图书馆工作的重点，图书馆在管理过程中往往由于宣传方式不到位或后力不足等原因导致阅读推广成效甚微。另外，部分图书馆对阅读推广重视度不够，阅读推广经费短缺也使得阅读推广活动难以为继。图书馆同馆配商合作能够极大地改善这一困境，馆配商为图书馆阅读推广的展开提供人力物力支持，同时也能将活动形式进行有效推广，使之能够持续地发挥作用。

阅读推广目前被较多图书馆列入招标文件，馆配商对阅读推广活动策划的重视程度也与日俱增。阅读推广也逐渐被纳入馆配商的服务体系中，馆配商根据不同图书馆的图书推广主题制定出有特色的推广方案，并参与到图书推广活动的实施过程中，为图书馆阅读推广活动的顺利进行提供人力物力支持。

湖北三新作为馆配行业中的领先企业之一，在阅读推广上也作出

第三章 我国图书馆与馆配商合作的实践及其效益

了积极的探索。在同图书馆的合作过程中,根据不同图书馆的需求,制定不同的阅读推广方案以达成图书馆所需效果。目前在图书馆开展的阅读推广活动主要分为两类,一种是由图书馆主办、馆配商承办的阅读推广活动,主要以互动活动、书友会、读书月等形式来进行;另一种为馆配商协办,一般为政府或相关部门主办、馆配商协办来举行,主要形式为图书展览会。

在图书馆开展的第一种形式的阅读推广活动一般为图书馆招投标文件规定的附加条款,即馆配商除了为图书馆提供图书配送加工等常规服务外,还需根据图书馆的实际情况筹备阅读推广活动以提升图书馆的图书利用率。该种形式的阅读推广活动在湖北三新经营范围的31个分公司及办事处发生频次较高,各市场也根据不同图书馆的需求以及公司产品的更新进行推广方案的改进和创新。2017年4月23日是第22届世界读书日,湖北三新各市场借由该活动日分别开展了各馆的阅读推广活动。安徽警官职业学院于该日举办读书月活动,湖北三新作为参展方之一对云田智慧图书馆云平台及其图书荐购功能做了详细的介绍。并利用一批电子书阅读器——Kindle来吸引读者群体阅读,该形式得到广大学生群体的青睐,也为后续阅读推广活动的策划起到了良好的示范作用。辽宁中医药大学于该期间也开展了读书月活动,湖北三新除了展示云田智慧图书馆平台外,还挑选300余种畅销图书举办了小型书展,供读者在"云田智慧"App上体验扫码荐购功能,云田智慧荐购功能借此形式在该校图书馆中得到了较为有效的宣传和推广。

在图书馆开展的第二种形式的阅读推广活动主要为政府或相关部门组织的活动,馆配商一般作为协办方参与其中。2017年6月30日至7月4日,由中共滨州市委宣传部、滨州市文明办、滨州市财政局、滨州市文化广电新闻出版局主办,滨州市图书馆承办的"市民选书政府买单——山东省滨州市图书馆百万元新书惠市民"活动取得了圆满成功。湖北三新在此次活动中展示了1.4万余册图书,现场工作人员积极协助市民选书、现场加工、现场借阅,推动活动的顺利进行。

除了同图书馆合作的阅读推广活动外，各大馆配商还响应国家"全民阅读"政策，积极发挥自身能动性来推广全民阅读。如湖北三新利用"智图云屏"这一半公益性项目在武汉三镇各试点社区安装立式电子屏，社区居民可以通过由政府购买的电子屏随时进行阅读，或通过扫码在手机等移动端进行实时阅读。该项目目前取得了良好的社会效益，极大地激发了居民的阅读兴趣，人均阅读量也得到了提升，起到了良好的示范作用。

（三）业务外包领域

图书馆为了简化其工作流程，降低加工成本，将原应属于图书馆的部分业务承包给馆配商来完成。长期以来，馆配商承包的图书馆外包业务主要为图书加工上架及图书编目，即为图书馆处理图书分类、编目、上磁条、贴条码、贴书标、盖馆藏章、录入书目数据等。以上步骤目前归属馆配商的生产加工环节，馆配商根据图书馆的要求对图书进行相应的加工，使图书馆在收到图书后能够直接上架，极大地减轻了图书馆的采编人员的工作量，从而节省了图书馆的人力成本，为图书馆的资源优化提供支持和保障。馆配商承包图书馆的部分工作除了为馆配商带来新的利益增长点外，更多是能够提升自身的服务水平，从而加强同图书馆的合作，并能在熟悉图书馆的工作流程中为图书馆的功能的提升提出相应的解决方案。

然而，随着馆配商越来越多地承担相关图书加工上架等业务，该项服务已成为馆配商的图书供应的标准化服务内容之一，馆配商极少提供单纯的收费性质的图书加工上架服务；图书馆对这类服务习以为常，也将其包括在图书招标内容的服务要求中。就目前看来，图书馆图书加工上架等业务外包，必然致使图书馆对馆配商的服务质量和内容提高要求，同时也增加了馆配商的运营成本。对于馆配商来说，其最大收益仍在于通过长期服务获取的图书馆工作人员的信赖，以形成稳固的合作关系；同时对各个图书馆的业务流程的熟悉也有利于馆配商开发新的产品和服务。例如，在湖北三新自主研发图书馆自动化管理系统时，项目工作组则入驻合作图书馆，协助图书馆完成大量工作，从而全面了解图书馆的基本业务流程，为后续系统开发工作打下基础。

近年来，随着图书馆在信息技术方面的需求日益提升，越来越多地采用网络信息手段完成或优化图书馆业务及读者服务，如新型图书馆门户网站、微信平台、图书馆App、读者交互服务、触控式电子一体机等。馆配商也成为协助图书馆或完成承担相关业务模块搭建的理想合作对象之一。主要原因在于馆配商相比普通软件服务公司更了解图书馆的运作情况及图书发行行业的特点，同时也具备一定的技术开发能力，价格方面也较为优惠。而随着馆配商开始承担相关领域的业务，其对技术团队的建设打造愈发重视，技术开发实力逐渐提高，馆配商出现由传统图书加工配送商向图书馆综合性服务提供商发展的趋势。

二 我国图书馆与馆配商合作效益

自民营书商进入馆配市场以来，我国图书馆与馆配商已经有较长的合作历史，在全国范围内各大馆配商与图书馆建立了广泛的合作。为清晰了解图书馆与馆配商的合作方式及合作效益，本书即以北京白云公司、北京百列公司、湖北三新等知名馆配企业与图书馆的合作为实例，分析、说明我国馆配商与图书馆的合作效益情况。

（一）北京白云公司的实例分析

1. 公司简介

北京白云公司于1998年在北京创建，历经18年的发展，是我国知名的民营图书发行公司和出版社信息提供商。北京白云公司定位于为公共和高校图书馆提供专业化服务，除中文图书及期刊业务外，其服务范围还包括数据加工、专业图书策划电子资源业务，并为全国图书市场提供出版信息服务。北京白云公司除馆配的主营业务外,也采取多元化经营的策略,先后于2015年成立出版业务分公司,2016年将其设备部独立成立分公司,主营图书馆自动化设备。同时,自2006年开始,北京白云公司也开始了中盘布局,并已形成规模,包括图书批销、网店供货两大主营业务,是部分省份新华书店、民营书商、知名网店等主要图书供应商。

2. 北京白云公司与图书馆的合作领域

北京白云公司经过多年的发展,与图书馆建立了成熟且多元化的合作,主要表现在如下领域。

(1) 文献采访领域

馆配商对图书馆文献采访的支持历来是其主要的业务形态,北京白云公司也在多个层面为图书馆提供文献采访的资源及信息服务。

首先,北京白云公司为图书馆提供包括中文图书、中文期刊等纸质文献资源。而在文献采访的合作中,馆配商的竞争优势往往体现在提供书目信息的全面性、准确性以及及时性等方面。为此,北京白云公司自行创办了《书目报》(化名)。该周刊创办于1999年,并于2007年开始发行电子版;其覆盖全国约90%的新书出版信息,平均每期发布1900条,每年发布48期,具备采访所必需的所有字段。同时,北京白云公司于2004年开始创建"中国可供书目",意在节约出版社的发行成本及图书馆的采访成本。

其次,北京白云公司通过其网站进行信息发布及客户信息交互管理,从而使图书馆客户可以在线获取采访、编目数据,了解图书供应信息并直接下单。此外,每年春秋两季,北京白云公司都会例行举办"图采会",邀请全国合作图书馆采访人员前往该公司现场采购图书。"图采会"是我国馆配商重要的交易模式,往往在馆配商总销售额中占有可观的比重。

(2) 阅读推广领域

北京白云公司根据合作图书馆需求,不定期自行举办,或协助图书馆举办读书活动。同时,北京白云公司所创办的《通讯》(化名)

也是连接图书馆配产业上下游,构建出版社、馆配商、图书馆及终端读者信息交流渠道的重要方式之一。

(3)业务外包领域

北京白云公司与图书馆的业务外包领域合作主要存在于三个方面,图书编目外包、图书深加工外包以及图书配送上架服务。

北京白云公司建立了专业的编目团队,可提供国际图书馆标准以及 CALIS 标准的编目数据,以适应公共及高校图书馆的需求。其自建的编目库已容纳约 200 万条编目数据。在此基础上,北京白云公司也拓展出图书馆回溯建库及图书深度加工等衍生服务。北京白云公司采用自有车队配送北京市区客户,外埠采取铁路和汽运的运输方式,对所有合作客户均可实现送货到馆。

3. 北京白云公司与图书馆的合作流程

北京白云公司实行多元化发展,已在全国范围内完成大中盘布局的转型,并倡导形成馆配商联盟,为我国馆配行业的发展开拓了一条新的发展路径。本次研究则着重于北京白云公司与图书馆之间的合作,故不阐述其与中、上游的业务流程,仅对其下游的合作流程进行展开。

(1)馆配中心

北京白云公司与图书馆的合作起始于其馆配中心与各图书馆的接洽。馆配中心即为北京白云公司的馆配市场销售部门。自 2008 年创立至今,其馆配中心已在全国范围内建立约 44 个办事处,服务全国各型图书馆。除商务洽谈等基本业务功能外,馆配中心在与图书馆的合作过程中也承担着准确了解、确认客户需求的重要工作。图书馆需求根据其类型(公共馆、中小学、大专院校、事企单位、政府机关等)、规模(区级、市级、省级等)以及功能侧重(典藏、大众阅读、学术科研等)的不同,存在巨大差异。同时,近年来,图书馆对数字化资源及设备的需求也不断增加。因此,其馆配中心需准确确认图书馆需求,并制定相应的满足方案,参与竞标。

(2)数据中心

数据中心在北京白云公司与图书馆的合作中扮演着重要角色,直接支持着文献采访工作的有效进行。在上文中提及的《书目报》以及"中国可供书目"均由其数据中心负责数据采集、整理、加工，并形成可供图书馆文献采访的书目信息。同时，数据中心的编目团队可提供国际图书馆标准以及 CALIS 标准的编目数据，适应公共及高校图书馆的需求。

（3）采购中心

采购中心是北京白云公司的资源提供部门，包括图书、期刊等产品资源以及保证企业运营的必要物资及设备。

（4）分拣中心

根据销售计划的安排，及库存情况，其分拣中心包含仓储、分拣、加工、打包四大职能，保障图书馆配业务的顺利进行。

（5）物流服务

对于北京市区内客户，北京白云公司采用自有车队配送；外埠则采取铁路和汽运的运输方式，对所有合作客户均可实现送货到馆。同时，北京白云公司还可以提供图书上架服务，从而形成图书采访—编目—加工—上架等一条龙服务。

（6）结算中心

在完成图书配送，图书馆验收后，结算中心则负责相关费用的结算。北京白云公司已开始集团化运作，结算中心同时也负责管理其资产购置、资金融通以及现金流管理等职能。

4. 北京白云公司与图书馆的合作效益

（1）标准化的合作方式节省了图书馆文献采访成本

北京白云公司作为我国先行进入馆配市场的民营书店之一，经过多年的实践及磨合，与图书馆的联系十分紧密，积累了丰富的合作经验。在此基础上，北京白云公司逐步建立了一套包含图书采访—编目—加工—配送—上架等全部流程的标准化合作模式，形成业内具有代表性的馆配商业务流程。在这个过程中，图书馆省去了自行查找图书信息所需消耗的人力及时间成本，也可改善过去因图书出版信息不准确、不全面而造成的误采、漏采等情况。同时，北京白云公司也承担了如编目、加工、上架等过去需由图书馆自行完成的工作,减少了图书馆在文献采访领域的成本。

(2) 广泛开展合作为北京白云公司赢得了市场份额

通过与全国各类型图书馆(公共馆、中小学图书馆、高校图书馆、事企机关等)开展广泛合作,在我国各省份设置了约44个办事处,服务约2000家图书馆客户。北京白云公司所创办的《书目报》及"中国可供书目",是图书馆获取图书出版信息的重要来源之一,使得北京白云公司成为图书馆选择图书供应商时的主要考虑之一。这为北京白云公司进行业务拓展提供了稳定的用户来源。

(二) 湖北三新与图书馆的合作

1. 公司简介

湖北三新成立于1998年,总部位于武汉东湖高新技术开发区。湖北三新在我国馆配市场已有19年的经营历史,目前已与全国1000多家出版机构建立了良好的业务关系,业务覆盖全国31个省、直辖市、自治区,在全国建立了40个办事处,为2000多家高等院校、公共图书馆提供图书装备及信息服务。服务范围包括中文图书、中文期刊、教材、数据加工、馆藏数据分析、大中专院校教材、数码印刷等,并为全国图书市场提供全面、及时的出版信息服务[①]。

2. 湖北三新与图书馆的合作领域

湖北三新经过多年的实践,已与图书馆建立了较成熟的多元化的合作方式;除主营的中文图书馆配业务外,还在中文期刊、教材、馆藏分析、数据加工、数字印刷、电子资源,以及地方版图书博览会(以下简称图博会)等多个方面与图书馆进行合作。具体表现如下。

(1) 文献采访

文献采访,作为馆配商的核心业务,也是湖北三新与图书馆合作体系中的基本构成。在图书馆信息资源建设内涵的扩充下,文献采访

---

① 湖北三新文化传媒有限公司,2017年1月15日,http://www.sanxinbook.com/。

合作已经超脱了以往中文图书配送的业务范围。以湖北三新为例，也包括了教材、期刊，以及逐渐成为市场主流的电子资源业务。当然，根据信息资源种类本身特性的不同，也会表现出各自的业务特点。

教材业务具有较强的地域性特征：不同地区高校所使用的教材品种存在巨大差异，同时，各地皆有本地的供应及销售渠道。湖北三新主要经营湖北地区教材业务。

期刊方面，不同于中文图书业务，在年末即需要确认次年征订计划，杂志社则按需发行。湖北三新与杂志社、中间商及当地邮局建立了稳固长期的合作关系，形成了采购、客服、配送、期刊装订一条龙服务，并能为图书馆提供标准的 CNMARC 数据。

（2）阅读推广

湖北三新在阅读推广方面也与图书馆有广泛的合作，如读书节、赠书活动、多类论坛等。后文将结合湖北三新与图书馆的合作流程对此以及上述两个方面做系统说明。

（3）服务外包

服务外包，随着馆配市场的竞争及发展，逐步成为馆配服务中的重要组成部分。其主要类别即为图书馆编目、图书加工等业务的外包。湖北三新经过十余年的发展，已建立了成熟、专业的编目团队及加工流程，为合作图书馆提供细致、专业的服务。除此之外，湖北三新还可为图书馆提供馆藏分析等专业性较强的服务，让图书馆充分了解自身馆藏情况，为科学规划馆藏提供权威性参考及建议。

3. 湖北三新与图书馆的合作流程

湖北三新服务范围广泛，经过多年的沉淀，已形成标准化的运营管理体系，与图书馆的合作已贯彻、融合在企业运营的各个方面（合作流程见图3—1）。从流程中可知，合作以文献采访服务为主干，其他服务糅合在核心服务之中，从而形成了一套包括各类信息资源产品，从采购、客服、批销、加工、配送到售后的馆配一条龙服务，并自建ERP系统统一管理。

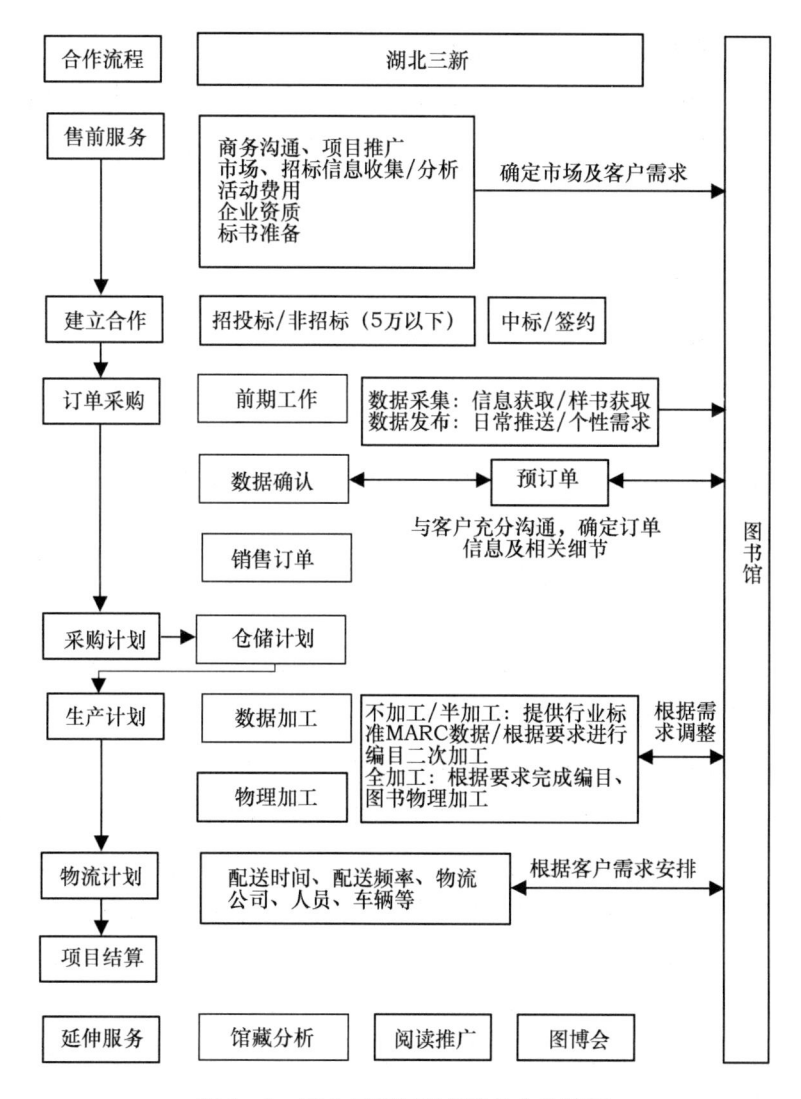

第三章 我国图书馆与馆配商合作的实践及其效益

图 3—1 湖北三新与图书馆的合作流程

（1）售前服务

售前服务是合作过程中的重要组成部分。在这个环节中，湖北三新销售、市场等部门人员会与图书馆相关部门充分沟通，收集、整理、分析市场信息、客户信息，选择合作对象、项目，并为投标工作做准备。其中，对市场、客户情况的把控分析，是成功竞标以及保障合作顺利的关键。通过多年的数据积累，湖北三新能够对各大图书馆的特点、倾向进行规律性总结，从而科学规划竞标项目，提出有针对性的服务方案，不仅能够提高自身的中标概率，也可以提升对客户需求的满足程度。

（2）建立合作

图书馆采购通常需经过招标流程，部分项目（如金额5万元以下）可不采取招标。通过售前的战略性规划，湖北三新中标，与图书馆签订合约后，双方正式建立合作关系。

（3）订单采购

此阶段是文献采访合作的重要环节，而其中客户下单的前期工作尤为重要，表现在馆配商所提供的书目数据的质量（全面性、时效性），以及对客户需求的满足程度（精准性），是馆配商竞争力的重要体现层面。

湖北三新数据部门采集组负责收集整合各渠道书目数据。主要通过从出版社获取样书，以及通过网络信息渠道，在图书印成之前或同时，获取图书信息。后者在数据获取的广度、速度等方面可超脱邮寄样书的物理限制（地域性、出版方运作方式、物流因素等），已是数据采集工作的重点发展方向。同时，湖北三新一改等待出版社信息的被动获取方式，变为实时关注图书出版信息，及时索取数据的主动获取方式，避免新书信息漏发、内容不全、信息迟发等情况，从而保障书目数据的全面性及时效性。

在整理形成湖北三新标准书目数据后，数据部门每周在企业官网推送全品种可供书目（近三年），同时根据合作及潜在客户特点及需求，对其进行一对一书目推送。通过对多年运营经验及一千余家客户信息的分析总结，湖北三新能够归纳某一类别图书馆或特定客户的采购规律及特点，并根据当前情况提供制定化书目，供客户选择。此外，图书馆采访人员还可前往湖北三新公司现场采购，通过样书对图书品类、质量、内容等方面有更直观的把握，查漏补缺。从而从各个方面提高可供书目的精准性。

在客户通过推送书目及现采等渠道选书下单后，湖北三新相关部门会确认客户需求满足率，并与客户充分沟通，最大限度满足客户需求，并确认服务相关细节，最终形成销售订单。

（4）采购计划、仓储计划

根据订单需求统一进行采购及库存管理，保障企业运作效率。

（5）生产计划

生产环节主要根据客户需求进行图书数据加工（编目）及物理加工（贴磁条、贴条码、贴标签、盖章等）。湖北三新的编目团队，可根据需求完成全部编目工作（客户收货验货后仅需上架），或提供行业标准的 MARC 数据，由图书馆自行完成后续工作。编目加工服务已是湖北三新标准化服务的组成部分，在部分情况也作为单独业务，承揽图书馆相关工作。

（6）物流计划

根据需求制定书包大小、件数、配送时间、频次，以及物流公司人员，车辆种类等各项细节，从而满足不同客户的需求。

（7）项目结算

通常图书馆客户在收货后或服务达到某一阶段后，统一与馆配商结算。在特定情况下，客户为完成采购计划或满足馆藏建设需求，可预付费用给湖北三新，后者随后逐步履行合约内容。

（8）延伸服务

在文献采访合作的过程中，湖北三新根据对图书馆工作内容的了解，提供多项特色服务，在馆藏分析、阅读推广等领域与图书馆开展合作。

图书馆馆藏分析可帮助馆方了解当前馆藏情况，对目标读者需求的满足情况，从而指导后续文献采访工作开展。一般情况下，图书馆只能掌握本馆、本校相关数据；而湖北三新，与全国千余家出版社、图书馆都有合作，通过大数据分析，不仅可以评测合作图书馆馆藏结构与本校专业设置的契合程度，还可以与同类图书馆进行横向比较，从而对合作图书馆馆藏情况进行市场定位。根据分析结果，湖北三新可提供馆藏建设方向建议，并提供采购建议明细，以及推荐品种书目。当前，湖北三新已成立全资子公司独立运营该项业务，并举办"馆藏—出版"论坛，牵线图书馆与出版社，吸引业内众多专业人士与会交流。

湖北三新与图书馆在阅读推广方面已有较多合作。如每年 4 月的读书节，湖北三新在全国的各办事处会协助合作图书馆开展各类型活动，有效解决了图书馆阅读推广工作单打独斗、社会支持程度不足等困境。主要活动有新书展销、图书荐购、Kindle 电子阅读器体验等形式。在活动中，湖北三新负责提供可选图书、荐购平台系统、体验设备等。除临时协商开展活动外，部分图书馆在合约中也会添加阅读推广合作需求的条款，作为文献采访合作的一部分。

4. 湖北三新与图书馆的合作效益

（1）通过合作图书馆减少了图书采访成本

湖北三新同图书馆之间是互利共赢的合作关系，在同图书馆的合作中带来了一定的经济效益，也为其带来了一系列有形或无形的效益。图书馆通过同湖北三新的合作简化了图书采访的任务量，相关业务的外包也为图书馆节省了人力物力成本，避免了资源的浪费。湖北三新为其提供的有关系统及设备配备也简化了图书馆的管理，提升了工作效率。

（2）多元化的合作提升了图书馆的服务能力

湖北三新通过结合图书馆的发展方向对图书馆的馆藏数据进行分析，并进行数据挖掘形成有关分析报告，为图书馆的馆藏制定相关方案及策略，保证图书馆采购图书的顺利进行，从而优化图书馆馆藏结构。湖北三新为图书馆提供的一系列服务不仅提升了图书馆的馆藏质量，还为图书馆的宣传及推广提供了人力物力支持。

（3）与图书馆的紧密关系使馆配商扩大了销售，提高了服务质量

在向图书馆提供各项资源及服务的同时，图书馆相关数据也可反馈至湖北三新的数据中心及卷藏部门，在对全行业信息汇总分析后，湖北三新可提炼出价值信息，从而指导新产品研发以及服务的改良。

（三）北京百列公司与图书馆的合作

1. 公司简介

北京百列公司，是由某出版社全资成立的大型国有图书销售企业。北京百列公司成立于 2006 年，以店面零售、图书馆馆配以及网络销售为主要业务模式，以科技、教育类产品为其经营重点。北京百列公司采用事业部经营体系，包含店面销售事业部（经营店面零售）及大客户销售事业部（经营馆配业务）。本书则着重研究其馆配业务方面。北京百列公司馆配业务以面向全国大中专院校图书馆以及公共图书馆为主，同时以中小学图书馆为辅。其业务范围以北京、上海、福建等地区为核心并辐射全国。[①]

2. 北京百列公司与图书馆的合作领域

北京百列公司相比于北京白云公司、湖北三新等企业，较晚进入馆配市场，然而其依托出版社的支持，在科学、学术、教育等领域也形成了自身的资源优势，同时可提供馆藏资源建设的配套服务。北京百列公司与图书馆的合作则主要表现在文献采访领域。

（1）提供高校学科专业书目

北京百列公司自行开发高校学科专业数据库平台，为高校图书馆提供有针对性的图书出版信息。该平台可自动匹配合作图书馆的馆藏学科情况，推送相关学科的图书书目信息，每月约可推送 1 万条新书书目信息。

（2）高校订单信息共享

北京百列公司经用户同意，将知名重点院校图书馆的采购订单信息分类汇总整理，供同类图书馆分享参考，指导其馆藏资源建设工作。

（3）提供重点图书排行

北京百列公司利用自身图书零售卖场的便利及优势，可定期提供

---

① 北京百列公司简介，2017 年 1 月 11 日，http://www.bwz-book.com/b2cweb/v/info.html?type=1。

重点图书排行榜，并与国内知名行业分析公司合作，提供行业动态，为用户馆藏资源建设提供参考意见。

（4）图书在线订购系统

北京百列公司同时自行研发在线图书订购平台，并免费提供给图书馆客户使用，让图书馆采访人员及读者都能参与到文献采访的过程中，提高图书馆文献采访效率。

（5）延伸服务

除上述文献采访领域的合作及配套服务外，北京百列公司也举办全国性学术讲座以及样书展览活动，即图书现场采购。

3. 北京百列公司与图书馆的合作流程

北京百列公司与图书馆的合作流程与上述北京白云公司及湖北三新等馆配商并无较大差别，也包含商务洽谈、招标合作、信息服务、需求下单、图书分拣加工、配送上架等环节。

（1）商务洽谈

商务洽谈是馆配商与图书馆的第一步，北京百列公司得益于其出版社全资企业的背景，在与图书馆接触初期较民营馆配商有一定的便利。同样，在此过程中，北京百列公司也需要确认图书馆的需求情况，并指导竞标的准备工作。

（2）招标合作

通过公开招标、竞标，北京百列公司与图书馆正式建立合作关系。

（3）信息服务

通过上述文中的书目推送、高校订单信息共享以及重点图书排行等，北京百列公司为合作图书馆提供专业、全面的新书书目信息，支持图书馆文献采访工作。

（4）需求下单

采用北京百列公司的在线订购平台，图书馆可以直接在线下达订单，精简订购的工作流程。

（5）图书加工

在出版社的相关技术支持下，北京百列公司在图书品质、加工标准及质量把控等方面都有较成熟的应用经验。

（6）配送服务

与其他馆配商相同，北京百列公司也提供图书配送到馆及上架服务。

4. 北京百列公司与图书馆的合作效益

（1）与北京百列公司的合作可提高图书馆文献采访的效率

通过上述文中的书目推送、高校订单信息共享、重点图书排行等书目信息服务，以及北京百列公司在科学、学术、教育等方面的资源优势，可以提高图书馆（尤其是高校图书馆）文献采访工作对自身学科建设的支持度，增加文献资源的利用率。同时，采用在线订购功能，也可以简化采访工作中的流程以节约耗时，从而提高文献采访的效率。

（2）与图书馆的深度合作有利于北京百列公司体现其对出版发行产业的支持

除在与图书馆的合作过程中所获得的经济收益外，北京百列公司作为出版社全资创办的馆配企业，与图书馆建立良好的合作关系，也可以获取客户反馈信息的一手资料，并直接指导出版社对图书产品的优化；改变业界对馆配企业赚取图书差额的简单印象，展现出馆配商对图书馆文献资源建设，以及图书出版的支持及促进作用。

三　我国图书馆与馆配商合作效益提升所面临的问题

结合以上案例分析，以及对笔者所在公司（湖北三新）同2000多家图书馆合作的19年经验总结，同时也通过对同行业的观察发现，目前馆配商与图书馆在合作过程中存在诸多矛盾，影响了二者之间的深化合作及效益提升。主要矛盾表现为以下几点。

（一）图书馆的所需图书品质、品种与馆配商实际供应能力的矛盾

一方面，随着社会经济的发展，文化建设有了充足的物质保障，为加强精神文明建设、促进公共文化事业发展、全面提高国民素质、将终身教育普及每一个社会成员，近年来国家动员全社会的力量致力于全民阅读的推广。国民阅读氛围日益浓厚，读者数量持续攀升。另一方面，图书出版发行总量也持续攀升，每年都有大量的新书出版，通过各种发行渠道进入市场。然而与此同时，互联网的普及使得网络信息给传统图书市场带来了极大的冲击，读者有了更多阅读渠道的选择，不再局限于纸质书籍的阅读，传统图书的地位面临巨大竞争。

在这样的大环境下，读者对图书各方面的要求也相应地一再提高。而图书馆作为以读者为中心的公共文化服务机构，只有通过读者对其价值的充分利用和社会的积极认可才能继续立足于社会，图书馆的一切举措都要以读者的需求为导向，以充分满足读者的需求为目标。因此，读者对图书的要求就是图书馆对图书的要求。在目前的社会背景下，图书馆不仅对图书的数量、品种有需求，而且对图书的品质有要求。随着读者数量越来越庞大，读者的类型组成越来越复杂，图书馆所要提供的图书也需要在数量和类型上进行全面性的扩充，要努力让每位读者都能读到自己想读的书，而不会无书可读。与此同时，图书馆所要提供给读者的图书，还应该是内容上有价值、排版整齐易读、印刷完整精良、能够让用户读之有益的，尤其体现在一些小众或冷门的专业图书类别上。图书馆提供图书的全面性、多样性是判断其业务能力的重要标准之一。

然而在实践中，馆配商的实际供应能力与理想状态仍有一定的差距。由于受采购渠道、战略定位、专业水平、所属区域、市场环境等因素影响，馆配商在图书供应品种及专业范围上有所侧重，往往无法做到百分之百满足各类图书馆对所有图书品种的需求。对于现阶段的全国性馆配商而言也仍会存在这种问题。例如，全国性馆配商需要追求规模效应，对于高校、公共图书馆所需的热门品种、核心品种满足

率较高，库存充足；而对于古籍、地方特色文献资源等需要特别收集加工的资源则往往并未涉猎。而一些小型、地方型的专门书商在这方面做得更出色。另外，各家馆配商之间可供应的品种范围也存在一定的差异。因此，图书馆在文献采访工作中，可能需要选择多家供应商才可完全满足馆藏需求。这使得图书馆采访人员不得不从各家馆配商的书目中分别挑选所需的图书品种，限制了采访效率的提升。

此外，在日益激烈的馆配市场竞争下，为了控制成本提高利润，部分馆配商就选择偷工减料、以次充好，把质量好但价格高或需求低的图书排除掉，造成图书馆对馆配商所提供的图书不满意，对馆配商的整体形象造成了恶劣影响。

（二）图书馆对服务质量要求提高与馆配商希望控制运营成本的矛盾

对于图书馆的读者来说，除最基本的图书阅读需求外，图书馆的场所氛围营造、书架摆放设置、图书馆馆员的服务水平和态度等都会极大地影响读者对图书馆的印象和对图书馆的评价，继而影响读者的到馆率、图书借阅率等图书馆关键指标。因此，近年来，越来越多的图书馆便以读者至上为服务宗旨和理念，致力于为读者提供高质量的服务，让读者充分享受阅读的乐趣，在安静、积极的环境中汲取知识。

而图书馆服务体系的建立，则离不开各类供应商的产品和服务。因此，随着图书馆对自身服务水平的要求的提高，其对馆配商所提供的产品及服务的质量的要求也在不断提升。另外，在市场竞争的驱使下，馆配商也不断扩展服务范围，提升服务质量，以获得竞争优势，保障市场份额；提供给图书馆的服务也从早期简单的图书销售、配送，进化为包含图书信息服务、图书销售、加工、编目、配送、上架，以及图情配套软硬件设施、专业培训、馆藏分析及报告等一条龙式的服务体系。馆配商从某种意义上来说，已经承担了部分过去应由图书馆完成的工作内容；图书馆也逐渐对馆配商的配套服务习以为常，并加入图书销售服务的必要条款中。由此可见，馆配商为图书馆提供的服务越来越深入、细化，这也决定了一旦馆配商的某个细节出现疏漏，则会直接影响图书馆自身的服务质量，从而影响到图书馆对所合作的馆配商的满意度。

然而现在馆配商为图书馆提供的服务现状并不完美，反而不时就会暴露出各种问题。例如，图书的加工未严格按照图书馆的要求完成，导致后续入馆流程受到影响；图书配送速度慢、不送到馆而让图书馆员自提、在休息时间送达过时不候、途中造成图书的污损甚至缺失；图书书目数据的编目不及时有错漏，现场采购人员未得到及时妥善的引领或找不到人沟通采书需求；在馆图书的宣传没有提供协助，图书馆管理系统等应用软件的培训未落实到位而导致系统得不到有效的利用等各种现象。即便是已具规模的全国性馆配商，在长期的合作历程中，也仍难以避免出现服务效果未能满足图书馆需求，而遭到客户的投诉的情况。

究其原因，乃在于馆配商的运营成本逐年提高，利润空间受到挤压。图书订购配送的配套服务，如图书加工、编目等，往往已包括在整体服务内容之中，而图书馆无须支付额外费用。而对于馆配商来说，则需要维持一定规模的具有专业性的加工、编目团队。为保证配送的时效，馆配商也往往只能选择高负荷运转。这无疑都需要付出相当大的运营成本。此外，近年来，馆配商所承揽的图书馆服务内容不断扩充，并有向数字化发展的趋势（如图书馆管理系统、网上订购/信息平台、图书馆数字化装备等），馆配商需要建立符合互联网时代的精准化服务要求的全新团队。这除了会产生新的投入外，也存在由传统服务体系向新型服务体系过渡而产生的服务疏漏，甚至服务断层。因此，在当前图书高折扣进货、竞争激烈的市场现状下，成本的上升将直接挤压馆配商的利润空间，部分馆配商甚至面临生存问题。于是，在传统馆配商未能突破现有经营模式，有效控制成本的情况下，一些企业被迫选择降低部分服务标准，或是在服务过程中无法面面俱到，从而出现无法兑现给图书馆的承诺等不良现象。

（三）信息传递效率与链式信息传递模式的矛盾

信息流由社会、组织、个人间的信息交流与传播而产生。在社会经营活动中，组织内部的信息流直接影响着组织运营管理、资源利用、战略决策等各个方面的表现；组织之间的信息流对供应链效益亦有快速响应客户需求、有效降低"不确定性"、增强市场预测的可靠性，以及最大化信息价值等作用[①]。在当今市场环境下，各机构及企业也逐渐改变了早期只注重物流及资金流的思维惯性，已发现信息流是供应链运作的核心纽带[②]；对信息流的把控及处理能力，保障信息传递效率，已是馆配商的核心竞争力之一。

在图书馆与馆配商之间，由于行业的隔阂，信息交流的模式更加会影响信息传递的效果。而图书馆与馆配商的信息传递效果，将会给双方的合作效益带来最直接的影响。因此，为了促使图书馆与馆配商能无障碍无损耗地最大程度地保留完整信息地沟通与交流，帮助图书馆与馆配商相互理解、相互信任、秉持互惠互利的理念共同努力共同发展，需要确立一个图书馆与馆配商信息传递机制，如图3—2所示。

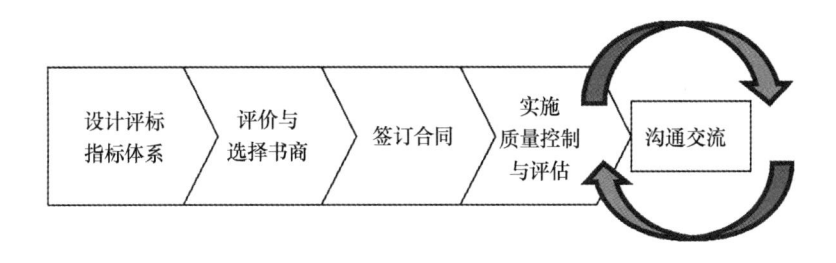

图3—2 高校图书馆与馆配商沟通交流模式

[①] 奚雷、韦文联、郝赟、杨萍：《供应链组织间的信息流研究》，《衡水学院学报》2014年。

[②] 范林根、刘仲英：《供应链信息流结构研究——从链式信息流到信息流网络》，《商业经济文萃》2003年第5期，第54—56页。

根据这个图书馆与馆配商信息传递机制,可以看出,图书馆与馆配商的信息传递是围绕图书馆对馆配商的招投标来完成的。在这个机制图里强调了每一个流程、每一个环节,都需要图书馆与馆配商的充分沟通,说明了信息传递对这个机制图的执行效果的决定性作用。

然而,从我国馆配商与图书馆的合作案例中可以看出,我国馆配服务供应链仍以链式信息传递模式为主导,出版社、馆配商、图书馆及读者间的信息传递仍主要通过逐级传播的方式,依次向下一层级传递。而从微观层面来说,图书馆及馆配商的组织内部,也往往需要通过各部门及相关工作人员逐一传达信息,来完成整体的服务运作。例如,对于读者的阅读需求情况,往往需要经过图书馆读者服务部门、与馆配商对接的部门、馆配商客服部门、馆配商产品部门、馆配商采购部门等多个环节,才反映到出版社方面。在这样一种传递模式中,信息传递的双方的理解与表达能力极大地影响了信息传递的程度,决定了这次的信息传递是否具有它原本该达到的价值,决定了图书馆或馆配企业的决策是否被有效地执行下去。很显然,在链式信息传递模式中,信息流通所经层级太多,过程烦琐,难免出现信息延迟、信息疏漏,甚至信息失真的情况。

随着图书馆对读者服务质量的要求不断提高,过去信息传递过程中影响不大的问题或者容易解决的问题,在互联网信息化的快节奏服务模式下,逐渐产生了严重的信息滞后、失真等现象。如从读者对图书品种的需求反馈,到最终由馆配商完成相关品种的图书配送,可能需要数周,甚至数月的运作周期;读者对某一数字产品的使用反馈,在多层级信息传递后,最终产品设计人员可能给出了完全不同的修改。因此,当前以链式信息传递模式为主导的交流体系已经无法满足当前图书馆与馆配商的合作效率的需求。

馆配商与图书馆也开展了一定的跨层级信息交流活动,如图书现场采购会、阅读推广活动等。在历届图书现场采购会上,来自全国的图书馆、馆配商、出版社、发行公司以及图情界专家学者得以汇聚一堂。图书馆除完成图书采访工作外，也可以分享、交流经验，了解图书出版情况；出版社等企业亦可以直接了解图书馆需求，从而促成了产业链跨层级的信息传递。与之相同，在阅读推广等活动上，馆配商也可以直接了解读者的需求点。然而基于图采会等短期性的交流活动，不足以解决日常工作交流中的信息迟滞、失真问题；建立持续的信息传递新模式，形成高效的信息传递常态才是解决现有信息传递问题，提升双方合作效率的有效途径。

（四）图书馆的差异化需求与馆配商标准化服务的矛盾

如上文所述，如今时代的发展导致读者对图书馆、图书馆对馆配商的要求不断提高。同时，他们不仅对服务质量有要求，而且对服务形式的需求也越来越多种多样。因为读者群是复杂多样的，分不同的专业、兴趣爱好、年龄段、职业等，所以形成了各式各样的阅读需求。而图书馆也分不同类别，大的分类有公共图书馆、高校图书馆；而公共图书馆又可以根据图书馆的职能、区划级别、馆藏特点、所在地特点等因素来进行分类，高校图书馆可以根据每所高校的专业倾向等因素来进行分类。各种不同类型的图书馆服务任务、服务对象差异明显，体现在对图书品种、服务形式的需求上也各不相同。比如，地方公共图书馆会对地方性人文历史、风土方言、经济发展历程等方面的图书有大量需求；医学院校图书馆会对精、尖、深、全的医学图书有强烈需求。又比如，某些公共图书馆技术能力不强，需要馆配商给予特别的图书馆管理系统等应用软件的培训；高校图书馆为了提高馆藏利用率需要馆配商提供阅读推广活动等方面协助的需求。定制化服务、个性化服务也是馆配行业发展的趋势和潮流。

而对于传统馆配商来说，为有效控制运营成本，保证经营利润，对规模化效应的追求是必然选择。馆配商虽然了解不同图书馆需求的差异化，但服务的标准化却是实现规模化经营的必经之路。在过去十余年间，面对全国各类型图书馆，规模化馆配商（如北京白云公司、湖北三新等）的服务内容、服务流程、服务质量等，均可做到标准统一，从而保证对于全国客户都有一个相当高的服务质量保障，同时精简自身运营流程，有效控制成本。对于图书馆的差异化需求，馆配商则通过共性分类等措施，将类似规模、类似功能的图书馆分为一个类别，并采取某一标准化的服务模式。

然而，随着馆配商服务内容的不断扩充，以及图书馆的个性化需求的不断提升，过去的标准化服务模式已经难以满足市场需求，馆配商不得不临时增加人力、物力尽量满足合作图书馆。这必然会使馆配商增加额外的运营成本，同时也打乱了以往标准化的服务流程，造成管理上的困难甚至出现管理疏漏。例如，在推行新型服务内容（如网上订购平台、电子书业务、图书馆管理系统等）时，目前传统馆配商内部并未完全建立相应的服务团队，且与传统图书配送服务的业务流程衔接也尚未规划完全，从而导致在新服务运作中，对图书馆反馈应对迟滞，问题无法快速解决。

近年来，用户定制性服务在各行各业逐渐流行，在图书馆服务领域，更具针对性的服务内容也不断出现，如针对性的馆藏分析、书目信息推送、流量分析、读者行为分析、读者个性化服务、图书馆门户及公众号等。而传统馆配商仍处于由图书批销型企业向高技术服务企业的转型发展的尝试过程中，对新技术、新概念等的完全应用需要一定的阶段进行消化、融合。如若一味迎合各家图书馆需求，不计代价，不对整体运作进行反思、优化，便会使得运营成本激增，入不敷出；在成本压力下，馆配商或发展出新的服务标准化，从而提升服务效率控制成本，同时满足图书馆的多元化需求，或最终难以为继，退出市场。对于图书馆来说，也不可将馆配商的服务内容视作万能，馆配商对图书馆工作的支持与辅助是无法替代图书馆员的专业素养及服务能力的。对图书馆差异化需求的满足，跟随客户定制化服务的趋势，仍绕不开对馆配服务标准化的深度研究、严格落实，从服务的整体框架上建立具有灵活性、变通性的运作机制，合理安排人力、物力资源，形成满足个性化需求的服务体系。

探究馆配商对图书馆提供服务的能力不足的原因，不难发现：一些馆配商在时代发展的潮流中缺乏求变的主动积极性，未能意识到技术的进步，人才的涌现可以为他们带来更多可能性、更大的利润空间；而是故步自封，着眼于短期利益。少数有所行动的馆配商在实践过程中又缺乏理论的指导，与需要服务的对象——图书馆联系不紧密，同时技术、设备的高昂成本也让利润空间薄弱的馆配商们望而却步。当然，图书馆对于这一现象也应该认识到，作为服务于教学科研的学术性机构，或者服务于提高人民群众科学文化水平的文化单位，应当主动帮助馆配商理解和分析现实中的行业动向和需求，并一同实验，通过实际操作来寻找满足图书馆差异化需求的真正出路和方法。

（五）市场环境激变与馆配商应对能力的矛盾

自民营书商进入馆配市场以来，图书馆与馆配商的合作已经持续了近20年，从曾经的新华书店的垄断到民营书商逐步发展、市场份额不断扩大；从"订单式买卖"逐渐走向"一站式服务"等更深层次的合作；从图书馆"迎评"期间的大规模图书采购，到如今图书馆经费缩减，以及"双一流"建设、"公共图书馆评估"等新一轮政策下图书馆需求的变化，馆配市场历经重重变化。面对市场环境激变，馆配商则需要具有能够应对冲击，快速调整战略，适应新形势，跟上新趋势的能力；否则，馆配商则无法满足图书馆的合作需求，甚至可能在激烈的市场竞争中被淘汰出局。

在图书馆"迎评"阶段，各图书馆加大了图书采购规模，馆配市场迎来高速发展期，大量民营书商也因此进入馆配市场。馆配市场的竞争势态也逐渐白恶化，随着"迎评"的结束，各图书馆采购经费和规模逐渐缩小，馆配商的生存环境骤然变化，恶性竞争事件频频发生，其结果便是包括教图中文部、成都世云等较大规模馆配商，以及众多中小型馆配商宣告退出馆配市场，仅有若干全国性馆配商及自身特色较强的区域型馆配商存活下来。

而在馆配市场历经数年的短暂稳定后，新一轮的政策，如高校"双一流"建设、新一轮"公共图书馆评估定级"的上马，馆配市场环境又将迎来新的剧变。从本书第一章的分析中可知,"双一流"建设,促使高校图书馆加强对本校核心专业的支持力度,在馆藏结构、学科服务等方面,进行有针对性的调整和优化;而新一轮"图书馆评估"则在评估指标中,着重强调了公共图书馆的服务功能建设,促进公共图书馆转型发展。当今高校及公共图书馆对图书品种,乃至图书馆装备的需求必然与过去有很大差异。例如,在数字资源方面,其范围从过去的电子图书、期刊扩大到音频、视频等多种媒体形式,且在学科范围、品种类别等方面有着更精细的规定和要求。因此,过去数量庞大但质量较低的"打包"性质的电子书库便不再满足图书馆的需求;馆配商需要根据各类图书馆特点,提供更具针对性的图书品种。而对图书馆需求的把控,也需要从过去人工了解,向对行为数据的监控和分析利用的方向发展。未来馆配市场对馆配商的专业能力要求将不断提高,馆配商必须从过去"劳动密集型"的批销企业,向具有核心技术实力的科技服务性企业转型。

与馆配市场不断变化相对的是,馆配商转型的困难。面对高新技术的市场要求,传统馆配商几乎需要从零开始逐步建设,增加自己的技术实力;这便意味着长期的纯资金投入。在传统业务市场规模发展停滞、馆配商利润空间逐渐降低的情况下,技术投入将给馆配商带来很大的资金压力。同时馆配商还面临着图书馆要求不断提高、当前图书采购招投标制度不完善、恶性市场竞争等问题。若不能找到自身优势并形成核心竞争力,将难以摆脱低收益的劳动密集型企业模式[1]。图书馆也需要获得优质、稳定的资源供应渠道。双方需要探索新的合作方式。

在市场潜力的挖掘方面,与国外相比,国内图书馆在人均藏书量、软硬件设施等方面仍有很大的差距。全国公共图书馆人均藏书量也不足 0.6 册,远低于教科文组织推荐的 1.5—2.5 册。馆配市场在

---

[1] 娄冰:《馆配商的过去、现在与未来》,《图书馆学刊》2016 年第 3 期,第 16—19 页。

馆藏建设、配套设施及服务等方面仍具有市场潜力，需要图书馆与馆配商共同发掘，这也促进了图书馆与馆配商的合作。

（六）短期利润与长期效益的矛盾

与有政府财政拨款或学校经费投入支持的公共事业单位图书馆不同，馆配商是追求经济利润的企业，需要维持其自身的生存与发展，必须在为图书馆提供服务的过程中实现其经济效益。在过去商贸型的"一锤子买卖"的合作关系中，图书馆与馆配商仅着眼于当前交易优惠或利润等短期情况，对后续合作机会、后续影响以及潜在效益等长期效益的考虑则显得不足。

在通常的招标合作中，评审人员往往仅以馆配商所能提供的图书折扣力度作为主要评判标准，对馆配商实际供应能力、配套服务能力、服务质量等方面不做考量；从本质上讲仅是压低单次的交易价格，并未考虑图书馆实际的馆藏需求以及图书馆建设发展。而馆配商在低折扣成交的情况下，为保证利润则只能想方设法降低成本，如剔除低折扣图书品种，降低服务标准、增加员工单人劳动强度等，其结果往往导致馆配商的服务质量下降，无法兑现招标内容等。最终导致图书馆的采购结果并不能满足自身实际需求，进而对馆配商的服务产生不满。对短期利润的片面追求只会导致双方利益同时受损。

另外，随着图书馆服务内容的扩充，与馆配商的交流合作频率及机会逐渐增多，所涉及的共建性项目也越来越多，如图书馆管理系统的换代升级，长期的阅读推广活动、读者荐购活动等。在共建项目中，往往需要双方持续的投入资金及人力、物力资源，反复尝试，而短期内无法产生效益或效益不明显。以传统的合作评判标准，仅着眼于短期的利润、收益等情况，则无法对长期合作进行价值评判，只会导致项目停滞夭折。

因此，馆配商如果只是一味地追求自己的利益，那么馆配商就容易导致其为图书馆提供的图书和服务质量下降。而图书馆如果也是只考虑自己的利益，拼命压低馆配商服务的利润空间，索取更多服务和超量图书，则会造成馆配商的服务动力不足，更加无法达到图书馆的要求、使得图书馆获得满意的服务。当图书馆与馆配商都是只看重短期的利润，便会形成这样一种恶性循环，图书馆与馆配商互相索求、缺乏沟通、互不相让，将会导致馆配行业的衰退甚至消亡。

  因此只有从长远利益出发，促使图书馆与馆配商在追求各自效益的过程中做到竞争与合作并行，在合作中相互理解，在竞争中互相赶超，从而共同进步与发展，实现双赢。

第四章

新形势下图书馆与馆配商合作效益的提升

一 图书馆与馆配商合作面临的新形势

随着社会进入信息化时代，互联网对各行各业都产生了深远的影响，消费者的行为习惯也发生了巨大的变化，馆配行业对电子资源的需求也日益提升。在国家大力推动全国公共文化建设的政策环境下，对高校及公共图书馆建设提出了新的要求，对图书馆与馆配商的合作来说，新的形势既是机遇也是挑战。

（一）互联网的迅速发展改变了读者的阅读习惯

1. 互联网的发展改变了大众的信息获取方式

互联网的发展，特别是近年来移动互联网的迅速普及，从根本上改变了社会大众获取信息的方式及习惯。据中国互联网络信息中心（CNNIC）统计，截至 2017 年 12 月，我国网民规模已达 7.72 亿人，互联网普及率为 55.8%；其中手机网民规模达 7.53 亿人，较 2016 年底增加 5734 万人，占网民比例达到 97.5%，较 2015 年底提升了 2.4 个百分点。

近年来智能手机及移动互联网的发展，使人们可以随时随地通过手机等移动设备进行网络社交、新闻阅读、休闲娱乐，以及出行、支付、理财等各层面的日常行为及生活管理。在信息获取及搜索方面，人们也越来越多地借助网络。截至 2017 年 12 月，我国搜索引擎用户

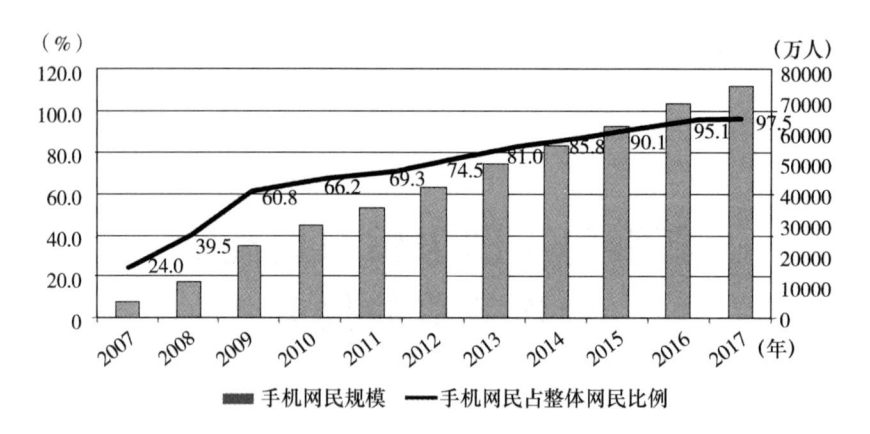

图 4—1 中国手机网民规模及其占网民比例
资料来源：CNNIC。

规模达到 6.40 亿人，使用率为 82.8%，较 2016 年底增长 3718 万，增长率为 6.2%；手机搜索用户规模达 6.24 亿人，使用率为 82.9%，较 2016 年年底增加 4887 万，增长率为 8.5%[①]。另需要指出的是，社交媒体已成为重要的资讯来源，且不再盲目追求一时热度，也更加重视内容的持续效应；随着网络直播、短视频、音频等领域的兴起，社交媒体不断迭代升级成多元化发展，社会大众的信息获取的方式已发生急剧变化。

相比较而言，传统的入馆检索图书信息及借阅，以及现有的主要基于 PC 网页的信息搜索及获取电子资源等方式，在使用便利性及检索速度上都存在劣势，难以满足读者随时随地查阅信息的使用需求。近年来，不少图书馆也开始基于微信、手机网页、手机 App 等新载体拓展功能，发展智能图书馆、移动图书馆等新概念服务，未来图书馆与移动互联网的服务融合也将成为图书馆与馆配商的合作重点之一。

2. 互联网的发展催生新的阅读习惯

文献信息资源的范畴已扩大到包含纸质图书、期刊、电子文献、

---

① 中国互联网络信息中心：《中国互联网发展现状统计报告》，2018 年 3 月 5 日，http://www.cnnic.net.cn/hlwfzyj/hlwxzbg/hlwtjbg/201803/t20180305_70249.htm。

音频视频以及网络信息等各类信息形态。网络数字资源以其内容丰富、存取方便、信息量大等优点①，已逐渐改变了社会大众的阅读习惯。过去人们获取、查阅信息、知识的渠道主要为纸质图书、期刊、报纸等；如今各类网站、社交网络、搜索引擎等渠道已成为信息获取的主流。"第十四次全国国民阅读调查"（以下简称"阅读调查"）结果显示，国民综合阅读率整体为上升的趋势，而其中数字化阅读（网络在线阅读、手机阅读、电子阅读器阅读、光盘阅读、iPad阅读等）增长明显，近年来持续上升②（见图4—2）。

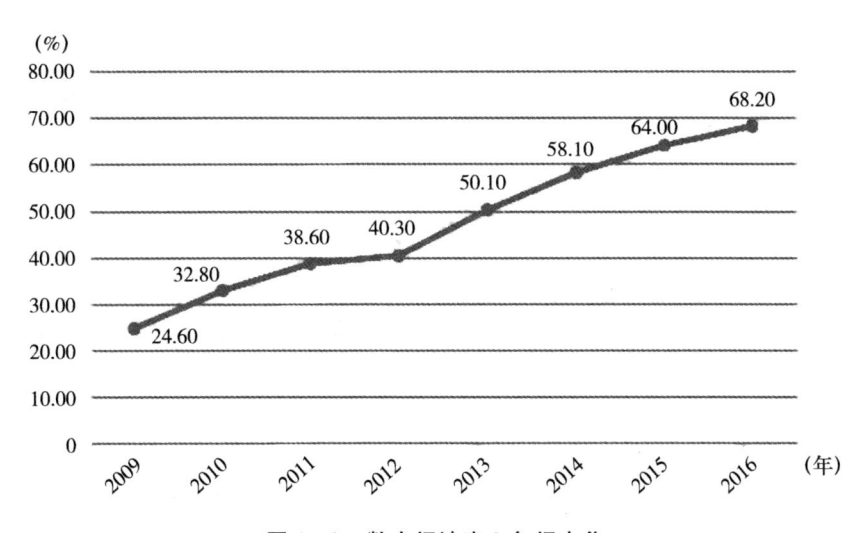

图4—2 数字阅读率8年间变化

资料来源：第十四次全国国民阅读调查。

"阅读调查"结果显示，以手机阅读为代表的数字化阅读接触率和阅读时长均持续增长，且在年龄层次上主要集中在青年群体（18—29岁），其接触率接近90%，而该群体正处于高校学生的主要年龄

---

① 王丽霞：《数字时代高校图书馆纸质文献的开发和利用》，《内蒙古科技与经济》2016年第3期，第139—140页。
② 第十四次全国国民阅读调查成果发布，2018年4月11日，http://www.sohu.com/a/134750121_178249。

段。数字阅读，或者说以手机微信阅读等为主体的微阅读。以数字阅读的内容来看，与传统的纸质阅读相比，其碎片化、浅阅读的特征是客观存在的（见图4—3、图4—4）①。不少学者警示，娱乐性、功利性、碎片化的浅阅读正逐渐改变高校学生等年轻读者的阅读习惯，使深度阅读成为一种被动、强制性的行为②，从而降低了纸质图书的借阅率。

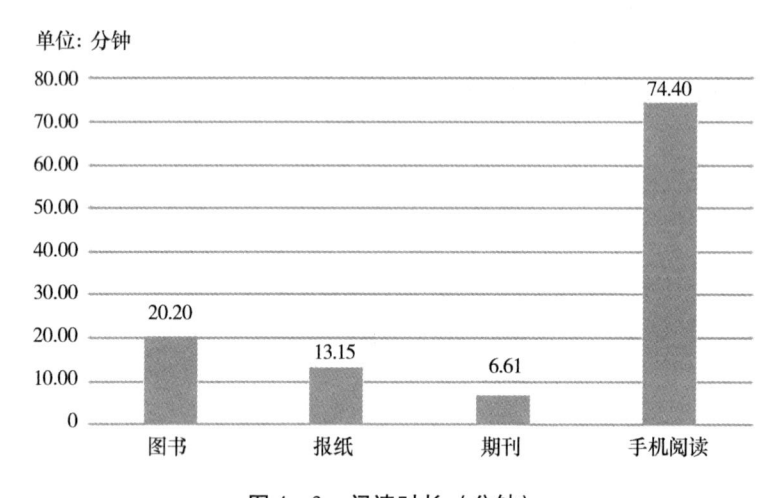

单位：分钟

图书	报纸	期刊	手机阅读
20.20	13.15	6.61	74.40

图4—3　阅读时长（分钟）

资料来源：第十四次全国国民阅读调查。

然而，魏玉山则表示，"不能把数字阅读简单地等同于浅阅读"，不同的阅读媒介间并没有优劣之分，"手机阅读、网络阅读等数字化的阅读比纸质阅读内容更加丰富，这是技术发展的必然"③。不少图书馆已逐渐开启"移动图书馆"等项目，并改变阅读推广的方式，在微信等数字媒介上吸引读者。万慕晨、欧亮对我国26所原985高

---

① 《图说数字化阅读新趋势》，http://mp.weixin.qq.com/s/_UFDHnu3gDdNR8vXXA8xOA。
② 王丽霞：《数字时代高校图书馆纸质文献的开发和利用》，《内蒙古科技与经济》2016年第3期，第139—140页。
③ 《统计数据中的全民阅读——中国新闻出版研究院院长魏玉山谈全国国民阅读调查》，2017年1月11日，http://mp.weixin.qq.com/s/EAsxErUveNM_3ur8O4KqGg。

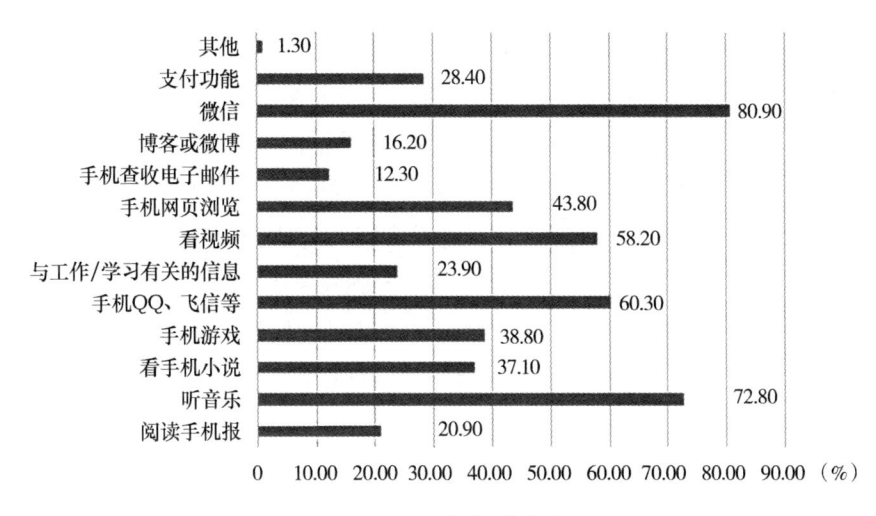

第四章　新形势下图书馆与馆配商合作效益的提升

手机阅读内容	百分比
其他	1.30
支付功能	28.40
微信	80.90
博客或微博	16.20
手机查收电子邮件	12.30
手机网页浏览	43.80
看视频	58.20
与工作/学习有关的信息	23.90
手机QQ、飞信等	60.30
手机游戏	38.80
看手机小说	37.10
听音乐	72.80
阅读手机报	20.90

图4—4　手机阅读内容

资料来源：第十四次全国国民阅读调查。

校图书馆的微信推广效果进行调查研究，其结果表明，微信推送内容的质量才是吸引学生、培养学生阅读兴趣的关键，高校图书馆应明确自身是服务于学生（读者）的[①]。

另外，尽管2016年国民数字阅读率已达68.2%，远超纸质书（58.8%）、报纸（39.7%）以及期刊（26.3%）等传统媒介，但是仍有近半数（51.6%）的成年国民更倾向于"拿一本纸质图书阅读"[②]。这组数据除暗示着纸质图书的强大生命力外，也意味着读者的真正需求仍需挖掘。第六届中国馆配高层论坛会议中建议，"十三五"期间图书馆的发展方向除信息资源数字化外，更在于增强自身的服务能力。图书馆应改变过去以馆藏资源扩充为核心的业务模式，转向以读者需求为核心、服务读者的业务形态。在信息资源加速数字化的背景下，图书馆资源建设内容趋于对数字资源的采集与保障，图书馆管理更趋于智能化，

[①] 万慕晨、欧亮：《基于微信公众平台的高校图书馆阅读推广效果实证研究》，《图书馆情报工作》2015年第11期，第72—78页。

[②] 《第十三次全国国民阅读调查数据在京发布》，2017年1月11日，http://cips.chuban.cc/kybm/cbyjs/cgzs/201604/t20160419_173544.html。

传统的业务形态将发生很大改变,而服务能力将是图书馆综合能力的集中体现。了解读者需求,为读者服务,引导并培养读者良好的阅读习惯,不仅可以提高馆藏信息资源利用率,更是图书馆社会地位及价值的体现。在这样的环境下,馆配商也应认清市场情况及客户的需求变化,除了顺应图书馆业务导向的改变,在数字资源的整合和开发上,充分考虑最终用户的使用体验外;更应结合自身情况、特点,做好资源整合,利用合作中所掌握的大量业务数据(图书馆采购偏好、资源使用量、下载量等)[1],为图书馆提供有针对性的产品及服务。

(二) 图书馆数字资源建设需求增加,电子出版物发展潜力尚待释放

国外图书馆早已将数字资源建设作为图书馆业务的重点之一,国外馆配市场也相继诞生了如 EBSCO、Taylor&Francis、Elsevier 等知名数据库提供商。近年来,数字资源的建设也逐渐受到我国图书馆的重视。以武汉大学图书馆为例,近 10 年其馆藏数字化文献资源增量明显,而纸质文献资源增量平缓(见图4—5)。本书在第一章中已指出,不少图书馆逐渐增强了数字资源的建设力度,在电子书等方面的采购经费呈逐年递增的状态。

然而相对于图书馆对数字化文献资源的需求,我国电子出版物出版的发展状况仍显得较为缓慢。据我国新闻出版广电总局统计,2016 年我国数字出版实现营收 5720.85 亿元,较 2015 年增长 29.9%。其中互联网期刊收入 17.5 亿元,电子书收入 52 亿元,数字报纸收入 9 亿元,博客类应用收入约 45 亿元。在线音乐收入 61 亿元,网络动漫收入 155 亿元,移动出版的收入约 1399 亿元,网络游戏的收入约 827 亿元,在线教育收入 251 亿元,互联网广告收入约 2902 亿元。然而,2015 年全国共出版电子出版物 10091 种,出版数量 21438.4 万兆,较 2014 年均有下降。不过,电子出版物实现营收 12.41 亿元,增长 13.96%;

---

[1] 娄冰:《馆配商的过去、现在与未来》,《图书馆学刊》2016 年第 3 期。

第四章 新形势下图书馆与馆配商合作效益的提升

(单位：万册)

[图表：武汉大学图书馆2005—2015年度馆藏文献资源总量变化趋势，包含三条曲线：文献资源总量、印刷型文献、数字化文献资源]

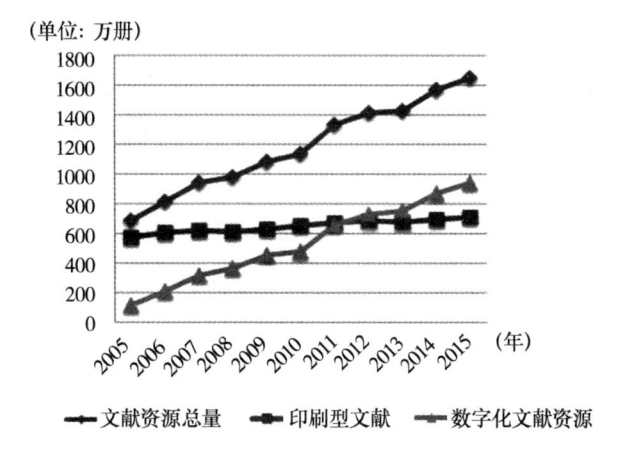

图4—5 武汉大学图书馆2005—2015年度馆藏文献资源总量变化趋势
资料来源：武汉大学图书馆提供。①

利润总额 2.32 亿元，增长 26.09%。（见表4—1）②

据中国新闻出版研究院统计，2016年互联网期刊、电子图书、数字报纸的总收入为78.5亿元，比2015年增长了5.44%，但在数字出版总收入中所占比例仅为1.37%，与2015年相比有所下降。③

表4—1　　　　　　　2015年电子出版物总量规模

总量指标	总量	较2014年增减
品种	10091 种	-14.65%
出版数量	21438.38 万兆	-38.83%
营业收入	12.41 亿元	13.96%
利润总额	2.32 亿元	26.09%

资料来源：国家新闻出版广电总局。

---

① 《武汉大学图书馆2015年度阅读报告》，2017年1月11日，http：//gzw.lib.whu.edu.cn/pe/Article/ShowArticle.asp?ArticleID=2840。
② 国家新闻出版广电总局：《2015年新闻出版产业分析报告》，2016年。
③ 《〈2016—2017中国数字出版产业年度报告〉发布》，2018年1月15日，http：//www.sohu.com/a/156404577_283692。

相对于数字出版总体的迅猛发展，电子图书、期刊等数字化文献资源的发展显得较为缓慢。传统出版单位在数字化转型进程中动力不足，力度不够。究其原因，即出版社认为当前产业链不完善，版权保护存在瑕疵，自身利益可能得不到保障[①]。针对馆配市场来看，过去中文电子书往往以打包销售、一揽子买卖等形式运作，虽然品种、数量不少，但存在学术性、专业性不够，各高校馆资源同质化，版权模糊等问题[②]。

在纸质图书馆配业务上，图书馆与馆配商已形成成熟的合作方式；然而在电子书等数字资源建设方面，双方仍需探索一条可持续的合作发展道路。各大馆配商陆续开发自己的电子书平台。如湖北三新的"田田网—中文纸电同步平台"，力推中文纸质图书与电子书的同步采购，初步形成了出版社、馆配商、图书馆的合作框架，而其最终的合作模式及实践方式仍在不断地优化与发展中。

（三）"十三五"新政为图书馆与馆配商的合作带来新的机遇与挑战

"十三五"时期是图书馆界以及出版发行业转型升级融合发展质效提升的关键时期，国家相关扶持政策与新法律法规陆续出台，如《中华人民共和国公共文化服务保障法》和《中华人民共和国公共图书馆法》（以下简称《公共图书馆法》）等，全民阅读也进入立法程序，公共图书馆将有更大的服务提升空间。相应的，近年来，在"双一流"建设的驱动下，高校图书馆建设也掀起了新一轮的变革。

2017年11月《公共图书馆法》的颁布对公共图书馆的主要任务、图书馆管理、服务内容、文献信息范围等各方面作出了规定，同时明确了各级政府的责任。过去，我国各地对公共图书馆建设的重视程度，和

---

① 袁芳：《从融合到同步——馆配电子书市场的发展构想》，《出版发行研究》2016年第7期，第87—89页。

② 张建民：《中文电子书馆配市场发展探析》，《出版广角》2016年第8期，第35—37页。

公共文化服务的内容理解不同，各区域公共图书馆的建设标准和建设力度不一，从而导致我国公共图书馆发展明显不平衡。可以预见，要实现全国各地公共图书馆的进一步建设发展，必然需要完成大量的转型工作；社会力量的参与机会及与图书馆合作空间将显著提升。这次《公共图书馆法》的颁布也起到了科普和参考的作用，为各地公共图书馆建设提供了有效的指导。同时，从"第六次全国县级以上公共图书馆评估定级工作"的考核标准中也可以看出，本次考评对图书馆服务创新、新技术的应用、与社会力量的合作都给予加分，鼓励图书馆进行创新、新技术应用等。近年来，各大馆配商也加强了新技术在馆配领域应用的研发以及馆配服务的创新。而在高校图书馆层面，资源建设仍然是重点，需要服务于本校的学科建设需求。高校图书馆与馆配商在纸质图书与电子图书的采购合作方式上，仍有较大的发展空间。

然而市场转型不仅为图书馆与馆配商带来了新的合作机遇，同时也预示着更高层次的挑战。首先，对图书馆的服务创新的支持，需要馆配商开展新的业务内容及流程；馆配商若想获取这种合作机会，则不可避免需要加宽产品线，增加了资源配置和组织管理上的难度。其次，在图书馆与馆配商应对转型，引入更多新兴技术时，必然伴随着长期的大规模的研发投入，为企业及组织制造了一定的资金压力。最后，在图书馆与馆配商的转型合作中，双方信赖关系的维持则至关重要，需要更科学的沟通方式及项目管理计划，从而满足长期项目的顺利进行。

由此可见，国家政策形势为图书馆与馆配商的深化合作提供了强大的驱动力，而馆配商在与图书馆的进一步合作中也充满了挑战，若不能谨慎对待，提高项目运作效率，则很有可能在市场竞争中惨遭淘汰。

综上所述，在信息化的社会及市场背景下，图书馆与馆配商迎来了新的挑战。双方不仅需要在各自的数字化进程上加快速度，更需探讨出数字资源建设方面的可持续性合作方式；使得双方以及出版方的利益都能得到保障，从而能够促使电子图书等数字出版产业得到良性发展。同时，双方需充分了解、发掘读者需求，将满足读者需求作为信息资源的建设核心,将服务读者作为图书馆业务的重点;充分发挥各自的特点及优势,开发、创造出具有针对性的服务。

二 新形势下国外图书馆与馆配商合作效益提升的借鉴

(一) 新形势下国外图书馆与馆配商合作效益提升的举措

图书馆与馆配商的合作由来已久,国外图书馆与馆配商的多元化合作更是有着悠久的历史,在文献采访、编目外包、阅读推广以及开放获取等领域都有着不同程度的合作[1],相关合作理论及模式至今仍在世界范围上得到广泛的应用。在信息化时代所带来的新形势下,国外图书馆及其供应商对新兴技术、概念的应用及理解也走在了我国馆配市场的前面。因此,国外图书馆与馆配商应对合作新形势所采取的举措,对我国图书馆与馆配商合作效益的提升有着宝贵的参考价值。

1. 国外馆配商类别界定

国内"馆配商"的概念来自台湾中盘商,是连接出版社与图书馆的中间商;相对的国外馆配商指的是图书馆供应商(library vendors),不仅包括纸质/电子图书、期刊等文献资源供应商,也涵盖纲目购书、图书采购平台、图书信息化管理系统等技术服务供应商。以美国电子书馆配为例,自20世纪90年代以来,美国电子书馆配市场已得到充分发展,拥有众多电子书供应商。主要可分为三类[2]。

(1) 综合类电子书馆配商:主要为图书馆用户提供各个学科、类型的电子书资源及借阅、订购方案,如 EBSCO、Ebrary 等。

(2) 专业类电子书馆配商:与前者的区别在于其所提供的大多是专业类电子书及其订购和借阅方案,如塞弗瑞、诺威尔(Knovel)等。

---

[1] 肖希明、完颜邓邓:《国外图书馆与出版商、书商的多元化合作》,《图书馆》2016年第4期,第6—12页。

[2] 蒋璐:《美国电子书馆配研究》,《出版科学》2014年第2期,第89—92页。

(3) 馆配技术解决方案供应商：主要为图书馆提供数字借阅系统、资源管理平台等技术服务，也可提供电子书资源，但技术为其主要竞争力，如超速公司、GOBI 图书馆服务公司。

按馆配环节中是否由中间商介入，国外馆配渠道亦可分为直接供应和间接供应。前者通常只有规模较大的出版社（如 Taylor&Francis、Wiley 等）才有能力实现。后者通过与出版社、书商等合作，整合资源提供给图书馆。

2. 构建数字资源的高效采购模式：GOBI 公司与美国德州农工大学图书馆的合作

GOBI 图书馆服务公司[①]（以下简称 GOBI），原名 YBP 图书馆服务公司，是北美老牌的图书馆图书采购平台提供商，在北美、澳大利亚、中国香港、新西兰等区域已有逾 40 年的经营历史，也是国外纲目购书方案的主要提供商之一。GOBI 与近千家出版社建立了合作关系，包括 Taylor&Francis、Wiley、EBSCO 等国外著名书商，并整合了约 1000 万种电子资源。通过其自建的图书采购平台，GOBI 为高校图书馆提供图书采购服务以及技术解决方案。为拓展全球业务，GOBI 现与 EBSCO 公司展开合作，并改用其在线平台名称 GOBI，作为其品牌名称。

美国德州农工大学（Texas A&M University，以下简称 TAMU）是于 1876 年建立的美国德克萨斯州第一所公立大学，拥有 10 个院系，约 5 万名学生。TAMU 图书馆自 2003 年开始便确定了电子资源建设的战略调整。到 2009 年，TAMU 图书馆馆藏规模已达 4 百万册；其中电子资源（含电子期刊及数据库）花费约 1140 万美元，专题论文花费约 465 万美元。当时 TAMU 图书馆面临着纸质文献使用量的下降，电子资源采购方式的局限性，以及经费的削减等问题[②]。2010 年夏季，TAMU 图书馆馆藏建设部门已预计了 13% 的预算赤字。在这样的情况下，TAMU 图书馆决定对常规的电子资源采购模式做出调整，

---

① GOBI 图书馆服务，2016 年 12 月 15 日，Gobi. ebsco. com。
② Pickett C., Tabacaru S., and Harrell, J., "E-Approval Plans in Research Libraries", *College & Research Libraries*, 2014, pp. 218 – 231.

计划评估纲目购书方案在电子资源采购方面的应用可行性。经过考虑，TAMU 图书馆联系了 GOBI 公司以提供解决方案。

纲目购书（Approval Plan）是 20 世纪 60 年代末由美国布莱克韦尔北美公司（Blackwell North America）的前身理查德·阿贝尔公司针对图书大宗采购所创；主要是指图书供应商按照图书馆事先提供的"购书纲目（Profile）"主动配送新书，图书馆则留下需要的书，退回不需要的（退回量有一定限度）[1]。纲目购书以其"文献采集面广，漏购率低""精准性高""到书快"以及"简化购书程序"等诸多优点[2]，自被创造以来，很快得到美国及其他国家图书馆的广泛应用，并沿用至今。其核心即图书馆与馆配商反复商定所制出的符合图书馆特定采访范围的购书纲目。

TAMU 与 GOBI 合作的首要目标即通过纲目购书方案削减 80 万美元的电子书预算开支，将占总计 200 万美元预算削减 40%。"尽管纸质图书的采购量下降，但是纲目购书的有效性从未被证明存在问题"，因此 TAMU 决定尝试纲目购书在电子资源建设方面的应用。一方面可将经费从纸质文献转移至电子资源建设，另一方面可由此让采访人员向电子资源开发方向转移，此外也可探寻电子书采购的工作流程，并指导未来的采购策略。

首先，TAMU 图书馆采访人员花费约 3 个月的时间对纲目购书方式及图书馆馆藏情况做了深入研究，由此制定出与 GOBI 代表沟通内容的特定方向。研究内容包括：当前及往年的花费，出版商名单，纲目的各项主题词，以及 TAMU 的馆藏建设策略等。TAMU 图书馆采访人员经由 GOBI 的 GOBI3（全球在线书目信息平台）得出当前及过往纲目购书花费情况及约 1300 家出版商情况报告。首先得出一个为纲目制定做参考的年费用目标，基于此目标结合本校相关政策，考察各

---

[1] 张军：《纲目购书——中文图书采购的新形式》，《大学图书馆学报》2003 年第 3 期，第 9—11 页。

[2] 苏开颜：《中文图书主题纲目采购的利弊》，《图书馆杂志》2001 年第 7 期，第 42—43 页。

科目资源费用是否符合当前学科规划需要。当费用目标确定后，采访人员继而开始评估出版商情况，以确定以下事项。

（1）当前各电子书协议（综合性协议及订购式协议）中存在的品种重复。

（2）没有折扣的出版商数量。

（3）需屏蔽的出版商。

有167家出版社被"忽略"（不列入纲目自动发书，但仍可收到其图书推送信息），30家出版商被屏蔽（图书及图书推送信息都不接收）。在上述167家出版商中，132家无折扣，26家已在现有协议中被涵盖，另外9家提供的是边缘内容。被屏蔽的30家中，5家无折扣，24家已在现有协议中涵盖，1家提供的是边缘内容。相关屏蔽可防止现有协议中的品种重复情况。此外，被剔除的197家出版商可占纲目购书计划的15%—25%的费用比例，对于完成开支节省目标来说非常可观。

表4—2　　　　　　　TAMU图书馆电子书供应商名单

电子书供应商	供应方式
CAB International	PD, C
CRC Press	PD
EBL	A
Ebrary	A
Elsevier	PD, C
Ebsco e Book Collection	A
Emerald	PD
Knovel	A
Morgan & Claypool	PD
Oxford Unviersty Press	PD
PsycBOOKS	A
Safari	A
Sage	PD
Springer	PD, C
Taylor & Francis	PD
Wiley	PD, C

注：PD为出版社直供；A为整合商；C为综合性。

表4—3　　　　　　　　　　　支出参照

美国国会图书馆图书分类	2010 财年支出（美元）
B - 哲学	168616.02
D - 历史、东半球	120996.08
H - 社会科学	336634.89
K - 法律	40357.69
N - 视觉艺术	119570.81
Q - 自然科学	251425.54
T - 技术	228994.97
Z - 图书馆科学	47538.02

随后，基于纲目购书计划数据，图书馆人员继而确定出与GOBI代表例行沟通中需要探讨的问题及要点，从而制定出所需纲目。采访人员也参考了各院系专业情况、硕士及博士等不同层次的需求，以保证纲目的准确性。在协商过程中，GOBI人员详细解答了TAMU图书馆人员的各类问题，包括纲目构成影响因素及层级等。了解这些层级因素，对TAMU图书馆人员制定纲目非常有帮助。在采访人员对所有可实现80万美元开支节省的参数做出调整，与各学科情况做对照，以及确定出版社屏蔽名单后，电子书纲目采购计划后续步骤便容易制订了。

在GOBI的电子书纲目采购计划中，图书馆会优先获取电子书，当前无电子版的情况下纸书也是可接受的；若在纸质版出版后6—8个星期内电子版即发行，则图书馆接受该图书的电子版。由于图书推送是基于购书纲目，只有符合图书馆需求的品种才会出现。同时，由于TAMU图书馆与多家出版社及数据整合商建立了合作，符合纲目的电子书一出现便被纳入采购，几乎无延迟。此外，GOBI公司的GOBI3平台的纲目书架（Approvel Bookshelf）可直观地显示每周新书推送数据；在一周内（上周六至本周五）图书馆操作人员即可酌情决定是否购入；若无操作，新书则在每周六被自动购入。TAMU图书馆已为此建立了电子书采购工作流程。

2010财年，项目启动初期，TAMU图书馆每周纲目购书计划所获取的纸本书平均为 622 种，电子书平均为 222 种。至 2011 财年电子书纲目购书计划完全运作后，图书馆每周平均获取纸质书为 286 种，电子书为 2163 种。项目实施后，TAMU 成功完成 80 万美元的开支节省目标（见表 4—4），同时可评估其现有电子书合约的可持续性，并成功应用了电子书纲目购书计划方案。

同时，从数据上 TAMU 图书馆可评估现有电子书合约质量，并作出调整，使得采访人员能将有限的经费灵活投入其他馆藏建设方式上，如需求驱动采购。图书馆借此由之前的"预备性"的采购原则转变为"及时性"的采购原则，有效节省了经费。

表 4—4　　2010—2011 财年 TAMU 纲目购书计划支出变化

分类号	2010 财年支出（美元）	2011 财年支出（美元）	支出差异（美元）	节省支出（%）
A - 综合类	1577.27	1119.28	457.99	-29
B - 哲学	168616.02	85774.94	82841.08	-49
C - 历史，辅助科学	8189.11	4974.92	3214.19	-39
D - 历史，东半球	120996.08	74231.23	46764.85	-39
E - 历史，北美	36985.39	27069.70	9915.69	-27
F - 历史，西半球	17970.42	12938.34	5032.08	-28
G - 地理	60506.57	43902.33	16604.24	-27
H - 社会科学	336634.89	191034.96	145599.93	-43
J - 政治科学	83624.88	54541.89	29082.99	-35
K - 法律	40357.69	14526.06	25831.63	-64
L - 教育	94256.64	62690.73	31565.91	-33
M - 音乐	30060.50	11193.68	18866.82	-63
N - 视觉艺术	119570.81	83821.20	35749.61	-30
P - 文献、语言学	298497.61	194152.45	104345.16	-35
Q - 自然科学	251425.54	94764.60	156660.94	-62
R - 医学	27485.53	4152.77	23332.76	-85
S - 农业	31937.82	6293.83	25643.99	-80
T - 技术	228994.97	122307.13	106687.84	-47

续表

分类号	2010 财年支出（美元）	2011 财年支出（美元）	支出差异（美元）	节省支出（%）
U - 军事科学	15060.96	7794.07	7266.89	-48
V - 海洋科学	2162.47	1957.78	204.69	-9
Z - 图书馆科学	1577.27	1119.28	457.99	-29
总计	168616.02	85774.94	82841.08	-49

综上所述，在此案例中，为应对纸质文献资源与电子资源的需求此消彼长，以及图书馆预算削减的情况，TAMU 图书馆采取了与馆配商合作构建新的电子资源采购模式的举措，在双方的共同努力下成功应用了电子书纲目购书方案，并达成了既定目标。

而需要指出的是，尽管该项目得到了有效实施，由于当时出版社、集成商等对电子资源添加的多种限制（如滞后纸质版数月才发行电子版，下载限制、同时访问限制等），电子资源并没有体现其应有的便利性，电子书纲目采购在可选品种范围、访问权限（副本数）等方面，与纸质书纲目采购相比较其效率仍具有一定差距。

3. 推行互联网化的文献检索平台：Knovel 与德雷塞尔大学图书馆的合作

Knovel 于 2000 年在美国纽约成立，提供工程类的网络信息资源平台，除整合了超过 100 家工程类出版社资源外，Knovel 提供了便利的检索工具及分析工具，方便大学师生及科研人员检索所需的专业文献。2013 年，Knovel 被科学书刊出版商 Elsevier 收购，作为其科技信息服务体系成员之一[①]。Knovel 现在全球范围内已有约 700 家企业及工科院校用户。

德雷塞尔大学（Drexel University）建立于 1891 年，坐落于美国东海岸宾夕法尼亚州费城，是美国著名的私立大学，以工程专业为

---

① Elsevier 收购 Knovel, 2016 年 12 月 24 日, https://www.elsevier.com/about/press-releases/corporate/elsevier-acquires-knovel,-provider-of-web-based-productivity-application-for-the-engineering-community。

最。德雷塞尔大学图书馆需服务约 1.1 万名师生及学者[①]。在 2004 年前后，随着网络信息化技术的发展，图书馆服务逐渐拓展出馆外服务、7×24 访问等特性；而与互联网市场上的主要工具（如搜索引擎等）相比，校内的文献信息检索系统在功能及便利性等方面都较为薄弱。为满足本校师生、学者对工程类信息资源的广度以及深度的迫切需求，德雷塞尔大学图书馆与 Knovel 开展合作。[②]

针对德雷塞尔大学图书馆的需求情况，Knovel 公司确定了两方面待解决的问题：① 要满足文献内容的宽度与深度，则 Knovel 需从一个宽泛的学术范围提取深层次的技术数据；② 所提供的文献数据能够方便地通过类似谷歌（Google）的搜索引擎检索出来。Knovel 公司所提供的检索界面非常简洁（见图 4—6），并且可从有关领域的所有图书中进行全文检索，查找所需数据。

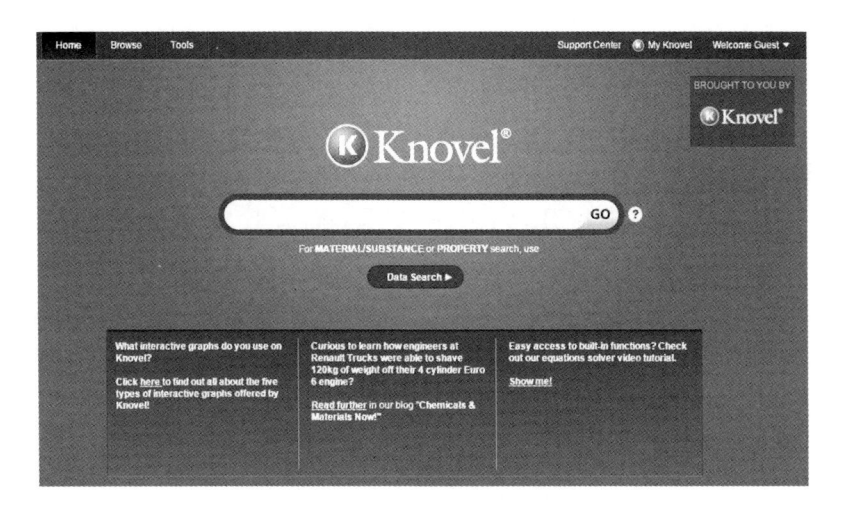

图 4—6　Knovel 平台界面[③]

[①]《德雷塞尔大学发展史》，2017 年 1 月 15 日，http：//www.drexel.edu/about/history/。

[②] Jay Bhatt, W. Charles Paulsen, Lisa G. Dunn, Amy S. Van Epps, "Vendor Partnerships with Engineering Libraries", *American Society for Engineering Education*, 2005.

[③] Knovel 应用页面，2017 年 1 月 15 日，https：//app.knovel.com/web/index.v? jsp=main。

Knovel 的优势同时在于，用户可在文本公式中插入数据，并立刻在参考文献的图表中获取答案，从而在德雷塞尔大学获得广泛欢迎。2004 年 8 月至 12 月间，师生已阅览超过 3.5 万页 Knovel 内容。然而，Knovel 与德雷塞尔大学图书馆的合作并不仅限于提供信息资源及检索工具；Knovel 在电子资源编目及阅读推广等方面也与德雷塞尔大学图书馆展开了深层次的合作。

为保证读者访问电子书的便利性，由 Knovel 向图书馆提供电子书 MARC 数据，将所有 Knovel 提供的电子书都编录在图书馆在线书目中。读者访问图书馆书目时即可检索到 Knovel 电子书。同时，为双方合作的一个重要部分即 Knovel 对学校师生开展电子资源使用讲习会，提供现场演示，指导并引导师生使用电子资源。Knovel 公司认为，提供便利的平台及丰富的平台内容只是一方面，有效的指导也是维系双方合作关系的关键环节。首先，除了邮件推送以外，Knovel 人员与图书馆合作在校区内主要地点设置宣传标识以作推广；随后，跟踪访谈及邮件也是该方面的重要元素。例如，Knovel 人员与图书馆人员会组队采访学校师生，Knovel 会提供饮食及小奖品以吸引师生参与。2005 年冬季，该校化工学院开展了化学信息检索活动，需要参与者完成一系列作业，这些课题都需要使用 Knovel 检索才能回答。德雷塞尔大学更要求新生借助 Knovel 等在线资源完成他们的相关课程作业。这一系列措施不仅加强了图书馆电子资源利用率，更训练、培养了学生学术搜索的习惯及使用技巧。

Knovel 与德雷塞尔大学图书馆人员指出，他们成功的合作关系更多在于，对各层级用户的指导工作。除了常规的合作推广，及电子工具或使用手册等方式，他们还使用了很多其他非常规手段，如与教师的咖啡例会、自习室课桌上放小传单等，持续地宣传及增加师生对电子资源的利用。随着每年新生的到来，Knovel 与德雷塞尔大学图书馆的合作，现该校已形成了电子资源互动文化。

综上所述，在互联网技术的发展与冲击下，德雷塞尔大学图书馆选择紧跟技术发展，迅速更新本馆检索系统，与馆配商合作采用最新的检索平台,并与馆配商一同将新平台推广给全校师生。

4. 建立战略合作,支持数字出版:加拿大 CRKN 联盟与 Érudit 的合作

加拿大研究知识网络(Canadian Research Knowledge Network,以下简称 CRKN)与 Érudit 在学术期刊开放获取领域正进行新的合作尝试,以改变传统的订阅模式中存在的各类问题,尝试建立能够带动本国数字出版业良性发展的合作模式。[①] 其合作效果需在 2017 年测试完成之后才得以知晓,然而其合作思想及基本框架仍然值得国内馆配商与图书馆借鉴、学习。

加拿大 CRKN 联盟是加拿大高校在电子资源建设方面的合作体,现代表 75 所加拿大高校图书馆进行大规模采购、授权申请,及其他特别申请等活动。CRKN 曾多次发起教学及科研信息资源采购计划,成功号召加拿大多省政府及数十家大学集资购买核心出版商内容服务。CRKN 在加拿大知识结构建设等方面已起到了关键作用。

Érudit 成立于 1998 年,是加拿大最大的法语及双语学术期刊电子出版平台,拥有超过 130 种期刊资源。大部分期刊来自非营利性组织、小型学术协会及大学。2014 年,Érudit 平台已拥有约 20 万篇文献,年阅览量达 2100 万页;有来自 30 个国家的 1000 所大学订阅。Érudit 由各家期刊授权,以代表他们开展合作项目;得益于 Érudit 的整合而形成的规模效益,一些规模较小但具有学术价值的期刊也能够获得较好的合作机会。Érudit 以开放获取作为其主要运作模式,该平台上超过 85% 的内容都免费开放给社会大众。

CRKN 与 Érudit 从 2008 年开始合作,双方签订了为期 6 年的订阅协议。协议期间参与的高校可完全访问 Érudit 当时的 69 种期刊。作为 CRKN 发起的社科人文电子资源计划(DCI)的一部分,前 3 年的订阅费用由政府及高校共同承担,最后 3 年的费用则全由高校馆承

[①] Monica Ward, Joanie Lavoie, "A Library-publisher Partnership for Open Access: Building and Innovative Relationship between Scholarly Publishers and Academic Libraries", *Liber Quarterly*, Vol. 25, No. 4, 2016, pp. 189 – 204.

担。该计划为高校馆提供了较经济的期刊供给，同时也为各期刊提供了稳定的收入来源，使得后者得以完成数字化转型。然而该模式也存在着一些问题，主要表现在以下两方面。

（1）协议中仅包含最初的 69 种期刊，Érudit 的新增期刊高校馆需要另外订阅；且这 69 种期刊多为需许可访问的类别，开放获取的品种则都被排除在外，无法享受该项目经费。

（2）这种简单的协议使得各期刊无法预测每年高校订阅量的变化，只能粗暴地提升费率以抵消可能存在的损失；反而提升了高校的压力，使得各方利益相关者陷入一种投机的循环，导致各方利益都有损失。

该项目自 2014 年结束后，CRKN 与 Érudit 立即开展对话，作为各自团体的代表机构，双方一致认为应该建立合作以探求开放获取的新思路，并确定了如下框架。

（1）内容获取

建立合作后，参与的图书馆可获取 Érudit 全部资源内容，并且每当 Érudit 取得新期刊后，该品种则自动添加入协议目录中。

（2）开放获取

Érudit 及期刊企业需要一定的收入以保证运营，当前难以做到信息资源完全开放获取；另外，对于付费订阅的图书馆则意味着，由其承担费用，而其他未付费的图书馆及社会大众都可访问相关资源。经协商，刊物的访问限制由出版后 2 年减少至 1 年期限；且成功说服一系列大学资助期刊，让出版商了解开放获取项目可以获得长期资助是项目的基础。

（3）支持出版

合作一项关键则是发掘支持加拿大出版的新方式——摆脱对订阅费及访问限制等方式的依仗。加拿大一些本土期刊（法语版）通常可以提供一些国际性期刊（通常为英语版）所没有的特色内容，传统的订阅方式不利于支持这类小众刊物。虽然 Érudit 平台已涵盖了一些加拿大学术刊物，但进一步的合作可以拓宽 Érudit 刊物内容覆盖面，以支持非学术性的本土特色期刊。

（4）关系变化

双方从顾客—商家关系转变为合作伙伴关系，进而制定共同目标，以及实现目标的方法。在传统的订阅关系中，图书馆主要从总费用、单位成本及使用数据等方式比较各类电子资源；对期刊的评价也依赖于各类评分。在合作关系中，这些量化方式考察任由价值，然而一些非量化条件，如对特色资源的支持价值、维持 Érudit 良好的出版平台的重要性，以及长期合作的未来的发展空间等，也需要平衡考量。这需要双方以更广以及长期的视角来作战略性规划。

（5）项目管理

除了 CRKN 与 Érudit 的代表，也让各校及期刊出版商派遣代表作为项目投票表决成员。（见表 4—5）

表 4—5　　　　　　　　Érudit **管理构成**

Érudit 管理表
投票成员名额是由各校资助比例决定
执行委员会 由各资助高校中选出的 3 个代表 主席 副主席 秘书
投票成员 期刊代表 高校代表×3
观察员 募资机构代表 Érudit 技术总监 CRKN 代表

（6）联合大团体

CRKN 代表了 75 所高校，而 Érudit 代表了 130 种不同的期刊，都已得到各方授权。这使得平时难以促成的合作成为可能。在该合作项目中，双方分别作为图书馆及电子资源提供商代表，在开拓及推行新合作模式等方面，有一定优势及便利。同时，双方明确了角色及关系的改变，并能够从产业角度思考，将支持出版作为项目目标的重要部分，使得项目初期即可获得一定数量的出版商及高校认可支持，为项目的后期实施打下了良好的基础。

从该合作项目中可以看出，面对当前电子资源订购模式效率不高的情况，国外图书馆与馆配商采取了开拓新合作模式的举措，并直接将对数字出版的支持纳入了模式设计，从整体产业链的角度构建合作，而不只考虑二者之间的情况。

（二）新形势下国外图书馆与馆配商合作效益提升的思考

从上述案例中，除了对国外图书馆与其供应商勇于探索积极创新，以及项目实践的严谨规划、科学实施表示肯定外，其所能反应的如下几个方面也值得我国图书馆、馆配商进行思考，并作为新形势下合作效益提升的借鉴。

1. 明确角色及关系的转变，制定共同目标，是成功合作的前提

通过以上案例可见，国外图书馆与馆配商在建立合作初期，即确立了角色及关系的变换，由传统的"客户—商家"关系转为"合作伙伴"的关系。在 CRKN 与 Érudit 的案例中，双方将这种转变明确地标列在合作框架内，继而制订共同目标。这些转变不仅意味着拉近双方关系，形成良好的沟通环境，更在于合作中除传统的量化指标外，也需要平衡考量诸如资源特色、服务质量、长期发展等难以量化的条件。双方由短期的利益权衡逐渐走向长期战略考量。这在服务创新、探索新模式（如上述案例）、需要双方能够承受一定风险的情况下，是非常必要的举措。在国内馆配市场，图书馆对馆配商的选择及考核往往局限于价格折扣、总规模等固定指标。近年来，馆配商陆续推出的电子书阅读、采购等新兴平台，形成规模需要一定过程；若仅以传统量化指标评判，则在项目初期容易做出轻率的评价，效果稍不理想即终止合作，使得馆配商的新模式的探索和推广遭受阻力。其最终结果即馆配市场的停滞不前，不仅无法满

足新的市场需求，过去所存在的问题也无法得到良好解决。

同时，制定合作的共同目标，可以调动图书馆及馆配商双方的积极性，而不是仅由一方主导，另一方被动参与。TAMU 与 GOBI 确认了 80 万美元的支出节省以及纸书采购向电子书采购的转移等总目标之后，TAMU 人员即着手对本馆过去的采购情况进行系统梳理，在 GOBI 人员的配合下，使用后者提供的工具及平台，最终梳理出适合电子书采购的纲目。Knovel 与德雷塞尔大学图书馆同样是由双方人员共同推行在线检索平台；特别在项目中后期的维护与持续推广中，由双方人员共同制定方案并实施，培养该校师生使用电子资源解决问题的习惯，保证电子资源的利用率。

所以，在国内图书馆与馆配商的合作实践中，也应明确其角色的变换，制定共同的战略目标，这是双方提高合作效益的必要前提。在建立合作时，可根据情况制定阶段性效益目标（如成本控制、文献利用率等），对评估双方合作效率，提升馆配商服务质量等都具有非常重要的参考意义。需要注意的是，效益目标应该符合双方战略发展需要，结合各自情况合理制定，体现对双方利益的权衡；避免形式化产物，使效益目标成为阻碍双方合作开展，损害双方（或某一方）效益的政策。

2. 图书馆与馆配商人员的有效沟通是双方顺利合作的基础

在上述案例中，TAMU 图书馆人员在与 GOBI 代表例会前，都会做充足的准备，保证了双方的沟通效率。在确定购书纲目的过程中，针对图书馆的疑问，GOBI 也清晰地解释了购书纲目的影响因素及层级原理，从而使图书馆人员能够做出适合的判断。Knovel 与图书馆人员一起开展产品调查以及推广工作，亦可以第一时间了解客户（图书馆）以及用户（读者）的需求及意见。不少国外学者从各个方面探讨了图书馆与馆配商有效沟通的重要性。例如，Raley 与 Smith[1] 探讨了美国社

---

[1] Raley S. & Smith J., "Community College Library/Vendor Relations", *Journal of Library Administration*, Vol. 44, No. 3-4, 2006, pp. 187-202.

区大学图书馆的现状与困境,需要与馆配商有效沟通以获取针对社区大学的内容及合约;Dunie[①]以自身经验探讨了图书馆与馆配商沟通的要点与策略;Ostergaard 与 Rossmann[②]分别调研了图书馆与馆配商人员,发现图书馆更看重馆配商的服务质量而不是价格,因为其可能立即影响图书馆的服务质量,同时馆配商更希望图书馆对服务要求坦诚而清晰,以便他们找出问题。由此可见,图书馆与馆配商保持积极关系,有效沟通,是图书馆服务成功的关键;与此相对,为图书馆提供有效的产品和服务,也是馆配商获得客户认同,维持、提升市场份额的关键。我国图书馆与馆配商的合作过程,也需要建立高效的沟通渠道、沟通模式并保持,避免信息传递过程中的失真、误解,造成不必要的麻烦甚至矛盾,从而影响合作的整体效益。

3. 抓住图书馆服务内核,是服务创新,解决馆配问题的关键

当代互联网技术对传统行业造成了空前的冲击,不少传统行业在进行信息化转型的过程中显得无处下手,或盲目跟风,简单地添加一些互联网功能,难以达到预期的效果。图书馆服务的范畴亦随着环境的变化不断拓展。从国外图书馆与馆配商的合作案例中可知,对于馆配行业的服务创新,首先应抓住本行业的业务核心。图书馆服务即对读者需求的满足,不仅需要提供有针对性的信息资源,还应保证资源获取的便利性,同时也肩负着引导、指导读者有效利用新资源、新技术来解决研究问题或拓展知识面的使命。

在 GOBI 与 TAMU 的案例中,图书馆面临着经费削减和数字化转型的双重任务。其中的核心乃是如何建立有效的电子书采购模式,而不是盲目地削减开支。通过与 GOBI 的合作,TAMU 剔除了重复的与本校学科关联性较低的电子书品种,实施了精准采购模式,最终也同时实现了其预算控制的目标。同时需要指出的是,TAMU 选择

---

① Dunie M., "Negotiating with Content Vendors An Art or a Science?", *Library Technology Reports*, 2015, pp. 16 – 26.

② Ostergaard K. & Rossmann D., "There's Work to be Done: Exploring Library-Vendor Relations", *Technical Services Quarterly*, Vol. 34, No. 1, 2017, pp. 13 – 33.

对"纲目购书"这个成熟的采购模式进行应用拓展,可有效控制应用风险和成本,这与 TAMU 图书馆经费控制政策也是相符合的。纲目购书的核心在于对购书纲目主题词的严谨约定,从而达到新书配送的精准性。这点对于纸质图书与电子图书并没有区别,而电子载体在推送、订购、发放等环节比实体物流更加便捷。在国内的合作实践中,也可以对成熟的应用模式进行探索拓展,如 PDA、精准采购等。这些模式已在国外应用多年,并取得了良好的效果,然而在国内并未得到广泛应用。

有学者指出,国内图书馆领域的研究及实践则往往聚焦于"云计算""关联数据""慕课"等跨领域方面,而对"纲目购书"等文献采访领域的研究及实践都往往停滞不前[1]。

诚然,过去我国大学图书馆文献采访的利用率导向不强,在信息资源建设上以数量而不是质量作为考核指标,推广应用"精准采购"模式的动力不足;馆配商相关人员专业性不够,同时也存在其他技术限制。然而,随着图书馆"读者导向"的趋势日益明显,我国馆配商的实力及专业性也逐渐增强,对国外成熟模式在新环境下的应用拓展,可成为双方进一步合作的参考方向。

另外,Knovel 与德雷塞尔大学图书馆的合作并不止步于提供产品及工具,其关键是双方对电子资源应用的持续推广工作。图书馆信息资源的价值以及馆配商服务的价值,都体现在读者对该资源或服务的利用情况。其中,有效引导、指导读者使用信息资源及服务工具,则是提高信息资源利用率的重要步骤。由此反思我国图书馆与馆配商的合作,也不能仅依附在对过去信息资源建设模式的改良方面,更应深入对读者需求的发掘及资源利用的促进层面。

综上所述,在当前"读者导向""服务读者"以及"大数据"等市场背景下,我国图书馆与馆配商的新合作领域,需抓住图书馆

---

[1] 汤诚:《我国大学图书馆实行纲目购书的难点及可行性路径探析》,《图书情报知识》2016 年第 2 期,第 48—53 页。

服务的核心内容；对国外成熟应用模式积极探索，做"加法"或做"减法"，在合理的风险及成本范围内做到服务创新，提升双方合作效益。

三 我国图书馆与馆配商合作效益提升的探索

新形势给我国图书馆与馆配商的合作带来了挑战与机遇，而双方在合作效益提升时所面临的问题也不容忽视。为应对社会需求的变化，适应信息技术的发展，同时解决双方合作效益提升所面临的问题，我国图书馆与馆配商有必要探索新的合作模式，提升合作效益。根据我国图书馆与馆配商的合作现状，以及国外的合作经验借鉴，本研究建议从以下三种模式开展图书馆与馆配商的合作。

（一）用户导向的合作：读者决策采购

新形势下，图书馆与馆配商的合作的首要目标即为对读者需求的满足，而其中最根本的便是馆藏信息资源是否满足读者的需要。最直接的方法便是让读者参与到文献采访的过程中来。"读者决策采购"在国外已经得到多年的应用并取得了良好的效果，在我国也有不少图书馆在采用。本课题研究力主采用"读者决策采购"的合作方式，利用最新的信息技术，在提高对读者需求满足率的同时，通过新的合作流程，提高图书馆与馆配商的工作效率。

1. 读者决策采购的含义

读者决策采购（Patron-Driven Acquisition，PDA），也被称为需求驱动收购（DDA），是图书馆馆藏建设的一种采购模式，图书馆只有在顾客明确要求时才购买资料。通常的模式为，图书馆向读者提供搜索引擎、学术数据库或图书馆目录的访问权限；在读者使用时，当某项资源访问达到特定阈值（如读取页数或请求数量）时，图书馆数据库即自动购买该资源，并向读者提供即时访问权限。图书馆可以永久购买资源，或仅购买该资源在某些时间或某些方式的使用权限。PDA 强调在需要的时刻获取资源，而不是长期、集中购买资源。

PDA 通常应用于数字资源建设。其主要优势在于：① 交付是即时的，电子书不需要物理空间，这节省了需要维护的成本；② 购买数字资源可以增加馆藏收纳量；③ 能够保证资源的利用率（读者使用时才产生购买行为）。

不少图书馆采用 PDA 模式后，并不会告知读者，读者并不知其阅读行为会产生购买操作。由此避免了刻意的采购行为，更能反映读者的真实需求。爱荷华大学报告说，当图书馆人员不介入时，PDA 模式可以产生高质量的购买水平。

PDA 模式的局限在于使用和成本方面都是不可预知的。需要考虑很多因素：PDA 型号的类型，标题，题目，题目，标题价格，潜在用户数量，其他电子书包等。PDA 配置文件及 PDA 规则设置存在很大难度。采用 PDA 模式时，应正确理解其中的风险和机会，以最大限度地发挥优势，避免问题的产生。

应用 PDA 的主要目的包含以下几方面。

（1）提升馆藏资源质量：提升馆藏资源利用率，减少"误采"。

（2）提升服务效果：读者可以立刻获取所需资源（在线阅读，或由书店提走）。

（3）提升文献采访自动化：减少文献采访中的人工介入，精简采购流程。

（4）节省经费：不采购无需求的文献资源。

完整 PDA 应起码具备以下功能：一是浏览。浏览时间很重要，因为它可以防止不必要的借用和购买。浏览的可能性越大越好，这方面至关重要。二是贷款。三是最高限价。建立采购的最高成本，以避免大量成本。四是介入功能。图书馆可以使用"介入功能"（图书馆员通常批准贷款或购买）用于昂贵的书籍，在 PDA 开始时，介导的功能提供了更多的控制感。价格限制应在必要时经过一段时间进行评估和调整。五是并发用户数。对于 PDA，多个用户的同时访问是重要的，因为如果几个用户想要阅读的话，它可以防止同一本书在同一时间的双重购买。

2. 读者决策采购的背景

（1）国外 PDA 的实践背景。

从外部环境看，现代网络与信息技术的发展一方面催生了数字出版业的空前繁荣和大众阅读习惯的改变，迫使图书馆改进服务模式；另一方面为 PDA 的实施提供强有力的技术支持，实现了图书馆集成管理系统与书商系统的无缝衔接。从内部环境看，紧缩的图书馆购置经费、现有馆藏的低利用率及馆际互借的高成本都成为 PDA 实施的推动因素。首先，由于近年来美国经济的不景气，各州财政赤字高企，对高等教育的经费投入不断削减。其次，现有馆藏的低利用率造成资源的严重浪费。要改变这种普遍存在的馆藏低利用率局面，图书馆必须想方设法提高投资产出。最后，馆际互借的高成本迫使图书馆改"借书"为"购书"。随着近些年电子出版市场的繁荣和数字阅读器的普及，各图书馆加大电子文献的购置，削减纸质文献的购置数量和经费，因此纸质文献的缺藏在高校图书馆普遍存在，纸质文献的缺藏导致馆际互借业务的剧增和成本的增加，针对高成本却于馆藏长远建设无益的馆际互借业务，图书馆不得不另谋出路。

（2）国内 PDA 的实践背景。

从 2011 年开始，有关 PDA 的研究大门在国内学界被打开。在两年多的时间里，论文成果颇丰。已有的研究主要从六个方面展开：第一，大多数文章沿着"PDA 背景案例分析——对国内高校图书馆实施 PDA 的思考"的路径展开，侧重美国高校图书馆 PDA 案例研究；第二，依据读者参与途径的不同将 PDA 模式进行不同分类并列举实例，分析 PDA 的优势与不足；第三，将国内图书馆普遍实施的读者荐购与 PDA 进行比较；第四，侧重读者决策采购的特点和局限性分析；第五，PDA 成功实施的关键因素分析；第六，试图将质量管理领域的

PDCA 科学程序（Plan 计划、Do 执行、Check 检查和 Action 处理）用于 PDA 模式及其对馆藏的评估。

在国外先有 PDA 的实践，然后有了关于 PDA 的经验介绍及理论探讨；在国内，没有基于本国的 PDA 实践，因此现有的研究成果大多源于国外的经验介绍，结合国内高校图书馆发展现状，设想 PDA 实施的可能性及障碍。

3. 读者决策采购对图书馆与馆配商合作效益提升的作用

根据读者决策采购的特点，在图书馆与馆配商的合作中应用读者决策采购，对双方合作效益提升的作用及作用方式表现为以下几方面。

（1）提升图书馆采购经费利用率，减少"误采"的情况发生，将有效的经费利用于读者真正需要的资源上。

（2）提升图书馆服务对读者需求的满足程度，读者不仅可以直接选择自己需求的信息资源，还可以在较短的时间内获取，可以提升读者对图书馆服务的认可度及使用频率（信息资源利用率）。

（3）提升图书馆对馆配商服务的认可度，为馆配商赢得长期的合作机会，PDA 的应用需要图书馆与馆配商进行深度对接，若成功运作，则图书馆不会轻易更换供应商。

（4）优化图书采购的工作流程，提升双方工作效率，从而节省图书馆与馆配商的运作成本。引入 PDA 机制后将使文献采访的部分步骤由读者或系统自动完成，简化了相关工作流程。

（二）基于技术的合作：纸电同步

近年来，"互联网＋"成为各行业的热门词汇，传统企业的转型升级需要使自身与互联网进行有机融合。对于馆配行业来说，将互联网技术融入自身运作体系，利用"大数据"等新兴技术概念解决馆配问题是不可避免的趋势。而在图书馆与馆配商合作的新形势下，利用新兴技术解决数字资源建设问题，则是对双方合作方式拓展，提升效益的可行思路。结合国内市场情况及国外的实践经验，本书提出

"纸电同步"的合作方式。

1. 纸电同步的含义

"纸电同步"顾名思义，是指纸质图书与电子图书同步采购的文献采访模式。在这种合作方式下，图书馆可同时采购某一品种图书的纸质版本及电子版本，并按需求设置各自的复本数量。

对于图书馆来说，可以同时完成纸质文献资源及数字化资源建设，同品种图书的纸电版本也可以满足读者对不同情况的需求。对于馆配商来说，则可以改变过去数字资源打包销售，无法体现图书品质和价值，导致利润空间狭小且不能调动出版社积极性的发展瓶颈。

"纸电同步"对于我国乃至国外数字出版领域，都是提升图书品质及价值，规范行业标准，为数字图书的出版及销售提供良性发展环境的有效出路。

2. 纸电同步的背景

在图书馆与馆配商合作的新形势中，读者的阅读习惯的变化推动着我国馆配市场的数字化浪潮，然而电子出版物的发展却滞后于时代的变迁。究其原因，便是早期数字资源销售中，电子图书的价值没有得到良好体现，同时存在盗版、侵权、质量参差不齐、所有权模糊等诸多问题，使得出版社难以全力投入。

在这种情况下，笔者曾在2014年提出"纸电同步"的观点，馆配市场主要企业也陆续认识到"纸电融合同步"等转型思路。在我国图书市场数字化的进程中，用纸质、电子图书匹配采购的模式，可以减小出版社对数字出版的顾虑；并利用两种不同载体的优势，满足图书馆、读者对不同情况的需求。目前我国有部分出版机构对"纸电同步"响应积极，新书出版同步率较高；而亚马逊（中国）对2016年的统计报告显示，亚马逊平台的纸电同步率比上年增长60%；馆配商们也多次在业界论坛等倡导"纸电同步"的发展思路，有些已在积极研发"纸电同步"的服务平台。

笔者在《"互联网+"背景下中文纸质图书采购模式的变革——

以三新书业为例》一文中，归纳了传统馆配模式的三点弊端，包括工作效率低、运营成本高，以及各方信息互动效率低、信息沟通体系不健全。这明显会降低图书馆馆藏建设的效率及质量[①]。借助互联网信息技术，以网络平台为依托，构建"纸电同步"的服务平台，创造一个便捷高效，贯通产业链上、中、下游的平台，则有机会解决过去合作中的工作流程及沟通效率问题，同时降低运营、采购成本。

3. 纸电同步对图书馆与馆配商合作效益提升的作用

根据纸电同步的特点，在图书馆与馆配商的合作中应用纸电同步后，对双方合作效益提升的作用及作用方式表现为以下两方面。

（1）建立高效的信息传递平台，提升沟通效率，降低相应成本。通过纸电同步平台的信息共享机制以及数据对接技术等，图书馆与馆配商传统业务中的书目数据及订单信息的传递、确认、转移等涉及大量人工操作的步骤，均可实现自动化，节省采购、运营成本。

（2）提升出版社参与的积极性，保证电子图书的供应；不仅能支持图书馆资源数字化建设，也使馆配商能够由纸质图书供应向电子化资源销售平稳转型，并获得电子书销售利润。

（三）服务一流学科建设的合作：精准采购

在新形势下，为提高图书馆文献资源利用率及图书馆采购效率，除了提升读者在文献采访中的参与度，以及采用互联网新技术以外，图书馆对全局的统筹和科学规划也不可或缺。对于馆藏建设的整体规划，需要图书馆结合本馆定位、特点，制定选书的品种范围、纸电书的复本数比例等；特别是对于高校图书馆，对本校学科的支持力度是馆藏建设的重要考量之一。

---

① 宋旅黄、赵冉：《"互联网+"背景下中文纸质图书采购模式的变革——以三新书业为例》，《图书情报知识》2016年第2期，第54—59页。

由于我国出版社每年出版图书书目众多，众多学科各分支又有着较多的图书类别，对图书馆采购学科图书造成了一定的困难。因此，本书提出"精准采购"的合作方式，在高校图书馆采购学科图书过程中能够在优化图书馆馆藏结构的前提下提升图书馆采书的效率，对高校学科建设任务的快速实现有着积极的推动作用。

1. 精准采购的定义

关于精准采购目前业内尚未进入深入研究，相关探索仍处于空白状态，湖北三新曾对该领域进行研究，试图探索优化图书馆采购方案的新路径。根据精准采购的实施目的以及工作机制，可对精准采购下如下定义：运用精益思想，以学科、中图类别、核心出版社关联关系为切入点，为高校学科馆藏制定科学、合理的学科图书采购方案。

2. 精准采购的原理机制

在探索精准采购的原理机制前，首先需要对目前的学科图书现行采购方式进行初步了解。精准采购的工作原理机制如下。

（1）设立标杆高校。

在对某所高校某学科提供精准采购方案时，需要先设立该学科的标杆高校。设立标杆高校的意义主要是通过标杆高校在该学科发展过程中的示范性以及优先性来制定学科图书采购方案，如在教育学这个学科领域，其他高校在采购该学科图书时可以。由于标杆高校该学科发展较为完善，学科图书较为合理，故其他高校在采购该学科图书时可以参照标杆高校的该学科馆藏结构来进行相应的采购。

（2）标杆高校馆藏结构分析。

在选定标杆高校后，下一步工作则为对标杆高校该学科进行馆藏结构分析。根据学科层次划分，学科分为一级学科和二级学科，在制定学科精准采购的购书表时，需要将分析学科细分至二级学科，以保证所采购的图书符合学科建设的需求。对标杆高校的馆藏结构分析主要是分析标杆高校该学科下二级学科图书的馆藏情况，从而分析该学科下二级学科的馆藏图书占比，确定学科优先发展方向。

（3）确定二级学科图书核心出版社。

高校可以根据标杆高校的学科结构对自身学科建设进行规划，确立其学科培养方案，然后再确定发展该学科的所需图书。对具体二级学科所需图书的采购来源主要是通过分析标杆高校二级学科的图书所属的出版社，根据二级学科图书所属出版社占比情况分析二级学科图书采购来源。一般来说，对某一具体二级学科的图书出版，会存在一定的出版社偏向，即在该学科出版中会根据出版图书的销量或威望使该出版社成为该学科领域的核心出版社。根据该二级学科图书所确定的核心出版社进行针对性采购，能对该学科的馆藏进行进一步的优化。

3. 精准采购对图书馆与馆配商合作效益提升的作用

根据精准采购的特点，在图书馆与馆配商的合作中应用精准采购后，对双方合作效益提升的作用及作用方式表现为以下几方面。

（1）提升图书馆服务的现实作用。提升高校图书馆对本校学科建设的支持度，提供有针对性的信息资源；不仅可提升馆藏信息资源的利用率，也可让读者及校方对图书馆服务产生更高的认可度。

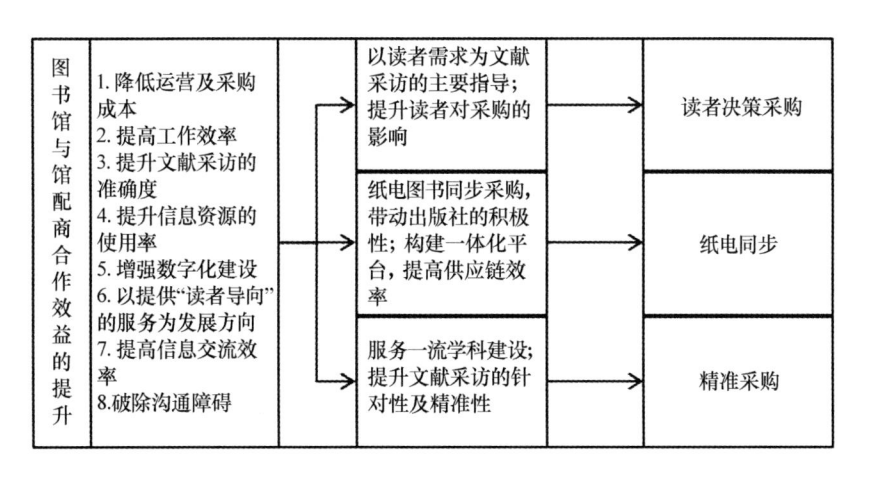

图书馆与馆配商合作效益的提升	1.降低运营及采购成本 2.提高工作效率 3.提升文献采访的准确度 4.提升信息资源的使用率 5.增强数字化建设 6.以提供"读者导向"的服务为发展方向 7.提高信息交流效率 8.破除沟通障碍	以读者需求为文献采访的主要指导；提升读者对采购的影响	读者决策采购
		纸电图书同步采购，带动出版社的积极性；构建一体化平台，提高供应链效率	纸电同步
		服务一流学科建设；提升文献采访的针对性及精准性	精准采购

图4—7　合作效益提升的可行方法示意图

（2）提升文献采访的针对性，提升经费利用率。图书馆对图书品种的选择范围及选择面更加精准，在有限的经费内采购到更全面、更具价值的图书。

（3）使馆配商的服务面拓展到专业化领域。相对于传统的图书供应模式，馆配商在优化图书馆馆藏结构等专业性领域的服务价值及能力可以得到验证；从而可以建立馆配商的专业形象，并在图书供应的基础上开拓额外服务内容，拓展利润来源。

第五章

读者决策采购的效益分析

一 读者决策采购中图书馆与馆配商的合作方式

读者决策采购（PDA）流程包括以下几步：图书馆选定书商；根据本馆馆藏发展政策与书商一起确定预设文档，由书商提供符合预设文档的图书 MARC 记录，图书馆对 MARC 记录进行查重和筛选，将所需的书目记录导入本馆自动化系统，并可在 OPAC 实现检索；读者通过 OPAC 查到书目，可以要求提供印刷本，生成紧急订单，或者点击链接直接阅读电子书，当阅读达到一定的参数标准时，自动形成租借或者购买行为，由图书馆统一付费（如图 5—1 所示）。预设文档包括图书学科范围、出版年限、价格限制、参数标准等，参数标准依据图书馆与书商的合同设定，比如佛罗里达大学（University of Florida，UF）图书馆和佛罗里达州立大学（Florida State University，FSU）图书馆的电子图书 PDA 共享项目，书商确定的参数标准为任何一种电子图书使用三次即触发自动购买。

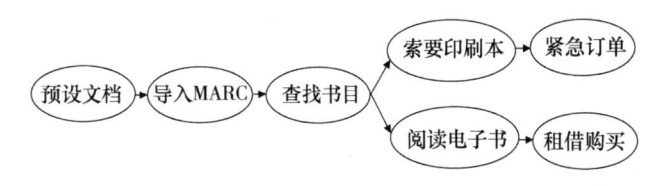

图 5—1 PDA 流程

图书馆与馆配商的合作就体现在 PDA 的流程中，主要在选择合作书商、预设文档、资源查重和触发购买行为、形成订单这 5 个环节。

（一）选择合作书商

随着新华书店的垄断被打破，民营企业得以进入馆配领域，馆配商们纷纷涌现。而图书馆面对各有特点的馆配商，可以说是挑花了眼。尤其是对于国内刚投入实践中不久的 PDA 模式，并不是所有馆配商都具备足够的能力与图书馆合作使用，因为只有参与合作的馆配商的图书备货、书目数据都达到比较高的水准，才能保证图书馆在实施 PDA 模式后获得更优质的馆藏图书、实现更高的采购效益。

那么如何选择跟图书馆相适合的馆配商来合作使用 PDA 呢？图书馆应该主动选择，通过与不同馆配商的沟通和交流，制定一个馆配商评价标准规范，对馆配商的供货质量、配送速度、服务水平等各方面实力进行科学客观的分析和评估，从而有依据地对选择哪家馆配商进行决策。

（二）预设文档、资源查重

图书馆联盟对 PDA 的资源进行管理，包括预设文档管理、资源的查重筛选和编目控制等，目的在于为读者发现资源提供准确翔实的书目数据和使用指引。

预设文档是控制 PDA 采购数量和质量的主要手段。预设档既要在质量上把控需求并设定学科、分类、价格、出版年和版次等参数，又要根据经费的多少控制资源池的书目数量。如预设档设置不当，资源池过大或过小，都可能导致 PDA 项目不能顺畅运行。

资源查重对联盟来说面临一些新问题，如：大批量书目数据查重如何保质保量完成，PDA 电子书记录是否与馆藏纸本书查重，是否对比成员馆已拥有的电子书，等等。为解决这些困难，联盟一般采用两种措施：一是构建合理可行的工作流，采用批处理和编目员介入两种查重方式，借助大型联机数据库来规范和丰富元数据，并把资源管理和资源发现集成在一起;二是利用编目技术提升联合目录质量,对PDA目录进行特殊标记,如著录 MARC21 的 001、035 字段以描述图书馆记录和联盟记录间相互重复的关系,著录 440、538、856 字段以描述资源或相关资源的访问方式等。

资源发现是读者进入 PDA 项目的重要环节,发现系统承担着沟通读者、图书馆和联盟以及 PDA 工作流的关键任务。发现系统对 PDA 的支持,在功能集成方面,需要嵌入统一认证功能,并连通 PDA 接口程序;在数据处理方面,需要实时记录读者使用电子书的行为,并传递到联盟统一的 PDA 管理平台。针对以上需求,应采取以下技术思路。第一,统一发现系统。联盟和成员馆的多种发现软件应趋于一致,最终采用统一的发现系统,减少开发和维护成本。第二,遵守技术规范。统一认证、数据收割、使用统计等功能必须采用通行技术规范,增强系统的可移植性。第三,定制专用功能。联盟应协助供应商梳理 PDA 工作流,对特殊需求进行定制开发,提高系统实用性。

馆员筛选是决定图书馆向读者提供信息资源范围的一项活动。在传统信息资源采购方式中,出版商向图书馆递送大量书单或按分类预设方案推销新书,学科馆员或咨询馆员揣测读者需求、参考读者推荐图书目录等来筛选购买资源。在 PDA 模式中,读者对于图书馆信息资源采购是直接的参与者,好像馆员的筛选变得不那么重要了,其实不然,从根本上来说,PDA 项目仍然是基于纲目购书或阅选购书范围实施的。馆员要按照预设文档进行筛选,确保读者在符合要求的范围中选择资源,并把图书馆已经购买的电子书或纸本书记录排除在外,还要对同一本书的不同版本进行甄别。根据图书馆 PDA 实施平台和书商提供的图书采购模式,馆员还要制定相应的信息资源选购规则、购买或者短期租用的触发次数等属性。在项目进行过程中,馆员还必须定期对项目实施情况进行评估,根据读者反馈对目录进行修改,同时还要对实施过程中价格较高的图书进行审核,等等。因此,在 PDA 项目实施过程中,馆员的筛选同样对专业信息资源的建设起重要作用。

书目维护是避免购进图书馆已有的图书或同一本书的多个版本,

应包括以下几个方面的内容：第一，对于已有馆藏的书目或同一本书的不同版本，将其从系统中剔除；这方面要多与供应商购通，并保存重复记录，或放在网站上，以使供应商也可以及时了解以免下次再重复提供。第二，对通过 PDA 方式已经购买的图书书目，也应从 OPAC 系统中做出区别，应优先链接馆藏，避免多次点击购买。第三，运行一段时间仍没有租借和购买的图书书目，可以选择删除或者保留在系统中，选择保留的优点是可以为读者提供一定的免费服务，如 EBL 推选的营销模式中所有图书有 10 分钟的免费阅读，缺点会增加图书馆管理系统运行负担。书目维护工作操作与图书馆使用的自动化管理系统密切相关，如果其系统有批量删除功能则可以执行自动删除，否则需要人工删除，如斯威本科技大学图书馆（Swinburne University of Technology Library）在 2006 年试行 PDA 服务时对书目的维护就是通过手动完成的。

图书馆还应根据实际运行反馈信息和经费预算，调整信息资源的购买规则，如调整购买或者短期租用的触发次数等属性，使投入效益最大化。书目维护和政策调整在 PDA 项目具体实施过程中举足轻重，对保证 PDA 服务的正常运行起到了至关重要的作用。

（三）设定图书购买的触发机制，形成订单

PDA 是一种读者使用资源而图书馆为读者买单的资源采购模式，如果读者任意点击，可能产生大量不合理的购买请求（如请求购买一些高价书），甚至某些不良书商还可能有意识地"制造"点击，从而导致图书馆预算超支。为了避免这一问题，图书馆可以让资源采购专业人员制定相关的学科资源经费限制，合理分配采购经费，适当控制经费的支出，以防止 PDA 项目实施过程中的经费滥用。如对单本图书价格设限，如果读者申请购买的图书价格低于限定值，其购买申请可自动添加到购买书目，如果超过限定值，其购买申请必须经过馆员的审核，审核通过后方可添加到购买书目。图书馆也可以根据实际经费需要开通或关闭 PDA 服务。

同时，为了最优化地利用预算经费，图书馆必须合理选择资源的购买模式，如短期租借、长期购买、永久使用或按次付费等。在PDA运行过程中，图书馆还可以根据运行情况调整购买模式。如若某些资源只是阶段性地被一个或几个读者使用，可以推荐其在线阅读或以按次付费的方式为其提供下载服务，而不触发购买机制。模式的选择对PDA项目的可行性和可持续发展起到关键的作用。

Coutts和EBL两个书商分别为加利福尼亚州立大学系统分校图书馆提供了一个统一的存款账户，并且提供了所需的MARC书目信息，加利福尼亚州立大学图书馆的23个校区可以在统一的技术平台上的联合目录检索到MARC书目信息并加载到各自的图书目录中，并且可以访问全文链接，下载或阅读全文。SEIR与书商预先设定了一个触发值，当读者的实际浏览与阅读情况达到一定的标准或参数时，系统会自动触发相关指令，统一购买或者租借电子书，直到账户存款被用完。每个书商的订购类型和图书采购的触发机制不同，Coutts和EBL都提供了购买选项。与Coutts合作中，首次访问电子书无须付费预览，第二次访问触发永久许可购买该书。在与EBL合作中，所有的图书一次浏览5分钟或者若干页（如10页）内免费，如要超出时间或者页数想继续浏览则进入购买选项：第一种短期租借，可一次性借阅24小时，按次付费，费用是电子书价格的10%—15%；第二种中介获取，读者浏览超过5分钟后，可通过邮件发送请求，图书馆员审批提供短期租借或者购买；第三种自动购买，根据读者提出短期租借的次数触发购买。PDA的电子书定价是基于一个乘法公式。它是一个电子书价格乘以一个基数，其中基数来源于图书馆联盟中有几个成员馆共享同一本书。通过调查分析数据证明，同一本电子图书是由4个或更少的成员馆申请购买的，因此最终用3.2乘以电子书的价格来确定购买电子书的总价。两个书商计算成本的公式有所不同，Coutts没有使用短期租借的方式。在PDA项目试验过程中，消费相同的情况下，Coutts实行了26天，而EBL公司实行了66天。PDA项目实施时间的差异在于每个书商的触发购买机制不同。

二 读者决策采购合作效益模型的构建

图书馆与馆配商通过读者决策采购的合作方式所产生的效益水平，需要建立效益评估模型，从量化的层面评估、分析双方在该领域中合作的切实效果。评估读者决策采购的合作效益，也可借助"成本—收益"分析方法，通过对双方在合作中产生的成本与收益的界定、量化及比较分析，最终得出双方在该领域合作的效益状况。

（一）读者决策采购合作的成本、收益界定

读者决策采购是图书馆与馆配商在新的市场环境下降低购书成本、提高馆藏利用率及向"以读者为中心"的服务理念转换的探索及创新。然而在新的合作方式可能带来预期收益的同时，图书馆及馆配商也需对这种新的合作承担相应的成本及风险。若以图书馆与馆配商的常规/传统图书采购模式（未采用读者决策采购的合作方式）为基准，则在读者决策采购的合作中就会产生新的成本及收益。

1. 成本的界定

（1）从前文中读者决策采购流程中的各环节的合作方式可知，在新的合作领域，不论是纸质书，还是电子书，由读者决策产生的购书借阅，需要依托一个图书馆的采购系统来实现。因此在这个过程中，图书馆就需要付出人工及设备成本来完成系统的实际应用。在系统完成之后，也需要由工作人员和读者学习（或接受培训）系统使用方法。而馆配商此时则需要付出人工以帮助图书馆完成对接并提供培训。

（2）图书馆采访人员需要花费时间使用系统完成书目的筛选，即流程成本。与此同时，图书馆和馆配商还需要承担系统的运维成本。

（3）图书馆在图书采购的活动中付出了相应的采购经费。相对的，馆配商则需要投入研发成本以及对图书资源的采购成本。

2. 收益的界定

（1）通过新的合作方式，双方的工作效率都得到提升，完成同样

图书采购工作所花费的工作时间相对传统图书采购模式有一定的减少量。这部分减少量即是收获的时间价值。

（2）通过新的合作方式，读者通过读者决策采购系统即可完成采购任务，可减少图书馆工作人员临时前往馆配商仓库现采的次数，图书馆采访人员的出差费用则能够得到节省。相应的，馆配商则节省了部分接待现采人员的人工成本。

（3）在读者使用采购系统时，在严格制定的读者决策采购的规则下（若没有制定良好的规则，则采购效率将大打折扣，这部分将为馆配商培训主要内容之一，已计入培训成本中），所采购的图书应该能够达到图书馆采购条件，无须采访人员再做甄别，从而可达成一部分的采购任务。由此，采访人员本应花在这部分图书采购上的工作时间则得到了节省。

（4）图书馆在每年固定经费标准内，采购到了单位品种、数量的纸质、电子图书。由于读者决策采购的合作方式侧重于对工作流程的优化，以及对读者中心模式的探索，目的是提高馆藏利用率、充分满足读者需求，而不是对价格和折扣的更多优惠，图书馆使用单位经费所能采购到的同种图书的数量与传统采购模式是一致的。而 PDA 采购比重更多的电子书的单一复本包含 5 个并发，则实际图书馆可外借的图书复本数得到了提升。当然，在采购经费固定的情况下，新的合作模式中存在的纸质、电子图书采购复本的再分配，会对最终采购到的图书品种及数量产生影响。相应的，馆配商在合作中则可以通过图书销售获得现金收入。

3. 读者决策采购的成本、收益表

综上，已对在读者决策采购的合作方式中，图书馆及馆配商各自产生的成本，以及可获得的收益做出了界定。在研究双方合作效益时，不能简单地以一一对应的模式评测。图书馆与馆配商二者的合作效益应分别计算：图书馆的效益，可以单一图书馆与单一馆配商所开展的读者决策采购合作为研究背景；而馆配商的效益，则应按其与馆配市场内潜在客户的充分合作为研究背景。

表 5—1　　　　　　　　　图书馆成本—收益

	项目	描述
成本	采购系统的培训和学习成本	图书馆人员进行平台对接、接受馆配商培训及测试平台所付出的时间成本
	系统运维成本	工作人员维护采购系统所花费的时间成本
	图书购置经费	读者触发指令所采购图书经费总额
收益	工作效率的提升	常规采购工作所花费的时间
	采访成本的节省	现采工作中的费用节省
	馆藏利用率的提升	读者选择借阅读书而非其他活动所带来的效益增量
	采购到的图书品种及数量	实际可外借的图书复本数的提升

表 5—2　　　　　　　　　馆配商的成本—收益

	项目	描述
成本	系统运维成本	随着合作规模扩大而上升
	资源购置成本	随着图书销售额扩大而上升
收益	工作效率的提升	常规采购工作所花费的时间，随着合作规模扩大而上升
	图书销售额	通过图书销售而获得的现金收入，随着合作规模扩大而上升

（二）读者决策采购效益的评估模型

建立读者决策采购效益的评估模型，则首先需要对成本—收益框架中各项目进行量化统一，成为可以测算的价值量。

1. 图书馆读者决策采购效益模型

由表 5—1 可知，新合作方式的成本—收益测算除图书购置经费及研发成本等可直接用总价格衡量外，主要体现在工作量的消耗或节省上。对于这部分的成本的界定可通过对时间价值的衡量来测度。当图书馆工作人员为使用 PDA 系统，而接受培训或者对系统进行测试时，则显然该工作人员不可能进行图书馆业务的其他工作，如图书编目等。因此，该工作人员需要花费额外的工作日才能完成之前积压的工作任务。这些工作（如图书编目等）的价值往往难以直接衡量，然而可通过对工作人员日薪（这里采用日薪比时薪更容易计算）的计算来测度，这是时间价值测度最基本以及最常用的方法[①]。则某项工作任务的价值即为，一名（或若干）图书馆工作人员完成该工作所需的工作日与其日薪的乘积。所以，在读者决策采购中图书馆所付出的工作时间，以及系统采购相对于传统采购所节省的工作时间也可等价为这种时间价值。

即，时间价值 = 工作人员日薪 × 该项工作所耗费的工作日。

因此，若图书馆工作人员平均工资为 W_1，系统的培训及学习消耗时间为 T_0，使用系统采购单位经费所需的时间为 T_1，常规采购工作所花费的时间为 T_2，则：

（1）采购系统的培训及学习成本 = $T_0 \cdot W_1$

（2）系统运维成本 = $T_1 \cdot W_1$

（3）工作效率的提升 = $T_2 \cdot W_1$

图书馆购置经费中包含纸质及电子书的购置经费。若总经费为 B；纸书平均价格为 P_0，采购数量为 N_1；电子书平均价格为 P_1，采购数量为 N_2，则：

（4）图书购置经费：$B = P_0 \cdot N_1 + P_1 \cdot N_2$

图书馆采用 PDA 后，图书馆采购到的图书的质量得到提升，学科专业性得到提升，因而所采购到的图书的借阅率会得到提升，图书馆借阅率由 r 增长到 r′，这也是图书馆所获得的收益的一部分。为了将图书馆借阅率量化到可同其他指标，现引入借阅图书的机会成本来代替借阅率的提升，图书借阅率的提升所带来的效益即读者选择借阅图书而非其他活动所带来的效益，若读者从事其他活动（该段活动时间同阅读图书时间相同）时间为 T_3，从事该活动的单位收益为 W_3，则图书馆图书利用率上升给图书馆带来的收益为：图书利用率的上升 = $(r′ - r) T_3 W_3$。

此外，在读者使用 PDA 系统的情况下，可以进一步节省图书采购所需消耗的工作量。当采购的纸质书数量为 N_3，电子书数量为 N_4，

[①] 乌家培、谢康、王明明：《信息经济学》，高等教育出版社 2007 年版，第 144—157 页。

采购的总价值为 $P_0 \cdot N_3 + P_1 \cdot N_4$。若读者没有使用 PDA，则图书馆采访人员就需要花费相应的工作时间来完成。采访人员采购效率为 B/T_1，则：

（5）PDA 所提升的收益 = $T_1 (P_0 \cdot N_3 + P_1 \cdot N_4) / B \cdot W_1$

另外，图书馆在 PDA 系统应用中，一个复本的电子书一般存在 5 个并发数。当一个复本电子书的价格与一本纸质图书价格一致时（比如最新出版的图书，电子书无额外折扣的情况），则一个复本的电子书的使用价值（外借的能力）等于 5 本纸质书的价值，即若都购买纸质图书，则需要 5 个复本才能达到一个复本的电子书的效果。而实际上电子书较纸质书可能仍有额外的折扣或价格优惠，且电子书借阅的便利性更高，则一个复本的电子书的价值至少等于 5 本纸质书的价值。图书馆由 PDA 购入图书的实际使用价值，至少等于 $P_0 \cdot N_1 + 5P_0 \cdot N_2$，则：

（6）$P_0 \cdot N_1 + 5P_0 \cdot N_2 = B - P_1 \cdot N_2 + 5P_0 \cdot N_2 = B + N_2 (5P_0 - P_1)$

综上所述，图书馆成本—收益各项量化指标见表 5—3：

表 5—3　　　　　图书馆成本—收益量化指标

	项目	量化模型
成本	采购系统的培训和学习成本	$T_0 \cdot W_1$
	系统运维成本	$T_1 \cdot W_1$
	图书购置经费	$B = P_0 \cdot N_1 + P_1 \cdot N_2$
收益	工作效率的提升	$T_2 \cdot W_1$
	采访成本的节省	C_1
	馆藏利用率的提升	$(r' - r) T_3 \cdot W_3$
	采购到的图书品种及数量	$B + N_2 (5P_0 - P_1)$

则图书馆读者决策采购的效益模型为

$Y = B + N_2 (5P_0 - P_1) + (r' - r) T_3 \cdot W_3 + C_1 + T_2 \cdot W_1 - P_0 \cdot$

$N_1 - P_1 \cdot N_2 - T_1 \cdot W_1 - T_0 \cdot W_1$ （公式1）

2. 馆配商读者决策采购效益模型

在馆配商方面，随着合作图书馆数量的增加，各项成本及收益将发生变化。因此，在研究馆配商效益的时候，需要考虑用户数量，即添加一个系数：N。另外，馆配商在单位规模的服务能力、供给能力是有限度的，当用户数量超过这一限度时，馆配商则需要扩大规模以提高供给能力。在研究环境中，为剔除外界因素的干扰，可假设馆配商能够顺利地提升规模，即随着用户数量的增长，馆配商的成本及收益可以均匀地增长。

在前文中，本书采用工作人员的日薪与工作时间的乘积定义了某项工作的时间价值。同样的，馆配商所花费或节省的工作时间也等价于这种时间价值。

在 PDA 系统运维上，除保持平台运行所必要的设备、电力、网络服务费用等固定成本外，随着用户数量的提升，平台的服务器、网络负载也相应提升。当平台运作的固定成本为 FC_1，可变成本为 VC_1，则：

（1）系统运维成本 = $FC_1 + VC_1 \cdot N$

资源购置成本与合作图书馆所采购的图书品种及数量有关。一家馆配商通常只占有部分市场，且每家图书馆的具体采购经费、建设目标不同，最终成交的价格及品种、数量可能存在较大差异。为方便计算，则可以图书馆平均采购规模为基准。由此，可近似得出馆配商在这一年中的资源购置成本。与前文图书馆的采购标准做对应，当馆配商纸质图书的平均购入价格为 P_0'，电子书平均购入价格为 P_1'，则：

（2）资源购置成本 = $(N_1 \cdot P_0' + N_2 \cdot P_1') N$

（3）工作效率的提升 = $T_i \cdot W_2 \cdot N$

由于馆配商的平台服务通常是免费提供，则其主要的收入来源为图书销售而获得的现金收入，即销售额。设每家用户平均消费金额为 B，则：

（4）图书销售额 = $B \cdot N = (P_0 \cdot N_1 + P_1 \cdot N_2) N$

综上所述，馆配商成本—收益各量化指标见表5—4：

表5—4　　　　　　馆配商成本—收益量化指标

	项目	量化模型
成本	系统运维成本	$FC_1 + VC_1 \cdot N$
	资源购置成本	$(N_1 \cdot P_0' + N_2 \cdot P_1') N$
收益	工作效率的提升	$T_i \cdot W_2 \cdot N$
	图书销售额	$B \cdot N = (P_0 \cdot N_1 + P_1 \cdot N_2) N$

则馆配商读者决策采购的效益模型为

$$Y_1 = T_i + B \cdot N - FC_1 + VC_1 \cdot N - (N_1 \cdot P_0' + N_2 \cdot P_1') N$$

（公式2）

（三）读者决策采购效益模型分析

在得出双方合作的效益模型后，则可以开始进行效益分析。对于合作中存在的各种情况，需要对模型中的变量做出相应的设定，再进行分析探讨。

1. 图书馆的效益分析

图书馆在读者决策采购项目中获得的效益为

$$Y = B + N_2 (5P_0 - P_1) + (r' - r) T_3 \cdot W_3 + C_1 + T_2 \cdot W_1 - P_0 \cdot N_1 - P_1 \cdot N_2 - T_1 \cdot W_1 - T_0 \cdot W_1$$

图书馆的读者决策采购项目使得图书馆采购图书效率得到提升，节省的经费包括图书馆学科馆员以及图书现采人员的有关费用，图书馆效益提升值 $T_2 \cdot W_1$、C_1 的增长主要来源于图书馆原有图书采购效率的提升，如图书馆原有采购效率较低，该项效益提升空间则较大。

PDA系统的应用提升了图书馆所购图书的利用率，它是根据为读者服务、读者至上的理念来建立的，对读者借阅和购买意愿体现得越充分，PDA系统所能提升的图书借阅率相比之前就越高，即（r'−r）

的差值就越大,为图书馆所带来的效益也就越大。

2. 馆配商的效益分析

馆配商读者决策采购的效益为 Y = T_i + B·N – T_4W_4 – T_5W_5,由于模型分析是以单个图书馆为例来进行分析的,当同馆配商达成读者决策采购合作协议的图书馆数量持续增加时,则会为馆配商带来一定的规模效益。

假定在一定期间内,同馆配商达成读者决策采购合作协议的系统运维费用 FC_1 + VC_1·N 为定值,合作的图书馆的购书经费平均值(N_1·P_0' + N_2·P_1')N 也为一固定值,而随着同馆配商合作的图书馆的数量的增加,馆配商的投入经费会因所分析研究图书馆数量的增量而形成规模经济效应。

同单个图书馆合作馆配商的效益为 T_i + B·N – T_4W_4 – T_5W_5,而当合作的图书馆数量逐步上升,达到某一临界值后,则会降低馆配商的投入成本。

若同馆配商合作的图书馆的数量持续上升,则相比于单个图书馆所带来的收益,单个图书馆投入的成本会下降。

3. 合作效益的分析探讨

综上所述,图书馆与馆配商在读者决策采购系统上的合作可以给双方都带来效益的提升。其中,图书馆所获得的效益明显,在一定的采购经费投入及人工的配合下,图书馆可以收获超过原本投入的价值。主要表现在改善采购流程后所能提升的工作效率,以及读者使用率的大幅提高。

而在馆配商方面,考虑到图书采购数量或采购金额作为系数远大于馆配商工作人员平均日薪的系数,实际上图书销售的利润空间成为决定馆配商在读者决策采购合作中的效益水平的关键因素之一。

三 读者决策采购效益提高的改进策略

(一) 加强对读者决策采购的推广和培训

有些读者由于心存偏见很少去图书馆,认为图书馆的图书陈旧过时，他们完全不了解图书馆在信息时代发生的巨大发展和变化；有些读者想要荐书，但考虑到书时间延迟或因自身性格内向、害怕与馆员交流等因素望而却步。其实很多读者都渴望优质资源，喜欢自主荐书的感觉。因此，由读者主导购书的 PDA 项目一经上线即受到热烈追捧。数据显示，读者使用 PDA 服务后会进一步增加对图书馆的满意度，例如普渡大学图书馆在 2000 年利用馆际互借开始 PDA 项目后，2002 年和 2008 年读者满意度分别达到 88% 和 89%。

PDA 将选书的主动权从馆员转移到读者手中，但正如前文所述，读者本身不完全具备选书的知识和经验，不太了解如何快速判断图书的价值、识别专业权威图书等，这些都要依靠图书馆馆员开展培训活动教会读者。读者培训活动的内容除了让读者学会评价图书外，还应让读者了解正确选购图书对图书馆及资源建设的意义、使用 PDA 系统应具有的责任意识、采用 PDA 选书的利弊和 PDA 系统设置的图书选购要求细则等。

（二）严格设定预设文档，降低馆藏文献重复率

图书馆以读者为主导的方式采购电子书在一定的程度上会造成图书馆学科化、整体化的馆藏体系失衡。而且部分读者为了能够获得所需的图书，会恶意的增加点击量以达到图书购买的触发机制，导致图书馆的预算经费超支。合作馆之间可以进行文献传递或者馆际互借以满足读者的需求，因此在设置预定文档的时候需要删除重复的文献资源标题。读者在申请购买的时候，应判断合作馆是否有重复的文献，以免造成文献资源的浪费与重复。在完成 PDA 采购后，图书馆应对一段时间内图书采购数据进行跟踪分析，以便评估和调整 PDA 采购策略，把长期没有点击的 MARC 书目记录删除，并增加新的 MARC 书目记录，及时更新 MARC 书目记录。

（三）推动书商转变营销方式

美国加利福尼亚州立大学与两个不同的书商实施了电子书 PDA

项目，两个书商根据美国加利福尼亚州立大学图书馆的要求提供了不同的预设文档。电子书短期租借相对于购买电子书，资金少一些，当更多的读者需要同一本电子书时，则触发了购买机制，保证了PDA项目进行的持续性。随着数字化的发展，我国的馆配商应该与国际接轨，积极引进新的营销模式和技术，而不能固守成规，一直以捆绑、低折扣的方式进行销售。图书馆可以选择与适合自身馆藏发展的馆配商合作，当提出以读者为主导进行文献购买的请求后，馆配商必须能在规定的时间内将图书送到图书馆。

（四）先试读再购买，实行读者决策采购的"贷款"模式

到目前为止，读者决策采购都还只是手动采购的补充方式，也是被图书馆寄予厚望能买到"不会闲置"的图书的一种方式。而它最大的缺点是PDA模式在使用和成本方面都是不可预知的。而图书馆不可能无节制地提供给读者决策采购无限的经费。图书馆只有在看到通过PDA采购的图书真正能提高其馆藏利用率之后，才会心甘情愿地为其支付费用。因此只有通过一次次的试读、选择、确认、购买，才能加深图书馆对馆配商的读者决策采购模型的信任。这一理念虽然已经提出，但在现实中却迟迟未能达到功能的实现，即使有图书馆在PDA应用中加入了通过试读购买的规则算法，也由于试读篇幅限制、时间限制以及操作不够简易方便而得不到充分利用。

（五）推动图书馆员角色转变

PDA购买方式意味着图书馆的许多变化，最明显的是产生了新的任务，比如创建个人资料，更新PDA收藏，编目员和系统图书馆馆员的新工作流程必须重新规范。同时，图书馆馆员的角色也在变化，他们已经不再是唯一的买家了，而是与用户共同承担采购的责任。这样的"无人机"模式经研究能够促使图书馆与馆配商的采购效益都大大提升。一些图书馆选择一个PDA接口后，用户并不知道他们正在购买电子书，以避免不需要立即购买的图书，并鼓励不会以其他方式启动购买的用户。爱荷华大学报告说，在这样的读者决策采购模式下，当图书馆馆藏开发人员不介入时，可以导致非常高的采购水平，减少了采购经费的浪费，提高了采购效益。而图书馆员也可以被解放出来，参与到读者教育、联合馆配商科研与实践等更新兴、更需要发展的事业中去。

（六）对参与读者决策采购的读者进行反向筛选

读者决策采购模式目前是非指向性的，即只能依据图书馆的所有用户的需求导向来进行购买决策。然而，正如让一个对医学未曾涉猎的文学家来决定一本高深的医学专著是否值得购买是十分荒谬的行为一样，不对用户进行分类而依据所有读者的看法来决策采购也是十分简单粗暴的。为了保证读者决策采购真正达到"不浪费一本书"的效果，PDA 要选择对不适合的个人不开放，而如果一个用户特别活跃且其背景与采购决策相契合，则对其开放。馆配商也要在读者决策采购模式的开发应用中加强与图书馆的合作，努力使其产生的采购决策科学有效。

此外，还值得研究的是，在 PDA 应用过程中如何控制和开放并发用户数。在 PDA 中，对于多个用户同时访问的控制是重要的，因为如果有几个用户同时想要阅读的话，它可以防止同一本书在同一时间的双重购买。

四　读者决策采购的实证分析

读者决策采购作为馆配商与图书馆的先进合作模式，理论研究成果较多，实践成果较少。本次研究以湖北三新与江门市玲珑图书馆（化名）的合作情况为例，结合读者决策采购合作效益模型，分析双方在该领域合作的效益情况。

(一) 合作中成本、收益数值的确定

根据读者决策采购合作效益模型,首先需要对合作中各方成本及收益的实际数值进行统计、确定。

1. 江门市玲珑图书馆的成本、收益值

江门市玲珑图书馆是第一批开始试用 PDA 新系统的图书馆。在 2016 年的实际合作中,江门市玲珑图书馆与湖北三新仍处于初始合作阶段,即部分图书采用读者决策采购模式,有一部分还是通过现采或其他方式采购。

该图书馆 2016 年向湖北三新匹配采购约 54.67 万元的图书,约 9740 个品种;而实际该批图书的配到率约为 80%,即约 43.74 万元,约 6992 种。

湖北三新 PDA(读者决策采购)平台对接及培训耗时根据实际情况的不同,存在一定的差异,从最快的 2—3 日至较慢的数周(存在技术瓶颈或客观条件问题的情况)不等,与江门市玲珑图书馆的对接及培训约花费 7 个工作日完成。因此,$T_0 = 7$。

使用读者决策采购平台采购图书,由于可以立刻查重并直接下单,实际操作花费工作时间在一个工作日内,则 $T_1 = 1$。传统采购方式中,图书馆采访人员也可以在收到馆配商书单后约 2 个工作日内反馈订单,但查重及确认环节通常存在 1—3 次反复沟通的情况,因此 $T_2 = 8$。

图书馆阅读率提升的效益体现为读者放弃阅读图书而是从事其他活动所取得的收益,借阅率提升所带来的效益即借阅率提升值与机会成本相乘值。采用读者决策采购后对图书馆借阅率持续观察,发现图书借阅率由原有的 15% 增长至 31%。对机会成本的计算选取学生放弃阅读而选择打工所赚取的薪资,工资薪酬以 10 元/时记,图书量约为 4000 册,假设读者平均 3 个工作日能读完一册,则花费的时间 $T_3 = 4000 \times 3 \times 8 = 96000$ 小时。

此外,结合江门市玲珑图书馆 2016 年的情况,该馆并没有特意

前往馆配商处现采（不包括湖北三新举办的图采会）。因此，$C_1 = 0$。以图书馆采访人员平均工资为 5000 元/月计算，则单位工作日的人工成本为 5000/21.7①，取整约 230 元/天，$W_1 = 230$。

2. 湖北三新的成本、收益值

与之对应的湖北三新工作人员为江门市玲珑图书馆对接及培训所花费的时间为 7 个工作日，$T_0 = 7$。

湖北三新平台的运维成本计算方式，则以 2016 年平台规模及企业情况为准，包括运维人工成本、设备购置成本及消耗的电力成本。2016 年湖北三新运维技术员为 4 名，以每月 5000 元的薪资水平计算，则 2016 年运维人工成本为 $5000 \times 4 \times 12 = 240000$ 元。运维设备包括数据库、RAID 服务、程序等共计 4 台服务器，及其配套设备和网络设施。IBM 服务器价位约为 13000 元/台，配套设备及网络设施约为 3000 元，则设备购置成本为 $13000 \times 4 + 3000 = 55000$ 元。2016 年全年设备运转电耗则为 $0.55 \times 4 \times 24 \times 365 = 19272$ 度，费用为 $19272 \times 0.63$②$=12141.36$ 元；取整 12141 元。综上所述，2016 年运维成本为

$$FC_1 + VC_1 N = 240000 + 55000 + 12141 = 307141$$

PDA 系统研发成本则在 60 万元，即 $FC_2 = 600000$。图书平均成交价格 $P_1 = 31.25$，采购价格因企业保密需求，仍由 P_1' 表示。PDA 系统中的书单已存储于云端，收到订单后可立即进行下发，通常在 1 个工作日内可以完成。因此，$T_i = 10 - 1 = 9$。馆配商对接及订单处理人员薪资平均约 4000 元/月，则 4000/21.7，取整 184 元/月，$W_2 = 184$。

（二）江门市玲珑图书馆与湖北三新的合作效益分析

1. 江门市玲珑图书馆的效益分析

结合图书馆读者决策采购合作效益模型，以及上述案例中各项数值

---

① 《关于职工全年月平均工作时间和工资折算问题的通知》，2017 年 1 月 18 日，http://www.gov.cn/zwgk/2008-01/10/content_855099.htm。

② 《湖北省物价局文件（鄂价环资〔2016〕7 号）》，2017 年 1 月 18 日，http://www.95598.cn/static/html/person/sas/es/PM06003001_2016039176920065.shtml。

的确定，江门市玲珑图书馆的效益公式为 Y = B + N$_2$ (5P$_0$ - P$_1$) + (r' - r) T$_3$ · W$_3$ + C$_1$ + T$_2$ · W$_1$ - P$_0$ · N$_1$ - P$_1$ · N$_2$ - T$_1$ · W$_1$ - T$_0$ · W$_1$。

则其效益为 Y = 546700 + (8 - 1 - 7) × 230 + (31% - 15%) × 96000 × 10 = 700300。

即通过 PDA（读者决策采购）系统的合作，江门市玲珑图书馆花费 54.67 万元可获取等同于 15.36 万元价值的效益增量。

2. 湖北三新的效益分析

结合馆配商读者决策采购合作效益模型，湖北三新的效益公式为 Y$_1$ = T$_i$ · W$_2$ · N + B · N - FC$_1$ - VC$_1$ · N - (N$_1$ · P$_0$' + N$_2$ · P$_1$') N。

则其效益为

Y$_1$ = [(9 - 5) × 184 + (31.25 - P$_1$') × 1522]N - 307141 - 600000
= [736 + (31.25 - P$_1$') × 1522] N - 907141

2016 年，湖北三新 PDA 系统仍处于试用推广阶段，开始合作的共有 102 家图书馆，由于江门市玲珑图书馆的交易情况相对具有代表性，若假设现有合作用户都达到江门市玲珑图书馆的交易水平，即 N = 102，则：

Y$_1$ = [736 + (31.25 - P$_1$') × 1522] × 102 - 907141，从而可知当 P$_1$'小于 31.02 时，湖北三新可取得效益。

3. 江门市玲珑图书馆与湖北三新的合作效益探讨

从上述合作案例分析中可以看出，江门市玲珑图书馆获得了明显的效益提升；而湖北三新因尚未达到规模效应，其从合作中获得的效益尚不明显。

从江门市玲珑图书馆的效益公式中可以看出，现阶段读者决策采购平台暂时还未带来工作效率的提升，对于单位采购量的单次采购所能节省的工作时间与系统学习和培训所需花费的工作时间相互抵消。但是，带来了图书馆阅读率提升的效益。

湖北三新的合作效益水平与其拥有的用户规模最为相关，其次为图书馆的采购规模以及图书的利润空间。同时也可以看出，读者决策采购系统对馆配商的工作效率提升是明显的。在传统流程中，湖北三新需要花费较多人工及时间,对图书订单进行匹配、查重、查库存等工作,使用 PDA 系统后,可采用自动化流程,减少该类型工作所需的人力和时间成本。

(三) 读者决策采购合作及其效益模型的实践效果

本次实证分析运用了读者决策采购合作效益模型,评估了图书馆与馆配商的合作效益情况。从结果来看,图书馆在本次合作中获得了明显的效益,然而馆配商的效益在现阶段尚未得到体现。读者决策采购合作效益模型可以如实反映实践中的效益情况,也存在一些不足。

1. 效益模型可以真实体现图书馆和馆配商的合作效益情况

本次实证分析在一定程度上反映了图书馆与馆配商的合作效益。读者决策采购的合作效益主要体现为工作效率的提升以及馆藏借阅率的提高,而这两部分的结果显示也证明其为图书馆效益增量的主要构成。相应的,馆配商目前处于初步运用阶段,还未实现规模效应,效益还未体现出来,但随着用户量的提升,读者决策采购的收益将会呈现稳健增长的趋势。

2. 效益模型难以体现馆配商运营成本的变化

效益模型对馆配商效益的计算倾向于对宏观的平均数值进行测量,这更符合项目得到长期运作后的情况。而在文中实证分析所采取的现实案例,都是项目合作的初始阶段,用户规模还未扩展,并没有完整、具体的测量数据,对效益评估的准确性有很大影响。随着项目合作的加深和成熟,馆配商的系统运营成本及效益将呈现一种阶梯性递增的特点,即运营投入和产出效益都有相应数据上的反应和变化。

(四) 读者决策采购合作及其效益模型的改进策略

在读者决策采购合作模型的研究中,不难发现,当用户规模在相差不大的数值范围间时,运营成本几乎不会有很大差别。为准确表现馆配商成本的阶梯性变化,可以设置馆配商的成本区间。根据近几年国内外 PDA 实践成果,假设当前湖北三新 PDA 系统的基础用户数为

150 家，则当用户数：$0 < N \leq 150$ 时，湖北三新云系统总成本为 $TC = 907141$；当用户数超过 150，即 $151 \leq N \leq 400$ 时，总成本可能翻倍，即 $TC = 1814282$。以此类推，可得：

$TC = TC' \cdot n$（n 为 N 所在区间最大值与基本承载能力最大值的比），TC'、N 值所处区间根据馆配商的实际情况的不同而存在差异。

因此，馆配商的效益模型为

$$Y_1 = T_i \cdot W_2 \cdot N + B \cdot N - (N_1 \cdot P_0' + N_2 \cdot P_1') N - TC' \cdot n。$$

第六章

纸电同步的效益分析

一 纸电同步的技术背景

为实现"纸电同步平台"的建立,除了需要馆、社、商在观念上发生转变,建立以"用户第一"为核心的图书采购思路,更需要通过互联网等信息技术,在事实层面构造出确实可行的网络服务平台,包括:EDI 技术、云平台技术、App 技术等。

(一) EDI 对接技术

电子数据交换技术,即 EDI 技术(Electronic Data Interchange,以下简称 EDI),是萌芽于 20 世纪 60 年代,随着计算机技术、通信技术的发展孕育而生的[1]。EDI 技术通过采用计算机电子通信的方式,在企业、组织间形成了迅速高效、安全统一的数据交换模式,极大限度地减少了贸易文件以及文件处理成本,提高了工作效率[2]。在 EDI 诞生后便首先在外贸行业得到广泛应用,并以其优势迅速扩散到商检、税务、邮电、铁路、银行、工商行政管理、商贸等多个领域。自 20 世纪 80 年代引入我国后,便引起了很大重视,在图书馆文献采访

---

[1] 王虎、尹作荣:《供应链管理与 EDI 技术》,《科技进步与对策》2002 年第 1 期,第 146—148 页。
[2] 张晓强:《EDI 技术在订单管理中的应用》,《科协论坛》(下半月)2008 年第 8 期,第 67—68 页。

等领域的应用也进行了一定的研究、实践。在新平台的构建中，EDI技术则是链接馆、社、商三方，实现自动化管理的基础。

1. EDI的概念及应用方式

EDI即通过将计算机技术与通信技术结合，将企业间来往文件标准化、规范化，采用统一的格式，由网络系统直接在计算机应用系统间进行信息交换和处理；整个过程无需纸质文件，无需人工介入[①]。其优势非常明显：在以往的企业经营活动中，各方来往产生了大量的订单、单证等各类商务文件，且不同企业间同类文件的格式往往并不统一，企业从而需要花费大量人力、物力和时间以收发、处理及储存。而随着计算机技术的发展，这类文件事实上都须经过计算机处理、导出并发给合作方；合作方收到后再录入己方计算机。这不仅产生了很多重复且无意义的工作，人工重复录入文件信息时难免出现疏漏，造成不必要的损失。而EDI的诞生，从根本上解决了这类问题，并提高了工作效率，因此迅速得到各行业政企机构的广泛应用。

EDI的应用需要满足三个层面：数据标准化、硬件及软件、通信网络[②]。计算机设备等硬件设施及相关软件是EDI应用的基础，通信网络的优劣也会影响到EDI应用的效果，而EDI数据标准化则是其中最关键的环节。EDI数据的标准化包括网络通信标准、EDI处理标准、EDI标准和EDI语义语法标准等；需要各企业、机构、地区代表共同讨论制定完成，从而保证各个企业的不同文件格式，能够按照约定标准转换、传输，在各方接收后转换为符合己方格式的文件并应用。

2. EDI在图书馆领域的应用思考

EDI在图书馆文献采访等领域的应用问题也在20世纪90年代相继被提出、探讨。李欣荣指出，传统图书采购的方式"一是造成纸张

---

① 梁嘉慧：《EDI技术与通信环境》，《电脑知识与技术》2004年第32期，第59—61页。
② 李欣荣：《EDI技术与现代图书采购》，《图书馆理论与实践》2004年第6期，第29—30页。

浪费，二是出错率高，三是时间会有所延误"。罗德一[①]指出，无论采用何种采购方式，传统的文件信息传输方式（电话、传真、邮件等），都需要人工将文件信息汇总再输入计算机处理。随着互联网的普及，虽然各单位采用电子邮件、即时通信软件等方式传送电子文件（word、excel等），无须使用纸张；然而不同企业采用的文档格式仍具差异性，需要转换，或者需要导入己方系统处理。人工传送、处理文件过程中产生的时间延误及输入误差并没有解决。而通过应用EDI技术，在图书馆、馆配商以及出版社之间建立起统一的数据交换渠道，即可在各方计算机系统间自动传送书目、订单等信息。不仅可以减少人员干涉所产生的问题，加快传输速度从而提高工作效率，还可以增强各方合作，改善关系。

3. EDI在纸电同步领域的应用实践

实现纸电图书匹配采购，需要对各出版商、图书馆的纸质图书，电子图书的书目、库存、馆藏、订单等一系列信息进行有效整合、管理；采用EDI技术对接上、下游，从而使整个产业链上的业务流程自动化，节省人力成本，提高效率并降低出错率。对于电子书等数字化信息资源建设，采用网络信息化手段，实时更新资源信息，更能发挥数字资源的迅捷获取的特点。当前，我国主要馆配商已经与合作出版社建立了EDI对接，采用行业EDI标准，同步更新书目信息、库存状态、订单信息以及发货状态等数据信息。新书出版后，出版社即可上传新书书目信息，系统自动同步至馆配商书目库，无须等待样书印刷寄送；同时可通过相应工具直接将电子书上传到馆配商平台。由此可在供给端做到同步更新，图书馆从而可在第一时间查看馆配商目录，或由馆配商推送给图书馆。图书馆下单后，馆配商即可通过EDI对接平台传送订单至出版社，完成后续配货流程。

图书馆与馆配商可通过EDI技术对接图书馆馆藏等信息，在文献

---

① 罗德一：《EDI技术在图书订购业务中的应用研究》，《图书馆学研究》2012年第10期，第40—42页。

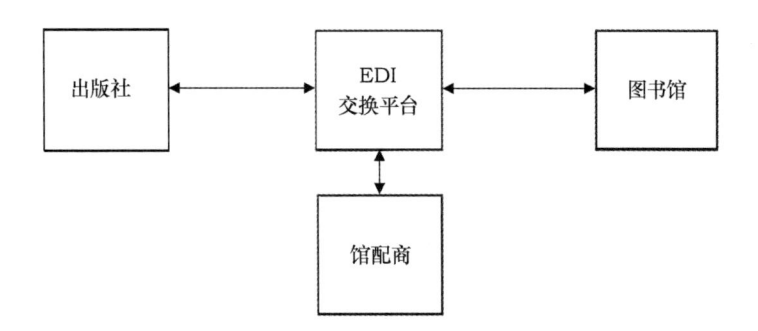

```
┌─────────┐      ┌─────────┐      ┌─────────┐
│  出版社  │◄────►│   EDI   │◄────►│  图书馆  │
│         │      │ 交换平台 │      │         │
└─────────┘      └─────────┘      └─────────┘
                      ▲
                      │
                      ▼
                 ┌─────────┐
                 │  馆配商  │
                 └─────────┘
```

图6—1　出版社、图书馆与馆配商 EDI 对接示意图

采访过程中即可在馆配商平台自动判断馆藏副本是否存在，以避免重复购买等情况发生。在选定书单后，通过在线下单等功能将订单直接传送给馆配商处理。相对于传统发送书单表格，手动挑选或匹配，再由人工录入 ERP 系统处理等操作方式，EDI 对接可有效精简采购流程，提高双方工作效率。同时，数据交换的处理方式，更能发挥电子资源的载体优势，可以通过对接平台迅速完成订购、下发、编目等工作。

需要指出的是，我国各企业、机构技术发展并不平衡，部分中、小型出版社或图书馆并不具备实现对接的技术实力，可能仍需要得到平台商的技术支持。

（二）云平台技术

在大数据环境下，为应对成指数上升的信息量，各机构、组织纷纷借助于云计算等信息技术。云计算，顾名思义，即通过互联网对网络上存在的硬件设备及软件服务进行整合利用，使用泛在的计算机网络形成强大的运算体系及储蓄空间，将待处理程序自动分拆成无数个较小的子程序，交由整合的软硬件系统集群处理，从而得以处理单一计算机难以进行的数据运算及各类服务，并可让各处云计算接入用户都能享受服务。云平台，则是承载云计算，提供云服务的应用载体。在图书馆资源建设及管理领域，越来越多的图书馆开始研究并尝试建立云平台，从而解决智能化管理以及信息孤岛等问题。然而，单一校园或图书馆设立的本地云，主要用于解决校内、馆际管理或读者服务等问题；为联通馆配市场上、中、下游，提高产业链效率，则需要在更高、更广的层面构建一体化云平台。

1. 云平台的应用价值

EDI 对接是链接出版社、图书馆及馆配商，形成自动化管理的基础，而如何有效整合、管理并利用产业链中庞大的硬件、软件以及数据资源，最终形成各类有价值的应用服务，则需要以强大的云平台来承载。

首先，云平台可促进信息的有效沟通和共享。我国众多出版社、图书馆及馆配商间，信息量分布及网络技术水平并不平均，信息资源存在很大差异，市场信息的收集与传递过程中涉及多个层级，沟通效率低且成本较高。比如，对新书出版信息的获取，图书馆一直以来主要依靠《全国新书目》以及馆配商的推送，存在一定的滞后性。相对的，出版社也无法立刻了解其图书销售情况，中间存在多环节的信息收集以及传递过程。因此造成工作效率低，且运营成本较高。对于电子资源来说，更无法发挥其便捷的特点。通过构建纸电同步云平台，可以统一信息流通渠道，精简信息流通过程，使上、下游间都可以快速、准确地了解市场信息，提高工作效率。

其次，云平台可提高资源利用效率，满足用户个性化需求。从本书第四章中可知，读者对信息资源需求的形式、载体以及内容日益多样化，信息资源的总量也成比例迅速上升，如何从信息海洋中提取用户所需的信息及应用模式则是资源利用的关键问题。同时，云环境下，"用户"可以是个人（读者）、组织（图书馆、出版社），甚至一个程序（支撑其他服务），范围更加广泛，具有明显的虚拟性[1]。通过构建云平台，将平台各类程序进行拆分、整合，以形成各种不同的应用，可让在各处接入平台的用户都能享受到其所需要的服务。

最后，云平台可降低资源整合成本。在大数据环境下，众多硬

---

[1] 江涛：《面向用户需求的图书馆云平台个性化服务系统模式研究》，《国家图书馆学刊》2013 年第 3 期，第 30—35 页。

件、软件以及信息资源不平衡地分布在不同的出版社、图书馆以及馆配商之中。若对不同用户的各种需求分别配置基础硬件，构建系统，则难免出现资源配置重复、冗余，且单独构建成本较高。通过构建云平台，则可有效利用软、硬件资源，构建较低成本。大型馆配商可利用其全国性渠道及网络基础设施优势，整合上下游用户，统一配置资源，构建馆配产业云平台，降低用户的使用成本。

2. 云平台的应用模型

云平台的构建可分为三个阶段，虚拟化、平台搭建以及服务提供[1]。

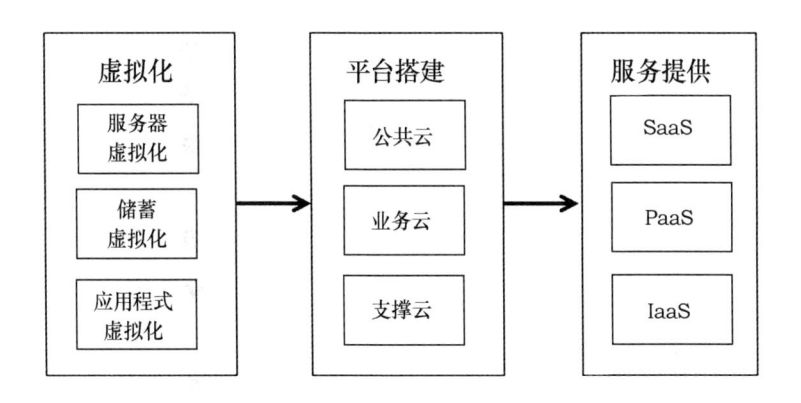

图6—2 云平台构建阶段示意图

（1）虚拟化阶段：虚拟化其实就是把已整合的资源以一种与物理位置、物理存在、物理状态无关的方式进行调用，是从物理资源到服务形态的质变过程[2]。其中包括整合并科学分配服务器的服务器虚拟化；整合各处储蓄资源，建立虚拟储蓄池再有效利用的储蓄虚拟化；以及将应用程序封装为服务的应用程式虚拟化。信息资源的使用权限

---

[1] 鲁俊杰、侯卫真：《面向信息资源整合的电子政务云平台构建研究》，《图书馆学研究》2012年第13期，第36—40页。

[2] 殷康：《云计算概念、模型和关键技术》，《中兴通讯技术》2010年第4期，第18—23页。

控制也需要在虚拟化阶段完成，给予不同角色的用户不同的访问权限。保证相应资源得到有序的使用。

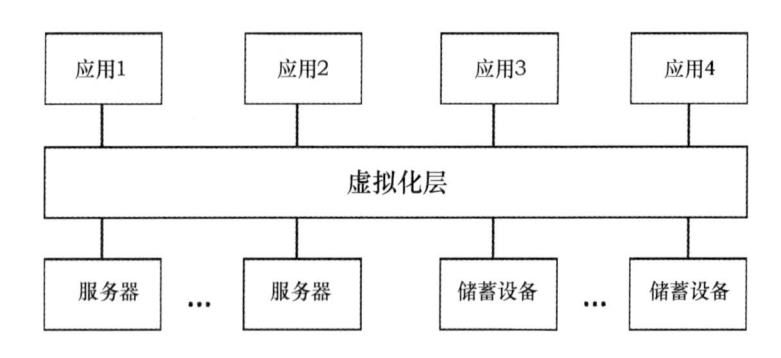

图6—3 虚拟化示意图

（2）平台搭建：此阶段是在基础设备虚拟化的基础上，对相应的资源和数据进行整合的过程，包括公共云、业务云及支撑云。公共云是可让平台各个用户所使用的云，数据可由平台接入用户共享、访问，如图书书目信息、库存状态、有无电子版本等。业务云是为了各用户间相互连接而设立的，需要对应的访问权限，如某一图书馆或出版社。公共云和业务云平台搭建和运行的基本保证是支撑云平台的搭建，支撑云能够为公众云和业务云的搭建和运行提供资源和技术层面的支持。

（3）服务提供：最终阶段即云服务提供阶段，有三大服务模式：基础设施即服务（IaaS）、平台即服务（PaaS）以及软件即服务（SaaS）[1]。

IaaS层将基础设施作为服务提供给用户，平台接入用户通过网络即可利用云平台所整合的服务器、储蓄空间等，进行服务处理。

PaaS层主要面对的用户是开发人员（图书馆/出版社技术部门）。PaaS层将位于终端的开发环境和平台迁移到云端作为服务提供给用户，主要包括以可复用技术组件、中间件形式提供的服务，如用户管

---

[1] 王燕：《基于云服务的数字化校园云平台设计研究》，《长江大学学报》（自然科学版）2013年第22期，第48—50页。

理、安全管理、数据管理和资源管理等。PaaS 层屏蔽底层开发的细节，组装和集成各种中间件，提供统一的开发平台服务。图书馆或出版社可利用这一层自行开发符合自身需求的应用服务。此外，通过 PaaS 层可以对 IaaS 层资源进行按需调度管理。

SaaS 层主要面对的是一般用户（采访老师、读者等）和各种移动终端。这一层将直接面向用户的应用作为服务提供给用户，主要包括应用服务和基础服务。应用服务包括如电子书阅读、读者荐购、纸电图书采购等，以及各种满足图书馆或出版社的个性化需求的应用。而基础服务则主要包括如统一身份认证、馆藏自动查重、资源检索等。

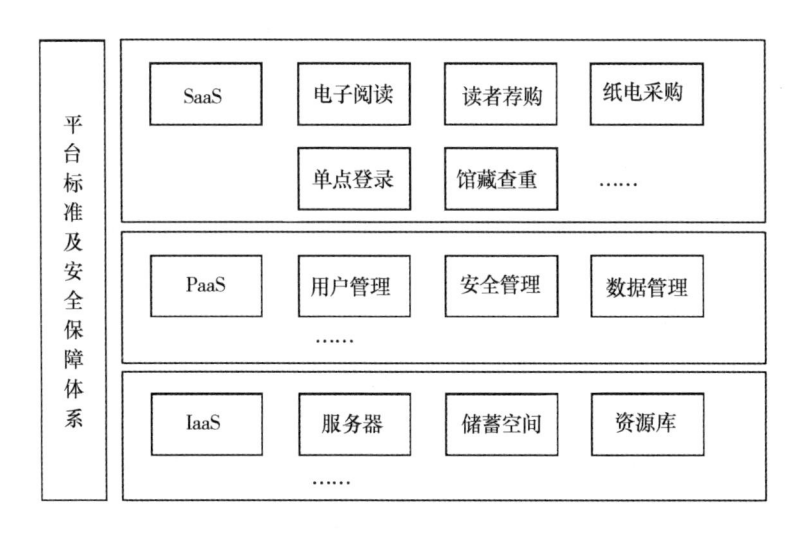

图 6—4　纸电同步云平台模型示意图

（4）平台安全及知识产权保障体系。

云平台的基本模型如图所示（图 6—4），除了上述三种层次的服务体系外，也需要平台标准及安全保障体系贯穿至整个架构，以保证平台信息安全、运作良好。同时，在电子资源供应链中，知识产权保护措施一直以来是出版社等内容提供方所关心的核心问题之一；图书馆也需要有质量保证的电子资源。所以，设计完善的知识产权保护体系也是保证云平台成功运作的关键。

通过云平台体系，各出版社及发行公司的电子资源在 IaaS 层整合，形成资源库；随后经过 PaaS 层的数据管理、安全加密等处理环节，形成分类电子资源；最终在 SaaS 层经用户调取解密，进而可以试读或全文阅读。平台电子资源始终在平台安全保障体系之内，只有拥有授权的接入用户才可以访问，经过平台加密、解密等技术保障，才可以使用、阅读。由此，电子资源的知识产权得以有效保障，出版单位才有信心供给电子资源，促进电子出版的良性发展。

3. 云平台的应用实践

我国的主要馆配商在馆配电子书领域都做出了不同形式的探索与实践，并已经取得了一定的成效，如北京白云公司的畅想之星，超星电子书等，多以电子书库的形式打包销售。湖北三新也创办了"田田网——中文纸电同步平台"，力推纸电同步采购的馆配模式。然而，这些实践尝试仍停留在提供图书资源，支持图书馆文献资源建设的传统合作模式上，过去馆配市场所存在的问题也并没有得到根本解决。

实际上，有研究早已指出，馆配商并不生产内容，馆配商的价值主要体现在其所提供的服务上，"衡量馆配商服务水平的高低归根到底还是要看是否能和各图书馆的个性化需求相吻合"[①]，这才是馆配商生存与发展的关键。而当前图书馆的工作重心逐渐由"资源建设"转向"读者服务"方向。所以，纸电同步云平台的构建不仅需要满足图书馆纸质、电子图书采购需求，更需要考虑并满足用户（特别是读者），实际使用中的一系列需求。

首先，纸电同步云平台须提高读者在信息资源建设中的作用。在传统的采购模式中，图书的选择主要通过馆配商推荐，及图书馆采访人员的挑选。双方主要依赖工作经验及专业知识做出判断。然而，读者才是最终的使用者，读者的需求决定图书的选择，也是出版方、馆配商、图书馆的终极服务目标。因此，需建立读者荐购系统，将读者

---

① 崔波：《高校图书馆与馆配商互利共赢的思考》，《图书馆工作与研究》2009 年第 10 期，第 28—32 页。

决策采购等整合到纸电同步平台。在产品设计中应充分考虑读者的使用习惯，例如，

（1）便利的检索系统：方便读者检索全平台纸、电图书书目。完善图书题名关键词搜索、模糊搜索等，以符合一般读者的使用习惯。而采访人员则倾向于以 ISBN 检索。

（2）直观的图书分类：以学科分类图书，而不是中图法。后者也更适合图书馆工作人员。

（3）网页在线阅读：电子图书可通过浏览器在线阅读，无须使用阅读器等客户端，提高使用的便利性。读者可先试读再对图书馆做荐购。

其次，纸电同步云平台需满足不同用户接入的便利性。图书馆、出版社、馆配商以及读者，对于云平台服务的需求点各不相同。云平台可通过统一认证系统对用户身份做出判断，并开放相应的服务内容；同时支持用户通过不同终端接入云平台（PC 网页浏览器、移动 App、微信页面等）。

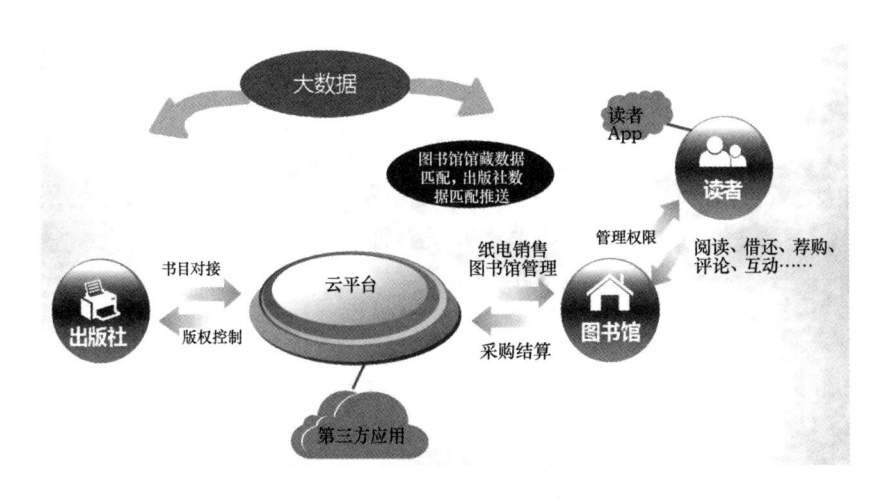

图6—5 云平台功能示意图

最后，云平台可根据客户的个性化需求提供应用扩展。除了云平台的主要功能外，还可通过 PaaS 层所提供的开发工具及环境，二次

开发新的应用及服务,以满足图书馆、读者不断变化的实际需求,例如,图书的转借、读者互动等功能。

(三) App 开发技术

App 即为 Application 的缩写,意为应用程序。现在特指为智能手机、平板电脑等移动设备开发的应用程序或手机客户端。近年来,随着移动互联网技术,如 4G 网络的迅速普及;同时移动智能设备的性能逐渐达到甚至超越 PC 的水平,人们的生活习惯发生了极大的改变。截至 2016 年 12 月,我国手机网民数量已达到 6.95 亿人,较 2015 年年底增加 7550 万人;网民中使用手机上网的人数达到 95.1%;微信阅读成为手机阅读的首选项目[①]。近年来,移动 App 开发业务蓬勃发展,在数字阅读领域,已有如掌阅、熊猫看书、百度阅读、QQ 阅读等多种成功 App。移动 App 开发技术已经成熟,足以应用于馆配行业,形成云平台服务的重要接入点。

1. 移动 App 的开发模式。

移动 App 主要有三种开发模式:Native App(原生开发模式)、Web App(网页开发模式)以及 Hybrid App(混合开发模式)[②]。

(1) Native App 开发模式。

Native App 开发模式又称为本地开发模式,或传统型开发模式。这种模式是基于本地操作系统运行的 App 应用程序。所以在开发过程中,工作人员需要针对不同的手机操作系统,如 IOS、Android 等,采用不同的语言及框架进行开发。

Native App 开发模式的优势在于,其应用程式位于平台层上方,下行访问及兼容能力良好。这种模式可以充分利用设备的资源,提供良好的交互式体验,如支持在线/离线消息推送等,还可以调用硬件设备资源(摄像头、麦克风等)。

[①] 中国互联网络信息中心:《中国互联网发展现状统计报告》,2017 年。
[②] 李莉、张超然、刘丹、李纪成:《移动 App 开发模式研究》,《长春理工大学学报》(自然科学版) 2016 年第 5 期,第 110—114 页。

然而，Native App 开发模式的开发周期较长，且成本较高，开发人员需要对不同的系统进行匹配，不易在平台间移植，维持多个版本更新的成本高昂。

（2）Web App 开发模式。

Web App 开发模式是基于浏览器的开发技术，如 HTML5 等；即是对移动设备特殊优化后的 Web 站点，用户无须安装程序。Web App 一般包含 HTML5 云网站和 App 应用客户端两个构成部分。Web App 每次呈现即调用云端数据，对于用户来说只需要安装应用框架。因此，Web App 开发具有跨平台的特性，且开发周期短，更新方便。然而，Web App 对网络有依赖性，在离线环境无法使用；对设备的硬件资源的调用能力较弱，用户交互性较弱。

（3）Hybrid App 开发模式。

Hybrid App 开发模式，顾名思义，是由 Native App 开发模式和 Web App 开发模式衍生而来，整合了前两种开发模式各自的优点。表面上比较接近 Native App，但在实际程序中是访问的一个 Web App。百度提出的 Light App 就是基于这种模式的变种，即轻量级应用，是一种基于平台级手机客户端而产生的服务；开发门槛低、占用系统资源少；体验优于 Web App，比 Native App 轻但能实现等同 Native App 的丰富功能和精致交互体验[①]。当前，国外一些主流 App 均采用 Hybrid App 模式进行开发。

表6—1　　　　　　　　App 开发模式比较[②]

	Native App	Web App	Hybrid App
模式构成	云服务器数据、App 应用客户端	HTML5 云网站、App 应用客户端	整合 Native 和 Web
开发语言	原生语言 ObjectC、Java、net 等	网页语言 HTML5 + JS	网页或原生语言

---

① 杨毅：《移动 App 开发模式探讨》，《福建电脑》2014 年第 6 期，第 86—87 页。
② 顾春来：《App 应用程序开发模式探究》，《硅谷》2014 年第 5 期，第 35—36 页。

续表

	Native App	Web App	Hybrid App
向后兼容性	差	好	好
优势	用户交互体验佳；可调用终端设备	跨平台开发，成本低；简便，无须安装	较好的用户体验；较低的开发及维护成本
劣势	开发和维护成本高；需本地安装软件包	用户交互体验差；无法调用终端设备	开发框架较多，难以选择
市场机遇	高频应用前景较好，但长尾效应明显	因用户体验差，且现阶段尚无法解决利润分成问题，市场前景堪忧	虽处于初期阶段，但市场前景看好，开发者广泛看好

2. 移动 App 的应用实践

我国企业在数字出版领域有过多种尝试，从早期电子阅读器的昙花一现[①]可以看出，内容资源才是数字阅读领域的核心。随着智能手机及平板电脑性能与功能日益强大，App 与电子书的结合已是数字阅读的成熟形态。手机阅读以轻阅读为主，如起点文学、熊猫看书等以原创网络文学为主要内容的 App，现已拥有了庞大的用户量。近年来，正版图书阅读的势头也逐渐成形，不少出版社纷纷试水图书 App。除与互联网企业、运营商合作外，出版社也可选择推出自己的 App；通过自主研发、委托研发或者合作研发等渠道推行阅读 App。

然而在实践过程中，也暴露出来不少问题。主要表现在：第一，与其他企业跨界合作时，其模式类似于寄销，出版社自主性、参与性不高；第二，自行发布 App，研发成本高，往往投入大于产出；第三，盈利模式不清晰，网络阅读长期以来形成的免费模式，使得推行正版图书付费阅读有相当的难度，需要一定过程；第四，存在内容授权问题以及整合困难，出版社对数字出版仍有犹豫，不会开放所有图书的电子授权，而且用户实际需求面广，需要一个能整合所有图书的 App，但各家出版社间互相竞争，难以进行整合。

---

① 郭晶、张志强：《我国出版社 App 类电子出版物的发展历程及其评价》，《科技与出版》2014 年第 2 期，第 66—69 页。

由馆配商主导开发、发布正版图书 App 是一种可行的操作模式。

首先，由本书第四章可知，手机阅读的主要群体集中在 18—29 岁的年龄层，与高校图书馆读者群体高度重合，与公共图书馆读者也有一定的交集。正版电子图书阅读也是馆配市场所覆盖的领域。以图书借阅 App 向读者推广，可形成一个市场切入点。

其次，App 内容由馆配商渠道供给，由图书馆向出版社购买资源，出版社利益得以保证，同时读者无须承担费用，即可阅读有质量保障的电子图书。同时，通过馆配商的渠道，结合纸电同步云平台，可整合全国出版社图书资源，让读者有较广的选择范围，而仅需安装一种 App。相对于图书馆自行推出移动图书馆 App，馆配商可有效控制开发成本。另外，除电子书借阅外，App 中可集成图书荐购、PDA、图书借还、转借等多种图书馆服务功能，提高用户黏性。同时兼顾图书馆采访人员选书、现场等文献采访功能，通过身份识别给予权限，形成纸电同步平台的主要接入点之一。

不少馆配商已开发出移动图书馆 App，如超星移动图书馆、三新田田阅读、人天畅想阅读等，在读者群体间已形成一定的装机量。

二　纸电同步中图书馆与馆配商的合作方式

网络信息技术的突飞猛进为构建产业链一体化平台提供了坚实的基础，让实现馆配行业上、中、下游企业以及终端用户的互通互联成为可能。图书馆与馆配商的新的合作领域，在探索纸、电图书采购的新模式的同时，也需寻找解决馆配产业现存问题、提升双方合作效益的途径及方式。诚然，各出版社对数字出版表现出的态度不一，部分积极产出电子图书，逐渐提高自身纸电图书同步率，而部分出版社仍有所顾虑，在数字出版上抱有观望姿态，所能提供的电子图书品种有限，或年代久远。因此，在纸电同步领域的合作实践中，图书馆与馆配商在探索的过程中有多种合作方式，且处于各阶段合作方式并存的局面。

（一）买纸赠电

在项目开展初期，为顺利推行新平台、新模式等，馆配商可在征得版权方同意的情况下，通过促销、季度优惠、平台试用等形式，推行"买纸赠电"的采购方式，吸引图书馆参与。图书馆在购买馆配商纸质图书后，馆配商按一定规格赠送一批电子书或开放部分电子书使用权限给图书馆。图书馆在花费相同的采购经费基础上可获得额外的电子图书资源。

在这种合作模式中，馆配商的主要目的是推行自身开发的新平台，让图书馆及其读者提前体验、试用、评估其平台，并获得市场反馈，对完善、修改平台，推出有价值的产品有着重要作用。其操作模式可分为两种：打包赠送；电子书关联。

1. 打包赠送

在纸质图书签约合作后，馆配商按事先的约定，提供一批电子书，学科范围及品种一般由馆配商自行预设，一并打包提供给图书馆。根据供应电子书的形式及载体的区别，又可分为两种模式。

第一类，电子书文件存储在馆配商云服务器中，图书馆通过馆配商配给的专属账号登入，或通过馆配商开放的 IP 段访问其电子书平台；再经由平台在线阅读或下载阅读电子书。这种模式是馆配商比较推崇的模式。原因在于：一方面，电子书在加密系统中的存在形式是程序代码，其价值体现于其内容在互联网环境下，可以随时随地获取。通过云平台，拥有权限的用户即可访问，读者可以随时借阅随时阅读，这是电子图书相对于纸质图书来说最明显的优势。同时，云端访问实施部署方便快捷。另一方面，云端访问的方式，可以有效保障电子书及云平台的源代码安全，是知识产权保护的重要措施。

第二类，在部分图书馆用户网络系统等客观条件不允许的情况下，馆配商可提供电子书的本地镜像。部分馆配商可以提供电子书原文件，然而这部分资源往往年代较久，品种的专业性也较欠缺。我国大多数馆配商的电子图书仍需通过其平台系统解密后阅读，而部署本地镜像需安装本地系统,并需要经过一系列保密及匹配处理,存在一定的技术难度,且比较耗时。

2. 电子书关联

在纸质图书签约合作后,按照一定的比例赠送部分纸质图书的电子版本。为平衡出版社及馆配商自身利益,赠送的品种数量、金额都会有严格控制。图书馆可以选择哪些图书需要提供电子书。电子书的提供通常会滞后纸质图书一定时间。这种模式因为存在较多的条件限制,且馆配商需要承担的费用相比前一种模式较高,因此在合作实践中并不常见。其交付模式则与前一种模式相同。

无论以何种合作方式,馆配商为平衡出版社以及自身的利益,对免费提供的电子书品种、数量、出版年份等方面都有一些控制,一般不会提供最新出版的图书,从而将成本控制在可接受的范围内。图书馆并不能直接参与图书品种的选取。然而对于部分急需扩充电子书馆藏数量,或者有意向使用馆配商新平台的图书馆,买纸赠电则是一种比较经济的合作方式。

目前,馆配商电子书平台尚处于发展初期,在功能与使用体验上存在较多问题,在图书馆试用过程中逐渐被暴露出来。然而,正是需要通过图书馆采访人员的直接反馈,馆配商才可能对产品做出准确的修改、完善,最终推出符合市场需求的产品。

(二) 纸电捆绑

"买纸赠电"主要为馆配商促销推广的临时性措施,对于纸质、电子图书的常规采购,则需要更为良性的合作方式。而实现纸电同步采购、形成畅通产业链的第一步则是让内容提供方——出版社,看到在电子书销售的起步阶段,其整体销售收入可以增长,以增加出版社对数字出版的信心。其操作方式即为"纸电捆绑"销售,图书馆在采购纸质图书的同时也需购入相应的电子图书,电子图书通常会滞后纸质图书6—12个月交付。

在这种合作方式下,图书馆购入纸质图书后,要求馆配商在6—

12个月内交付相应的电子书。具体细节方面，如全部交付或部分交付，以及哪些品种需要匹配电子书，则根据图书馆需求以及双方的约定而决定。图书馆亦可根据纸质图书的借阅率来选择需交付电子版本的图书品种。电子书的定价策略则会权衡出版社定价策略及馆配商情况而定。在图书采购量达到一定规模的情况下，目前，国内的电子书通常在纸质书定价基础上打折销售。正常来说，对于新出版的图书的电子版，馆配商难以提供较优惠折扣出售给图书馆，否则馆配商需要在其他方面控制成本，以避免亏损。总体看来，纸电捆绑销售可以使出版社电子书销售实现盈利，而图书馆的电子图书招标和定价模式也可以确定。客观上，图书馆在这个阶段需要花费额外的费用购买图书电子版本，而总的品种数没有增加。而需要注意的是，在早期电子书以数据库销售的阶段，由于盗版横行，图书馆已经获得了极大优惠，全世界仅有在中国可以以这样低廉的价格大规模采购电子书，这也是导致出版社对数字出版望而却步的罪魁祸首。另外，通过对图书纸、电复本数量的再分配，也可以有效控制图书馆经费。

以湖北三新"田田网"纸电采购方案为例，A图书馆2016年采购《平凡的世界》一书的纸质本3本，单本实洋60元，共计花费180元。采购后此书受到读者欢迎，3本供不应求。不久后，其中1本被读者不慎遗失，另外两本作为馆藏读本不再支持外借。

B图书馆2016年采购《平凡的世界》一书纸质两本、电子书1本（即5个并发数，可同时满足5个用户访问），单本实洋60元，共计花费180元，实际得到7个（2本纸质+5个电子并发）副本。两本纸质副本用于馆藏，5个电子并发作为外借资源。读者可直接通过自己对应的读者证登录账号，在有移动网络的手机上登录B图书馆查询、借阅对应的电子资源。借阅到期后，系统会自动回收电子书的阅读权限，无须读者还书。图书馆采购费用相同，而最终达到的效果则明显不一样。

电子书的交付模式也与前一种合作方式一致，分为在线访问和本地镜像等。笔者在"田田网"的试用实践中发现，一些图书馆对所购买的电子书有"本地保存"的需求,认为储存在本馆才算"拥有"电子书。因此,一些完全可通过网络在线访问使用资源的用户,也希望通过本地镜像的交付方式使用;而实际部署中则会出现无合适服务器,平台装在本地后无法更新等一系列问题。电子书的所有权问题由来已久,图书馆购买电子书后,是真正拥有其内容,还是购买的"访问权",似乎难以界定。通过对 Apple 或 Google 的 App 应用商店,以及亚马逊电子书的对照可知,国际上用户购买知识类数据产品后,其内容或程序即存在于用户账号下,仅在用户使用时下载(安装)到相应平台(如 Apple 的 IOS 系统,Google 的 Android 系统,亚马逊的 Kindle),而知识产品无法脱离其平台使用(否则仅是一段数据)。电子书所有权的形式的界定,不仅需要图书馆、出版社以及馆配商在观念上突破纸质书实体的传统思维,更需要三方共同制定出统一的标准,对馆配行业作出规范。

(三)纸电融合

随着"纸电捆绑"被越来越多的图书馆接受,出版社也可看到电子书销售的前景,对数字出版的兴趣越来越大,"纸电同步"则会水到渠成——出版社同步发行图书纸质及电子版本,图书馆在采购时按需求选择购买纸质或电子版本的图书,或者二者同时采购。电子书的定价也将趋于合理及规范化。

然而,从整个市场来看,我国馆配商平台的电子书状态还远远没有达到纸电同步的成熟条件,很多对数字出版表现积极的出版社,也只能做到 50% 的纸电同步率[1],如人民邮电等,很多出版社虽然在生产上可以达到 90% 以上的纸电同步率,但仍然只授权纸质书与馆配商充分合作,因此各馆配商对电子图书的拥有量也参差不齐。相比之下,2012 年美国前 6 大出版商已经实现了 93% 的同步出版率。从局

---

[1] 《"纸电同步"成趋势,阅读革命真的要来了》,网易网,2016 年 12 月 15 日,http://money.163.com/16/1128/06/C6UHRCU0002580S6.html。

· 177 ·

部来看，部分出版社及发行公司近两年纸电同步率增长迅速，2016年，馆配商平台的纸电同步图书总量相比 2015 年增长了超过 60%[①]，市场已保有了一定规模的纸电图书品种量。因此，在当前情况下，以"纸电融合"的模式逐步向"纸电同步"迈进，是双方合作实践的现实之举。[②]

"纸电融合"可视为"纸电捆绑"的增强与拓展。相比后者的固定式销售方案，"纸电融合"在纸电图书同步率、纸电图书选择及复本分配的灵活度、电子书交付周期、图书馆与馆配商的信息交互程度等方面，都有很大提升。

以"田田网"的平台模式为例，湖北三新技术人员会事先与图书馆馆藏及读者信息进行平台对接。图书馆采访人员可从湖北三新自建的图书书目库检索图书信息。检索方式可通过中图法分类检索，或采用 ISBN、关键词等；亦可通过出版社分类以及参考三新推送书单。选择某一种图书后，可在图书详情页面看到本馆是否已有馆藏（纸质或者电子版本），同时可查看图书介绍、MARC 等信息。有电子版本的图书则可试读部分内容，方便采访人员做出全面的判断。选定图书后即可加入购物车。操作体验与京东、亚马逊等电商平台基本一致。

同时，读者也可通过荐购的形式，向图书馆推荐图书。选定图书后，也可看到本图书馆的馆藏是否已有该图书（纸质或者电子版本）。读者也可看到该书基本信息及介绍，并可试读。荐购成功后，图书馆工作人员即可在后台进行相关操作，加入购物车。荐购规则由图书馆自定义，包括学科范围、价格范围、纸质或电子版本等。

在平台购物车中，图书馆采访人员即可进行相应管理操作了，如设定采购的纸质或电子图书的复本数量，统一查重等。对于存在电子版本的图书品种，图书馆即可进行纸电同步采购。在订单确定并提交

---

① 《电子书走出低价时代，纸电同步促进图书阅读》，人民网，2016 年 12 月 18 日，http://media.people.com.cn/n1/2017/0110/c40606—29010763.html。

② 袁芳：《从融合到同步——馆配电子书市场的发展构想》，《出版发行研究》2016年第 7 期，第 87—89 页。

至馆配商后,馆配商根据订单书目在后台下发至各出版社,进入图书配货流程,电子书可立刻下发至图书馆。

通过纸电融合的合作方式,对于部分图书,图书馆即可达到纸质版与电子版一一对应的采购效果,并迅速得到交付;同时,采用馆配商的采购平台,可以简化传统图书采购流程,特别是书目信息、订单信息的交互传递,全部由系统自动完成,这也提高了双方工作效率。

三　纸电同步合作效益模型的构建

图书馆与馆配商通过纸电同步领域的合作所产生的效益水平,除了从平台构建的市场背景、技术框架,以及合作方式上阐述分析外,也需要建立效益评估模型,从量化的层面评估、分析双方在该领域中合作的切实效果。评估纸电同步的合作效益,也可借助"成本—收益"分析方法,通过对双方在合作中产生的成本及收益的界定、量化及比较分析,最终得出双方在该领域合作的效益状况。

"买纸赠电"的合作方式主要存在于平台推广试用阶段,其操作模式与传统纸质图书采购差异较小(电子书包相当于赠品)。所以在效益分析中,主要考虑"纸电捆绑"及"纸电融合"的采购合作模式。

(一)纸电同步合作的成本、收益界定

纸电同步是图书馆与馆配商在新的市场环境下改善组织效率、降低运营成本,提高信息资源建设质量及读者满意度的探索及创新。然而在新的合作方式可能带来预期收益的同时,图书馆及馆配商也需对这种新的合作承担相应的成本及风险。若以图书馆与馆配商的常规/传统图书采购模式(未开展纸电同步合作)为基准,则在纸电同步的合作中就会产生新的成本及收益。

1. 成本的界定

首先,从前文所述纸电同步的各阶段合作方式可知,在新的合作领域，电子书需要依托馆配商的网络平台存在或被使用；电子书的价值无法脱离馆配商平台体现。因此，无论采用何种合作方式，图书馆都需要与馆配商平台进行对接，接入云端来使用相应资源。在这个过程中，图书馆就需要付出人工及设备成本来完成对接。在对接完成之后，也需要由工作人员学习（或接受培训）平台使用方法。而馆配商此时则需要付出人工帮助图书馆完成对接并提供培训。

其次，图书馆采访人员需要花费时间使用平台完成纸、电图书的采购，即流程成本。在"买纸赠电"的合作方式中，采访人员只需挑选纸质图书；而在"纸电捆绑"的合作方式中，采访人员则需花费额外的工作量来决定哪种图书需要匹配电子书；在"纸电同步"的合作方式中，采访人员几乎同时对纸质、电子图书做出了挑选，其消耗的工作时间应与第一种模式近似。与此同时，馆配商则需要承担平台的运维成本。

最后，图书馆在图书采购的活动中付出了相应的采购经费。相对的，馆配商则需要投入研发成本以及对图书资源的采购成本。

2. 收益的界定

首先，通过新的合作方式，双方的工作效率得到提升，完成同样图书采购工作所花费的工作时间相对传统图书采购模式有一定的减少量。这部分减少量即收获的时间价值。

其次，通过新的合作方式，采访人员通过在线平台即可完成采购任务，会减少前往馆配商仓库现采的次数，则图书馆采访人员可节省部分差旅相关费用。相应的，馆配商则节省了接待现采人员的部分成本。需要指出的是，馆配商每年举办的图博会，不仅是图书馆采访人员集中现采活动，也是馆配产业上、中、下游相互交流、拉近关系的重要盛会，所以在开展新领域合作的同时，馆配商很可能继续举办图博会等大型活动，因此所产生的成本及收益并不会受纸电同步领域的合作的影响。所以，这里主要减少了部分图书馆临时性、突发性、个别性的现采活动所产生的成本。

再次，在读者使用平台荐购功能时，在严格制定的荐购规则下（若没有制定良好的荐购规则，则荐购效率将大打折扣，这部分将为馆配商培训的主要内容之一，已计入培训成本中），所荐购的图书应该能够达到图书馆采购条件，无须采访人员再做甄别，从而可达成一部分的采购任务。由此，采访人员本应花在这部分图书采购上的工作时间得到了节省。

最后，图书馆在每年固定经费标准内，采购到了单位品种、数量的纸质、电子图书。由于纸电同步领域的合作的侧重点主要在于对工作流程的优化，以及对电子书采购模式的创新，而不在于对价格和折扣的更多优惠，图书馆使用单位经费所能采购到的同种图书的数量与传统采购模式相比，应为一致的。然而，由于电子书单一复本包含 5 个并发，则实际图书馆可外借的图书复本数得到了提升。当然，在采购经费固定的情况下，新的合作模式中存在的纸质、电子图书采购复本的再分配，会对最终采购到的图书品种及数量产生影响。相应的，馆配商在合作中则可以通过图书销售获得现金收入。

3. 纸电同步合作的成本、收益表

综上所述，已对纸电同步合作中，图书馆及馆配商各自产生的成本，以及可获得的收益做出了界定。需要指出的是，单一图书馆通常同时与 1—3 家馆配商建立合作。而对于馆配商来说，平台的前期研发成本、运维成本等较高，需要提高用户基数以冲抵成本，达到营利。因此，在研究双方合作效益时，则不能简单地以一一对应的模式评测；否则，仅馆配商的研发成本一项，就很可能远大于与某一家图书馆合作的收益。二者的合作效益应分别计算：图书馆的效益，可以单一图书馆与单一馆配商所开展的纸电同步合作为研究背景；而馆配商的效益，则应按其与馆配市场内潜在客户的充分合作为研究背景。图书馆、馆配商成本—收益见表 6—2 及表 6—3。

表6—2　　　　　　　　　　图书馆成本—收益

	项目	描述
成本	平台对接及学习成本	图书馆人员进行平台对接，以及接受馆配商培训及测试平台所付出的时间成本
	平台使用成本	采访人员使用平台采购所花费的时间成本
	图书购置经费	总经费＝纸质书经费＋电子书经费
收益	工作效率的提升	常规采购工作所花费的时间
	采访成本的节省	现采工作中的费用节省
	荐购所提升的采购效率	工作时间的节省
	采购到的图书品种及数量	实际可外借的图书复本数的提升

表6—3　　　　　　　　　　馆配商成本—收益

	项目	描述
成本	平台部署及培训成本	随着合作规模扩大而上升
	平台运维成本	随着合作规模扩大而上升
	资源购置成本	随着图书销售额扩大而上升
	平台研发成本	在一个固定的区间
收益	工作效率的提升	常规采购工作所花费的时间，随着合作规模扩大而上升
	图书销售额	通过图书销售而获得的现金收入，随着合作规模扩大而上升

（二）纸电同步效益的评估模型

建立纸电同步效益的评估模型，则首先需要对成本—收益框架中各项目进行量化统一，转换成为可以测算的价值量。

1. 图书馆纸电同步效益模型

由前述的成本—收益表可知，新合作方式除图书购置经费及研发成本等可直接用总价格衡量的项目外，主要体现在工作量的消耗或节省上。对于这部分的成本的界定可通过对时间价值的衡量来测度。当图书馆工作人员为使用馆配商平台，而接受馆配商培训或者对平台进行测试时，则显然该工作人员不可能进行图书馆业务的其他工作，如图书编目等。因此，该工作人员需要花费额外的工作日才能完成之前积压的工作任务。这些工作（如图书编目等）的价值往往难以直接衡量，然而可通过对工作人员日薪（这里采用日薪比小时薪资更容易计算）的计算来测度，这是时间价值测度最基本以及最常用的方法[1]。则某项工作任务的价值即为，一名（或若干）图书馆工作人员完成该工作所需的工作日与其日薪的乘积。所以，在纸电同步中图书馆所付出的工作时间，以及平台采购相对于传统采购所节省的工作时间也可等价为这种时间价值。

即，时间价值＝工作人员日薪×该项工作所耗费的工作日。

因此，若图书馆工作人员平均工资为 W_1，新平台的对接及学习消耗时间为 T_0，使用平台采购单位经费所需的时间为 T_1，常规采购工作所花费的时间为 T_2，则：

（1）平台对接及学习成本＝$T_0 \cdot W_1$

（2）平台使用成本＝$T_1 \cdot W_1$

（3）工作效率的提升＝$T_2 \cdot W_1$

图书馆购置经费中包含纸质及电子书的购置经费。若总经费为 B；纸书平均价格为 P_0，采购数量为 N_1；电子书平均价格为 P_1，采购数量为 N_2，则：

（4）图书购置经费：$B = P_0 \cdot N_1 + P_1 \cdot N_2$

此外，在读者使用平台荐购功能的情况下，可以进一步节省图书采购所需消耗的工作量。当荐购的纸质图书馆数量为 N_3，电子书数量为 N_4，荐购的总价值为 $P_0 \cdot N_3 + P_1 \cdot N_4$。若读者没有使用荐购，则图书馆采访人员就需要花费相应的工作时间来完成。采访人员采购效率为 B/T_1，则：

（5）荐购所提升的收益＝$T_1 (P_0 \cdot N_3 + P_1 \cdot N_4) / B \cdot W_1$

另外，图书馆在纸电同步采购中，一个复本的电子书一般存在 5 个并发数。当一个复本电子书的价格与一本纸质图书价格一致时（如

---

[1] 乌家培、谢康、王明明：《信息经济学》，高等教育出版社 2007 年版，第 144—157 页。

最新出版的图书,电子书无额外折扣的情况),则一个复本的电子书的使用价值(外借的能力)等于5本纸质书的价值,即若都购买纸质图书,则需要5个复本才能达到一个复本的电子书的效果。而实际上电子书较纸质书可能仍有额外的折扣或价格优惠,且电子书借阅的便利性更高,则一个复本的电子书的价值至少等于5本纸质书的价值。图书馆由纸电同步合作购入图书的实际使用价值,至少等于$P_0 \cdot N_1 + 5P_0 \cdot N_2$,则:

(6) $P_0 \cdot N_1 + 5P_0 \cdot N_2 = B - P_1 \cdot N_2 + 5P_0 \cdot N_2 = B + N_2(5P_0 - P_1)$

综上所述,图书馆成本—收益各项量化指标见表6—4:

表6—4　　　　　　　　图书馆成本—收益量化指标

	项目	量化模型
成本	平台对接及学习成本	$T_0 \cdot W_1$
	平台使用成本	$T_1 \cdot W_1$
	图书购置经费	$B = P_0 \cdot N_1 + P_1 \cdot N_2$
收益	工作效率的提升	$T_2 \cdot W_1$
	采访成本的节省	C_1
	荐购所提升的采购效率	$T_1(P_0 \cdot N_3 + P_1 \cdot N_4)/B \cdot W_1$
	实际可外借的图书复本数的提升	$B + N_2(5P_0 - P_1)$

则图书馆纸电同步的效益模型为

$$Y = B + (5P_0 - P_1)N_2 + T_2W_1 + C_1 + \frac{T_1(P_0N_3 + P_1N_4)}{B}W_1 - B - T_1W_1 - T_0W_1 = C_1 + (5P_0 - P_1)N_2 + \left\{\left[\frac{P_0N_3 + P_1N_4}{B} - 1\right]T_1 + T_2 - T_0\right\}W_1$$

(公式3)

2. 馆配商纸电同步效益模型

在馆配商方面,随着合作图书馆数量的增加,各项成本及收益将发生变化。因此,在研究馆配商效益的时候,需要考虑用户数量,即添加一个系数：N。另外，馆配商在单位规模的服务能力、供给能力是有限度的，当用户数量超过这一限度时，馆配商则需要扩大规模以提高供给能力。在研究环境中，为剔除外界因素的干扰，可假设馆配商能够顺利地提升规模，即随着用户数量的增长，馆配商的成本及收益可以均匀地增长。

在前文中，本书采用工作人员的日薪与工作时间的乘积定义了某项工作的时间价值。同样的，馆配商所花费或节省的工作时间也等价于这种时间价值。另外，馆配商在平台部署与培训方面所花费的工作时间，应与图书馆接受平台对接及培训所占用的工作时间有对应关系。所以，馆配商的平台部署及培训时间也可近似为 T_0。当馆配商工作人员日薪为 W_2，则：

（1）平台部署及培训成本 = $T_0 \cdot W_2 \cdot N$

在云平台运维上，除保持平台运行所必要的设备、电力、网络服务费用等固定成本外，随着用户数量的提升，平台的服务器、网络负载也相应提升。当平台运作的固定成本为 FC_1，可变成本为 VC_1，则：

（2）平台运维成本 = $FC_1 + VC_1 \cdot N$

资源购置成本与合作图书馆所采购的图书品种及数量有关。一家馆配商通常只占有部分市场，且每家图书馆的具体采购经费、建设目标不同，最终成交的价格及品种、数量可能存在较大差异。为方便计算，则可以图书馆平均采购规模为基准。由此，可近似得出馆配商在这一年中的资源购置成本。以前述图书馆的采购标准做对应，当馆配商纸质图书的平均购入价格为 $P_0{}'$，电子书平均购入价格为 $P_1{}'$，则：

（3）资源购置成本 = $(N_1 \cdot P_0{}' + N_2 \cdot P_1{}') N$

平台研发成本一般来说在一个固定的范围内，则：

（4）研发成本 = FC_2

而在收益部分，馆配商通过平台提高了工作效率，节省对每家用户服务所需的工作时间，即传统采购方式中所花费的工作时间：T_i，则：

(5) 工作效率的提升 = $T_i \cdot W_2 \cdot N$

由于馆配商的平台服务通常是免费提供，则其主要的收入来源为图书销售而获得的现金收入，即销售额。当每家用户平均消费金额为 B，则：

(6) 图书销售额 = $B \cdot N = (P_0 \cdot N_1 + P_1 \cdot N_2) N$

综上所述，馆配商成本—收益各量化指标见表6—5：

表6—5　　　　　　　馆配商成本—收益量化指标

	项目	量化模型
成本	平台部署及培训成本	$T_0 \cdot W_2 \cdot N$
	平台运维成本	$FC_1 + VC_1 \cdot N$
	资源购置成本	$(N_1 \cdot P_0' + N_2 \cdot P_1') N$
	平台研发成本	FC_2
收益	工作效率的提升	$T_i \cdot W_2 \cdot N$
	图书销售额	$B \cdot N = (P_0 \cdot N_1 + P_1 \cdot N_2) N$

则馆配商纸电同步的效益模型为

$$\begin{aligned} Y_1 &= T_i W_2 N + BN - T_0 W_2 N - (FC_1 + VC_1 N) - (N_1 P_0' + N_2 P_1') N - FC_2 \\ &= T_i W_2 N + (P_0 N_1 + P_1 N_2) N - T_0 W_2 N - (FC_1 + VC_1 N) - (N_1 P_0' + N_2 P_1') N - FC_2 \\ &= [(T_i - T_0) W_2 + (P_0 - P_0') N_1 + (P_1 - P_1') N_2] N - VC_1 N - FC_1 - FC_2 \end{aligned}$$

（公式4）

（三）纸电同步效益模型分析

在得出双方合作的效益模型后，则可以开始进行效益分析。对于合作中存在的各种情况，需要对模型中的变量做出相应的设定，再进行分析探讨。

1. **图书馆的效益分析**

在图书馆的效益模型中，当图书馆图书采购总量为 B 时，对应的传统采购所需花费的工作时间 T_2，现采花费 C_1，所能完成的采购量

N_1 及 N_2，以及工作人员平均日薪 W_1，均为定值。即需要讨论的是纸、电图书售价 P_0、P_1，以及荐购图书数量的情况。而一般情况下，读者荐购量将小于等于图书馆采购总量，同时大于或等于0（没有读者荐购的情况），即 $0 \leq P_0 \cdot N_3 + P_1 \cdot N_4 \leq P_0 \cdot N_1 + P_1 \cdot N_2 = B$，则：

$$0 \leq \frac{P_0 N_3 + P_1 N_4}{B} \leq \frac{P_0 N_1 + P_1 N_2}{B} = \frac{B}{B} = 1$$

因此，

$$T_2 - T_1 - T_0 \leq \left[\left(\frac{P_0 N_3 + P_1 N_4}{B} \right) T_1 + T_2 - T_0 \right]$$

即，图书馆实际效益大于等于无荐购产生的情况：

$$Y \geq C_1 + (5P_0 - P_1) N_2 + (T_2 - T_1 - T_0) W_1 \quad (公式5)$$

（1）当 $P_0 = P_1$ 时：

当电子书相对纸质图书无额外折扣或价格优惠时，$P_0 = P_1$，则：

$$Y \geq C_1 + 4P_0 N_2 + (T_2 - T_1 - T_0) W_1 \quad (公式6)$$

当图书馆未采购电子图书，$N_2 = 0$，全部采购纸质图书，则图书馆至少能获得的效益为

$$Y \geq C_1 + (T_2 - T_1 - T_0) W_1 \quad (公式7)$$

其效益表现为因使用平台采购而节省的现采的费用，以及提高的工作效率所产生的价值。

当图书馆存在电子书采购，则图书馆相比全部采购纸质图书的情况，所能额外获得的效益为 $4P_0 N_2$；则 N_2 的数额越大所获得的效益越高。又因为 $B = P_0 (N_1 + N_2)$，则提高 N_2 的数额的途径为如下。

当 B 值不变时，可提升 N_2 在 B 中的占比，相应地减小 N_1 的数值，在 $N_1 = 0$ 时，N_2 达到最大值，Y 值最高，即图书馆将所有经费都用来采购电子书。而通常来说，图书馆所采购的纸质书与电子书的复本数成一定比例。如在湖北三新的采购案例中，同品种图书纸质图书采购两个复本，电子书采购1个复本。即 $N_1 : N_2 = 2 : 1$，则 $N_2 = B/3P_0$。因此，图书馆能获得的效益为

$$Y \geq C_1 + 4P_0 \frac{B}{3P_0} + (T_2 - T_1 - T_0) W_1$$

$$Y \geqslant C_1 + \frac{4}{3}B + (T_2 - T_1 - T_0) W_1 \qquad \text{(公式8)}$$

然而在实践中，馆配商拥有的电子书与纸质书的同步率并不能达到1∶1的程度，以同步率较高的人民邮电出版社为例，也仅能做到50%，则实际可能只有一半甚至更少的纸质图书品种能够匹配电子书。则实际上图书馆所能采购到的纸质图书复本与电子书复本比例为 $N_1/2 : N_2 = 2 : 1$，则 $N_2 = B/5P_0$。

$$Y \geqslant C_1 + 4P_0 \frac{B}{5P_0} + (T_2 - T_1 - T_0) W_1$$

$$Y \geqslant C_1 + \frac{4}{5}B + (T_2 - T_1 - T_0) W_1 \qquad \text{(公式9)}$$

因此，在图书馆采购经费固定为 B 的情况下，平台的使用效率，及对接、培训效率越高，即 T_1 与 T_0 的数值越小，纸电同步的效益越高。

（2）当 $P_0 = 2P_1$ 时：

而通常电子书较纸质图书的售价更低，如为纸质图书50%的售价，则 $P_0 = 2P_1$。当 $N_1/2 : N_2 = 2 : 1$，且 $B = P_0 \cdot N_1 + P_1 \cdot N_2$；则 $N_2 = B/4.5P_0$。

同上理可得：

$$Y \geqslant C_1 + (5P_0 - P_1) N_2 + (T_2 - T_1 - T_0) W_1$$

$$Y \geqslant C_1 + 4.5P_0 N_2 + (T_2 - T_1 - T_0) W_1$$

$$Y \geqslant C_1 + 4.5P_0 \frac{B}{4.5P_0} + (T_2 - T_1 - T_0) W_1$$

$$Y \geqslant C_1 + B + (T_2 - T_1 - T_0) W_1 \qquad \text{(公式10)}$$

综上所述，图书馆在纸电同步的合作中，可以获得明显的效益提升。在通常的情况下，图书馆所能获得的总效益至少相当于其采购经费加上成本节省以及效率提升所带来的价值。在采用读者荐购等自动化较高的功能时，该效益可以得到进一步提升。若馆配商能够提高平台的使用效率，以及平台对接及培训的效率，图书馆所获得的总效益将能够得到提升。

2. 馆配商的效益分析

为与图书馆相对应，对馆配商的合作背景也可设为电子书售价为纸质图书50%，且纸电同步率为50%。为方便研究，馆配商纸、电图书的购入价格比例也可视为纸质图书的50%。则：$P_0 = 2P_1$；$P_0' = 2P_1'$；$N_1/2 : N_2 = 2 : 1$。则馆配商的效益为

$$Y_1 = [(T_i - T_0)W_2 + (P_0 - P_0')N_1 + (P_1 - P_1')N_2]N - VC_1N - FC_1 - FC_2$$
$$= [(T_i - T_0)W_2 + 4.5(P_0 - P_0')N_2]N - VC_1N - FC_1 - FC_2 \quad （公式11）$$

（1）总体效益分析：

当馆配商想从合作中获得效益，总收益必须大于总成本[①]，即

$$[(T_i - T_0)W_2 + 4.5(P_0 - P_0')N_2]N > VC_1N + FC_1 + FC_2$$

$$\Rightarrow N > \frac{FC_1 + FC_2}{(T_i - T_0)W_2 + 4.5(P_0 - P_0')N_2 - VC_1} \quad （公式12）$$

由于分子为固定成本，在馆配商经营环境及自身状况未发生变化的情况下，为固定值。VC_1为每增加一个图书馆用户，平台运维增加的成本，在相同条件下，将处于一个固定的值。则不等式右方函数的值的大小讲取决于$(T_i - T_0)W_2 + 4.5(P_0 - P_0')N_2$的大小。若要保证该不等式成立，则需扩大N值；或者减小右边函数的值，即扩大$(T_i - T_0)W_2 + 4.5(P_0 - P_0')N_2$的值；或者同时增大N值及$(T_i - T_0)W_2 + 4.5(P_0 - P_0')N_2$的值。而当图书馆采购规模一定，即$N_2$为定值；常规采购所花费的工作时间$T_i$确定；则$(T_i - T_0)W_2 + 4.5(P_0 - P_0')N_2$的大小取决于平台对接及培训效率$T_0$，以及图书的利润空间$P_0 - P_0'$。

因此，从总体上看，馆配商若想保证纸电同步的合作效益，则需要提高用户数量以及提升平台的服务效率。同时图书的利润空间也影响着合作效益的水平。

（2）平均效益分析：

在实践中，平台的研发成本以及平台运维的可变成本部分，馆配

---

① ［美］N. 格里高利·曼昆：《经济学原理》，梁小民译，机械工业出版社2003年版，第33—65页。

商在短期内 FC_1 与 FC_2 即为固定成本 FC，$VC_1 N$ 即为可变成本 VC，FC 与 VC 之和为总成本 TC，则馆配商总效益模型可简化为

$$Y_1 = [(T_i - T_0) W_2 + 4.5 (P_0 - P_0') N_2] N - TC \quad （公式13）$$

而馆配商平均与每家图书馆合作可获得的效益则为 $Y_1' = Y_1/N$，同时 $TC/N = ATC$，则：

$$Y_1' = [(T_i - T_0) W_2 + 4.5 (P_0 - P_0') N_2] - ATC \quad （公式14）$$

当图书馆的采购经费为 B，则 $B = P_0 \cdot N_1 + P_1 \cdot N_2$，那么 $N_2 = B/4.5P_0$，则：

$$Y_1' = [(T_i - T_0) W_2 + 4.5 (P_0 - P_0') N_2] - ATC$$

$$= [(T_i - T_0) W_2 + 4.5 (P_0 - P_0') \frac{B}{4.5 P_0}] - ATC$$

$$= [(T_i - T_0) W_2 + \frac{P_0 - P_0'}{P_0} B] - ATC \quad （公式15）$$

由以上模型可以看出，馆配商若需要在合作中获得效益，则平均收益（价格：$P = TR/Q$）必须大于平均总成本 ATC，否则馆配商只能选择退出合作。在实践中，馆配商前期的平台研发已经做了相当的投入，而随着用户数量提升，馆配商也需要添加必要的服务器、网络以及电力资源。当单家图书馆采购经费为 B 时，馆配商的合作效益水平则主要取决于：平台对接及培训的效率，T_0 值越小效益越高；图书采购价格与售价的差额，即每本图书的利润率，$P_0 - P_0'$ 值越大则效益越高。

3. 合作效益的分析探讨

综上所述，图书馆与馆配商在纸电同步领域的合作可以给双方带来相应的效益。其中，图书馆所获得的效益明显，在一定的采购经费投入及人工的配合下，图书馆可以收获超过原本投入的价值。主要表现在纸电同步中可购置到的最新出版的电子书所能提供的外借能力的提升，以及改善采购流程后工作效率的提升。当采用读者荐购等自动化程度较高的服务时，图书馆所能够获得的效益将进一步提高。但同时也可以看出，电子书与纸质图书的匹配率是制约纸电同步采购效益提升的主要因素。

而在馆配商方面，为冲抵平台研发及运作所产生的成本，达到盈利，除了提升自身的运作效率以及用户数量外，也依赖于图书销售的利润空间。且考虑到图书采购数量或采购金额作为系数远大于馆配商工作人员平均日薪的系数，实际上图书销售的利润空间成为决定馆配商在纸电同步合作中的效益水平的关键因素之一。

（四）纸电同步效益的其他体现

除了上文中所分析的图书馆与馆配商合作的直接效益外，双方在合作中也会产生多种连带效益。这些收益通常难以进行量化，或者需要通过长期的观测、记录才能形成可做研究分析的参考数据。然而，这些收益可以在实践过程中给用户带来不可忽视的便利性，以下将一一说明。

1. 可单本采购，精确定位

在传统的图书采购模式中，为提高采访效率，馆配商及图书馆往往采用批量性的书单。当然，在双方长期合作中，馆配商可通过根据合作经验以及对图书馆采访偏好的分析，提供较有针对性的书单，提高采访人员选择的准确性及效率。然而，通过书单选购始终存在不直观等弊端，采访人员可能采购到并不需要的图书。因此，在过去的合作中，图书馆及馆配商会组织图书现采，让采访人员能够实际接触到待选的图书。

通过纸电同步平台的采购合作方式，采访人员也可以网络了解到图书封面、装帧、内容简介、MARC 数据、库存情况等一系列信息。同时，对于已匹配电子书的品种，采访人员还可以试读一部分内容。因此，在采访任务相对较轻松的阶段，通过平台进行单本图书采购，仔细挑选，不但可以达到与现场采购一致的效果，还可以免去亲自前往馆配商仓库或展会所支出的费用及时间。

2. 纸电图书复本互补

笔者在上一节中分析了电子书较纸质图书的外借能力的提升，以及这种提升所蕴含的价值。然而在实践中，不少读者仍习惯于纸质图书阅读，或者既阅读电子图书也阅读纸质图书。因此在图书馆馆藏建设中，也需要考虑保证同品种图书的纸质版本与电子版本复本的馆藏比例，以满足图书馆自身，以及不同读者的需求。

在纸电同步的合作框架下，对缺少电子版本的热门纸质图书，可以补购对应的电子版本；而对于过去购置的数据库的热门电子书，若馆藏无纸质版本，则也可以做相应的补购。

3. 活跃度激发，提高读者黏性

在过去的采购模式中，读者的参与度始终不高。不少图书馆也曾自发开展过读者荐购活动，但受限于开展规模及操作模式，保持读者长期参与度存在一定的实施难度。比如，读者填写的图书信息往往并不完整，采访中会存在匹配准确性问题，或者难以找到图书。从而读者在荐购后长时间未收到感兴趣的图书，后续参与的积极性受到打击。

通过纸电同步平台的合作方式，读者可直接利用平台数目库选择图书，试读确认后直接荐购给自己绑定的图书馆，并可在后台查看荐购处理状态。图书馆按馆配商平台相应的处理方式及流程操作即可顺利订购。此外，图书检索、荐购、阅读均在同一平台完成，且能够使用手机 App 接入，与电商平台使用方式一致，符合读者日常的使用习惯。由此，读者使用效果及体验得到改善。结合一定形式的阅读推广活动，则可以调动读者对荐购的积极性，形成一定的使用习惯，甚至校园文化，从而让读者真正参与到馆藏建设之中。

四 纸电同步效益提高的改进策略

笔者在前文已分析、阐述了图书馆与馆配商在纸电同步领域合作所能获得的效益及相应的体现。然而，从前文的分析中也可以看出合作中存在的一些问题，制约着双方合作效益的进一步提升，如图书馆所能采购到的图书品种、电子书匹配率、图书的利润空间等。本节则对合作中存在的问题提出相应的改进策略。

（一）全品种可供书目平台的建立

在以上研究的理想环境中，图书馆可以采购到所需要的图书，图书采购经费能够得到充分利用。然而在现实中，当前各家馆配商并不能做到覆盖全国所有图书品种，同时各馆配商所提供的可供书目也存在各自的偏好与特点。因此，图书馆往往并没有接触到全品种的书目，使得图书采访中存在一定的漏采；同时读者在荐购图书时也可能无法搜索到自己感兴趣的图书品种。

因此，为充分发挥纸电同步的合作效果，则首先需要建立尽可能全面的图书书目平台。这对馆配商的渠道能力及市场规模都有一定的要求。包括湖北三新所创办的"田田网"在内的各馆配商平台都在做这方面的努力。

然而，馆配商离建立全品种的可供书目平台仍有一定距离。除了提升自身渠道能力及企业规模外，馆配商更需要吸纳更多的专业人才进入本行业，不仅懂得图书编目等专业领域的知识，同时也需要良好的沟通能力以及互联网背景下的信息处理能力。

（二）电子书的招投标制度的完善

从前文的分析中可知，馆配商在合作中的效益水平受图书利润空间的影响较大。在图书馆采购被纳入政府采购后，其招投标制度一直存在较大的问题，受到图书馆与馆配商的诟病。其招标过程中，图书馆采访人员参与度有限，难以有效把控招标流程中对馆配商的考核标准及过程。其结果往往仅考察了图书最低折扣，而忽视了馆配商服务质量等其他方面的因素，最终低价者胜出。而电子书的定价在过去一直未有统一标准，在电子书招投标项目中价格战更加疯狂。部分馆配商以极低的价格胜出，最终的结果就是使得出版社担忧其利益受到损失，从而不再提供电子图书，规模较大的出版社则谋求自行销售电子书。不少馆配商在无法保证利益的情况下，只能选择退出；而图书馆采购电子书的需求不仅无法满足，反而形成了新的僵局。

因此，保证我国数字出版良性发展，满足图书馆及读者需求的前提，即建立完善的电子书招标制度。可从如下三个方面入手。

1. 规范电子书定价标准

需明确电子书的定价方式，形成行业标准。一方面，电子书因为其载体的特殊性，无须印刷、装订、运输等，生产成本明显低于纸质图书，其定价的思路也应该脱离纸质图书的实体性质思维。另一方面，电子书虽然无形，但是其制作、校对同样需要花费人工、时间以及技术保障。同时，图书的主要价值并不在于其存在的载体价值，而在于其蕴含的内容价值。若不能保障内容方（出版社、作者）的基本利益，则将难以保障电子书的内容质量。因此，对于电子书的定价标准，需要从多方面考虑，在体现知识价值的基础上，让读者更容易接受。

2. 完善招标中的考核标准

在招标考核中，不应粗放地仅对价格、折扣、可供数量等几个方面考核，更需要考虑馆配商的综合能力，如服务质量、效率、平台功能、学科覆盖等多个方面，并合理制定考核标准。

3. 完善招标管理及监察制度

招标的评判人员应该对馆配市场以及图书馆需求有深入的了解，提高图书馆在招标流程中的参与度，以做出科学、全面、公平的评判。

（三）保证电子书的品质及提高馆配商平台的纸电同步率

纸电同步率制约着图书馆在纸电同步合作中所获得的效益水平。当图书馆所能采购到的电子书品种受限时，显然也会影响馆配商的图书销量。提高纸电同步率在馆配商推行纸电同步采购的合作方式中起着至关重要的作用。

我国纸电同步率较高的出版社可达50%，部分出版公司在局部上可以达到80%，还有小部分出版社推出的自有平台的纸电同步率可达90%以上，然而仍与欧美国家平均90%以上的纸电同步率存在较大差距。不过，提高纸电同步率的关键不在于让出版企业认识到数字出版的趋势，而是切实地保证内容方的实际利益，让出版社看到利润空间及发展前景，从而激起他们发行电子书的兴趣。

然而，保证内容方的利益，则首先就需要完善电子书的定价标准以及电子书的招投标制度。

五 纸电同步的实证分析

本次研究以湖北三新与南京艺星图书馆（化名）的合作情况为例，结合纸电同步效益模型，分析双方在该领域合作的效益情况。

（一）合作中成本、收益数值的确定

根据纸电同步合作效益模型，首先需要对合作中各方成本及收益的实际数值进行统计、确定。

1. 南京艺星图书馆的成本、收益值

在 2016 年的实际合作中，南京艺星图书馆与湖北三新仍处于"纸电融合"的合作阶段，即对部分现有纸质图书及新出版图书匹配采购电子书。

该图书馆 2016 年向湖北三新匹配采购约 10 万元的电子书，约 3000 个品种（均为一个复本，含 5 个并发数）；而实际该批电子书湖北三新的配到率约为 50%，即约 56000 元，约 1500 种。所配电子书出版年份在 2013—2016 年不等，湖北三新对于不同年份电子书给予不同的折扣（相较纸质图书价格），且不同年份配到电子书数量不同，则详细数据见表 6—6：

表6—6　　　　　　南京艺星图书馆电子书成交情况

年份	2013 年	2014 年	2015 年	2016 年
折扣	55%	60%	65%	70%
品种数 N_2	435 种	620 种	435 种	32 种
平均成交价格 P_1	42.7 元	34.5 元	36.1 元	34.1 元
对应纸书平均价格 P_0	77.6	57.5	55.5	48.7

湖北三新"田田网"的平台对接及培训耗时根据实际情况的不同，存在一定的差异，从最快的2—3日至较慢的数周（存在技术瓶颈或客观条件问题的情况）不等，与南京艺星图书馆的对接及培训则约花费5个工作日完成。因此，$T_0 = 5$。

使用"田田网"平台采购该批电子书，由于可以立刻查重并直接下单，实际操作花费工作时间在一个工作日内，即$T_1 = 1$。传统采购方式中，图书馆采访人员也可以在收到馆配商书单后约两个工作日内反馈订单，但查重及确认环节通常存在1—3次反复沟通的情况，因此$T_2 = 6$。

此外，结合南京艺星图书馆的2016年情况，该馆并没有采用荐购功能，同时平时通常采用订单采购，并未特意前往馆配商现采（不包括湖北三新举办的图采会）。因此，$C_1 = 0$，荐购情况可排除。以图书馆采访人员平均工资为5000元/月计算，则单位工作日的人工成本为5000/21.7[①]，取整约230元/天，$W_1 = 230$。

2. 湖北三新的成本、收益值

与之对应的湖北三新工作人员为南京艺星图书馆对接及培训所花费的时间为5个工作日，$T_0 = 5$。

湖北三新平台的运维成本计算方式，以2016年平台规模及企业情况为准，包括运维人工成本、设备购置成本及消耗的电力成本。2016年湖北三新运维技术员为4名，以每月5000元的薪资水平计算，则2016年运维人工成本为$5000 \times 4 \times 12 = 240000$元。运维设备包括数据库、RAID服务、程序等共计4台服务器，及其配套设备和网络设施。IBM服务器价位约为13000元/台，配套设备及网络设施约为3000元，则设备购置成本为$13000 \times 4 + 3000 = 55000$元。2016年全年设备运转电耗则为$0.55 \times 4 \times 24 \times 365 = 19272$度，费用为$19272 \times 0.63$[②] =

[①] 《关于职工全年月平均工作时间和工资折算问题的通知》，2017年1月18日，http://www.gov.cn/zwgk/2008-01/10/content_855099.htm。

[②] 《湖北省物价局文件（鄂价环资〔2016〕7号）》，2017年1月18日，http://www.95598.cn/static/html//person/sas/es//PM06003001_2016039176920065.shtml。

12141.36 元，取整 12141 元。综上所述，2016 年运维成本为

$FC_1 + VC_1N = 240000 + 55000 + 12141 = 307141$ 元

"田田网"平台研发成本则在 120 万元，即 $FC_2 = 1200000$。由于本次合作主要为电子书采购，即 $N_1 = 0$，$N_2 = 1522$。电子书平均成交价格 $P_1 = 36.85$，采购价格因企业保密需求，仍由 P_1' 表示。传统采购模式中，电子书品种并不一定存在库存，需要订单处理人员一一向出版社确认并索取文件，通常约花费 10 个工作日的时间；而田田网电子书已存储于平台云端，收到订单后可立即进行下发，通常在 1 个工作日内可以完成。因此，$T_i = 10 - 1 = 9$。馆配商对接及订单处理人员薪资平均约 4000 元/月，则 4000/21.7，取整 184 元/月，$W_2 = 184$。

（二）南艺图书馆与湖北三新的合作效益分析

1. 南京艺星图书馆的效益分析

结合图书馆纸电同步合作效益模型，以及上述案例中各项数值的确定，南京艺星图书馆的效益公式为 $Y = (5P_0 - P_1)N_2 + (T_2 - T_1 - T_0)W_1$。

其中 $(5P_0 - P_1)N_2$ 的值需要根据电子书出版年份分别计算：$(5P_0 - P_1)N_2 = (5×77.6 - 42.7)×435 + (5×57.5 - 34.5)×620 + (5×55.5 - 36.1)×435 + (5×48.7 - 34.1)×32 = 418775.3$；则其效益为 $Y = 418775.3 + (6 - 1 - 5)×230 = 418775.3$。

即通过纸电同步平台的合作，南京艺星图书馆花费 56000 余元可获取等同于 418775.3 元价值的效益。

2. 湖北三新的效益分析

结合馆配商纸电同步合作效益模型，湖北三新的效益公式为

$Y_1 = [(T_i - T_0)W_2 + (P_1 - P_1')N_2]N - VC_1N - FC_1 - FC_2$

$Y_1 = [(9 - 5)×184 + (36.85 - P_1')×1522]N - 307141 - 1200000 = [736 + (36.85 - P_1')×1522]N - 1507141$

2016 年，湖北三新"田田网"仍处于试用推广阶段，每家图书馆使用情况各不相同，且交易量相对较少，即完成对接的 150 家图书

馆中，能计入 N 值的数量较少。因此以 2016 年实际情况来说，不管图书购入价格水平如何，当前用户规模所能提供的收益尚不能抵消前期投入成本。

由于南京艺星图书馆的交易情况相对具有代表性，若假设现有接入用户都达到南京艺星图书馆的交易水平，即 $N=150$，则：$Y_1 = [736 + (36.85 - P_1') \times 1522] \times 150 - 1507141$，从而可知当 P_1' 小于 30.7 时，湖北三新可取得效益。

3. 南京艺星图书馆与湖北三新的合作效益探讨

从上述合作案例分析中可以看出，南京艺星图书馆获得了明显的效益提升；然而湖北三新则尚未达到规模效应，其从合作中可获得的效益尚不明显。

从南京艺星图书馆的效益公式中可以看出，现阶段纸电同步平台并没有带来工作效率的提升，对于单位采购量的单次采购所可能节省的工作时间与平台对接及接受培训所需花费的工作时间相互抵消。由于其并没有采用荐购以及现采等，模型中部分成本和收益值都为零。因此，南京艺星图书馆从合作中获得的效益则体现在所购买到的电子书能够提供的额外的外借能力，以及由此可能产生的附带价值。

湖北三新的合作效益水平则与其拥有的用户规模息息相关，其次为图书馆的采购规模以及图书的利润空间。同时也可以看出，采购纸电同步平台对馆配商的工作效率提升是明显的。在传统流程中，湖北三新需要花费较多人工及时间，对图书订单进行匹配、查重、查库存等工作，使用 EDI 对接及云平台等技术后，可采用自动化流程，减少该类型工作所需的人力和时间成本。

需要指出的是，本次合作为单一订单采购；通常情况下，图书馆每年会分批次采购，则全年累计工作时间节省可超过平台对接及培训所需耗时。云平台对工作效率的提升可得到体现。

（三）纸电同步合作及其效益模型的实践效果

本次实证分析运用了纸电同步合作效益模型，评估了图书馆与馆配商的合作效益情况。从结果来看,图书馆在本次合作中获得了明显的效益,然而馆配商的效益在现阶段尚未得到体现。纸电同步合作效益模型可以如实反映实践中的效益情况,也存在着一些不足。

1. 纸电同步对图书馆和馆配商的合作效益有一定的提升,准确情况需要后续研究

从本次实证分析结果来看,纸电同步的合作方式确实给图书馆带来了超过其投入的价值,提升了图书馆的效益;然而馆配商在此次合作中的效益情况则还较难确定。但随着用户数量的提升,馆配商获得的效益将越来越明显。同时,受制于当前同步平台的设计情况及图书馆的使用情况,纸电同步对图书馆文献采访工作效率的提升并不明显,而对馆配商的效率提升较多。另外,也应看到,由于我国电子书定价远低于国外水平,图书馆效益提升的很大一部分来源于此。综合来看,纸电同步对图书馆和馆配商的合作效益有一定的提升,而准确结果尚待进一步的研究发掘。

2. 效益模型可以真实体现图书馆和馆配商的合作效益情况

研究中根据实际情况,对图书馆及馆配商的相关参数进行确认、设置,将合作中未体现的量计为0,如读者荐购、纸书采购量等。图书馆获得了电子书所能提供的额外外借能力的效益,然而在效率方面并没有获得效益提升。相对的,馆配商现阶段的收益尚不足以覆盖研发及运维投入。该结果与现实情况相符合。在项目试运营阶段,云平台所提供的新流程还未融入图书馆的工作流程中,图书馆反而需要花费额外的时间完成对接及学习平台使用方式。因此,在采购量较少的情况下,新合作方式对图书馆工作效率的提升难以体现。而对馆配商来说,模型则可以反映出当前自动化流程对部分工作效率的提升情况,以及对提升接入用户量的迫切需求。

3. 效益模型在实证分析中暴露的不足

(1) 效益模型未体现对图书馆需求的满足率。

效益模型主要评估图书馆与馆配商产生合作部分的效益情况,但对因客观因素而无法满足的需求情况并未计入。以上述合作案例情况

为例，效益模型证实了图书馆通过合作可获得远超投入的价值，但是从实际情况来看，南京艺星图书馆的需求满足率也仅为50%，且电子书多为往年出版的品种。若图书馆的需求不能得到良好满足，则双方的合作的稳定性及持续性必定受到影响。

（2）效益模型难以体现馆配商运营成本的阶梯性变化。

效益模型对馆配商效益的计算倾向于对宏观的平均数值进行测量，这更符合于项目得到长期运作后的情况。而在项目启动期，数据相对缺失或不足，对效益评估的准确性有很大影响。从案例中可见，湖北三新2016年平台运营成本趋于一个固定的值，即不随对接客户数量的提升而产生明显变化。可以推断馆配商平台运营成本呈现一种阶梯性递增的特点：即馆配商预设一定的客户承载量，并配置对应的人员、资源，则在该用户数量内，总成本趋于平稳；当用户数量达到馆配商承载临界值时，则馆配商必须扩大规模（人员、设备、办公空间等）以获得服务更多客户的能力，而总成本则会陡然增加，依此类推。因而实际情况并不如效益模型的线性变化情况。

（四）纸电同步合作及其效益模型的改进策略

1. 提高纸电图书同步率是提升合作效益的首要方式

由实证分析情况和结果可知，在纸电同步的合作中，纸电图书的同步率明显影响着双方在该领域的合作效益提升。该结果与本书第五章对模型的分析结果相符合，同时也显示提升纸电图书同步率是第五章所界定的三种改进策略中的首要措施。

2. 增加图书馆需求满足率系数

由于图书馆与馆配商是按实际购买量结算，即未配到部分不计入结算，则馆配商对图书馆需求的实际满足情况存在一个比例。则可以添加图书馆需求满足率系数 r（$0 < r \leq 100\%$），表示合作中对图书馆需求的实际满足情况，当 r=100%，则馆配商完全满足了图书馆的需求，对应的合作效益达到最高。

具体表现为 $B' = Br$，$N_1' = N_1 r$，$N_2' = N_2 r$（B'、N_1'、N_2'为图书馆

第六章 纸电同步的效益分析

采购的实际金额及复本数），则：

图书馆的效益模型为

$$Y = C_1 + (5P_0 - P_1)N_2 r + \left\{ \left[\frac{P_0 N_3 + P_1 N_4}{B} - 1 \right] T_1 + T_2 - T_0 \right\} W_1$$

（公式 16）

馆配商的效益模型为

$$Y_1 = [(T_i - T_0)W_2 + (P_0 - P_0')N_1 r + (P_1 - P_1')N_2 r]N - VC_1 N - FC_1 - FC_2$$

（公式 17）

由此，纸电同步合作效益模型能够体现馆配商对图书馆的需求满足率情况。

3. 设置馆配商成本区间

为准确表现馆配商的成本的阶梯性变化，可以设置馆配商的成本区间。假设当前湖北三新纸电同步平台的客户承载能力为 200 家，则当用户数：$0 < N \leq 200$ 时，湖北三新云平台总成本为 $TC = 1507141$；当用户数超过 200，即 $201 \leq N \leq 400$ 时，总成本可能翻倍，即 $TC = 3014282$。以此类推，可得：

$TC = TC' \cdot n$（n 为 N 所在区间最大值与基本承载能力最大值的比）、TC'、N 值所处区间根据馆配商的实际情况的不同而存在差异。

因此，馆配商的效益模型为

$$Y_1 = [(T_i - T_0)W_2 + (P_0 - P_0')N_1 r + (P_1 - P_1')N_2 r]N - TC'n$$

（公式 18）

第七章

精准采购的效益分析

一 精准采购的背景：学科建设新形势对图书采购的影响

（一）学科建设新变化

学科是教学、科研和社会服务三大任务的有机结合体，学科建设主要包括学科定位、学科队伍、科学研究、人才培养、学科基地、学科管理六个要素。学科建设为体现了高校发展水平以及教学实力的重要指标，也是国内外高校排名的重要依据，因此，学科建设在高校学科管理工作以及各行政职能部门中有着重要地位。服务学科建设一直是高校图书馆的重要任务，高校图书信息资源体系是服务学科建设的重要保障条件，学科建设新形势必然给高校图书馆信息资源建设带来影响。

学科建设是我国高校发展的重要组成部分，自20世纪80年代以来，我国相继对重点学科进行了三次评选工作，这对我国学科的初步建设起到了不可忽视的推动作用。行至90年代，为了进一步建成世界一流大学，"985工程""211工程"相继被推出，项目的成功推进对后续学科建设任务的实现以及完善有着先导示范作用。

2015年10月24日，国务院发布《统筹推进世界一流大学和一流学科建设总体方案》并提出，"到2020年，若干所大学和一批学科进入世界一流行列，若干学科进入世界一流学科前列"，即"双一流"建设。以学科建设为基础的"双一流"建设为推进我国教育事业持续快速发展提供了新的思路,双一流的提出意味着我国各教育部门不仅要重视建设一流大学,更需要重视一流学科的建设,双一流推动的学科建设任务也为图书馆与馆配商的合作带来了新的机遇与挑战。

(二) 学科建设对图书馆采购图书的影响

1. 采购图书学科结构优化

学科建设要求图书馆在采购图书过程中需要考虑各学科图书的学科针对性,即所采购图书要满足各学科的购书需求,对各专业在教学科研过程中有较强的适用性。高校要实现学科建设的高效可持续发展必然需要对图书馆学科图书采购的学科结构做出相应的规范,从而才能构造合理的图书馆馆藏结构以进一步推动学科建设的发展。推动学科建设要求高校图书馆在采购图书过程中需要根据各学科购置需求来合理分配各学科的采购图书量,即图书馆学科购书结构要适应学科建设的发展需要,充分发挥图书馆在学科建设中的能动性。

2. 采购图书的权威前沿性

在学科建设过程中要促使各学科发展有较强的推动力的形成,反映到图书馆采购图书上则为各学科采购图书的前沿权威性。只有保证各学科采购图书的前沿权威性才能使各学科在发展过程中有着持续的张力,使得各学科的科研教学水平能保持在一定的高度。这也表现为学科建设需要各学科能够形成高校的品牌学科、品牌专业,这就势必要求关系到学科建设的图书馆学科购书要保证专业性、权威性,才能带动学科建设的专业化。

3. 采购图书的针对性

不同高校学科建设任务各不相同,同类型高校学科建设也各有差异,这就要求各高校图书馆需要根据自身的学科建设特点与需求来构建高校图书馆的学科馆藏结构。高校图书馆在构建图书馆馆藏结构体系时需要从本校学科建设的角度出发,根据高校学科建设需求制定学科建设方向,并根据学科建设方向来拟定学科图书采购清单,从而有针对性地采购所需学科图书，进而推动学科建设针对性的快速发展，以完善学科资源建设的重要任务。

二 精准采购合作效益模型的构建

图书馆同馆配商的精准采购合作是互利共进的，在合作过程中，双方均会产生相应的成本和效益，以下引入成本—效益模型来进一步对其进行深入分析。通过设定量化指标，具体分析双方在精准采购合作过程中所投入的成本以及所获得的收益，从而分析双方在该合作领域的效益情况。

（一）精准采购合作的成本、收益界定

精准采购是馆配商根据目前图书馆面临学科建设深入改革的新课题提出的合作新模式，该模式在图书馆学科建设过程中提供了较大的助力，一定程度上提升了图书馆的学科图书采购效率以及学科专业性。图书馆主要成本为精准采购专项服务费用，这部分也是馆配商的主要收益，另外馆配商在对图书馆提供精准采购过程也会产生相应的成本。

（二）精准采购效益的评估指标

1. 成本的界定

从馆配商和图书馆精准采购合作过程可知，图书馆在学科建设过程中采用精准采购专项服务需要向馆配商支付该项服务的专项费用，另外图书馆在学科图书采购过程中需要花费人力成本来进行书目筛选工作，以及订购过程中产生的成本费用（如图书馆采访人员在图书现采会过程中所产生的差旅费、食宿费等）。

馆配商向图书馆提供精准采购该项服务主要投入的成本包括两个方面：一是馆配商为图书馆提供学科建设所需图书，在标杆高校选取以及标杆高校馆藏结构分析时，需要对标杆高校的馆藏数据进行挖掘

以及整理，这部分的成本投入主要为数据采集以及分析人员的工资薪酬；二是在提取数据后需要项目研究人员对数据进行统计以及专业学科分析，制定高校图书馆学科建设所需图书的采购清单，这部分的成本投入主要为数据统计以及学科分析人员的工资薪酬。

2. 收益的界定

从收益方面来界定，双方采用精准合作模式后馆配商的收益主要为图书馆支付该项服务的收费。

图书馆则分别从两个方面来讨论其收益：一是图书馆的图书利用率的上升，在这里图书利用率反映了高校图书馆图书借阅频次的增加或读者选择阅读图书而非其他活动所带来的效益增量；二是图书馆馆藏结构的优化，这一部分的优化体现为高校学科所购图书结构同标杆高校学科图书结构的差距缩小所带来的效益。

3. 精准采购的成本—收益表

在分析图书馆、馆配商双方利用精准合作来实现互利共赢过程中，要排除同合作项目有关的其他误差项的干扰，如馆配商前期全国高校的数据采集，该部分前期工作投入量大，但其服务对象并非单一项目，故在设计数据采集费用部分只确认项目期内的数据挖掘、统计、分析中所产生的费用。图书馆、馆配商成本—收益见表7—1及表7—2。

表7—1　　　　　　　　图书馆成本—收益

	项目	描述
成本	精准采购服务费	图书馆向馆配商购买精准采购专项服务所支付的费用
	图书购置经费	学科购书表所列示图书经费总额
收益	工作效率的提升	学科馆员在分析学科时所花费的时间
	采访成本的节省	现采工作中的费用节省
	图书利用率的上升	读者选择借阅读书而非其他活动所带来的效益增量
	图书馆馆藏结构的优化	同标杆高校学科馆藏结构差距缩小带来的收益
	采购到的图书品种及数量	实际可外借的图书复本数的提升

表 7—2　　　　　　　　　　馆配商成本—收益

	项目	描述
成本	数据采集成本	采集标杆高校的数据人员工资
	数据分析、制作购书表成本	对采集到的数据进行分析以及根据采集结果同高校学科建设方案结合制定购书表，相关人员工资
收益	专项服务费用	提供精准采购该项专项服务所收取的费用
	图书销售额	通过图书销售而获得的现金收入，随着合作规模扩大而上升

（三）精准采购效益的评估模型

建立精准采购效益的评估模型，首先需要对成本收益框架中的各项目进行量化统一，称为可以测算的价值量。

1. 图书馆精准采购效益模型

由上文中的成本—收益表可知，图书馆同馆配商合作采用精准采购该模式后所付出的主要成本为购买该项服务所支付的精准采购专项服务费用、购买图书的采购费用。另外，图书馆采用精准采购能够节省原有的学科图书分析（图书馆馆员分析馆藏学科图书藏书情况，并拟定该学科所需图书购书表所带来的人工成本）以及图书采购所发生的费用（订购图书中发生的差旅费等费用）。

图书馆的成本包括支付精准采购该专项服务的服务经费 C，以及支付购书表书目的图书采购费用 B。

（1）图书购置经费：B

（2）精准采购专项服务经费：C

若图书馆学科馆员平均工资为 W_1，完成学科各项内容分析以及制定书目表所需时间为 T_1，这部分的成本为 T_1W_1，一般图书馆会结合现采模式来采书，若图书馆采用图书现采模式时图书馆采购人员的平均工资为 W_2，完成采书任务所需时间为 T_2，则这部分图书馆采书成本为 T_2W_2，而图书馆采用精准采购则能节省这部分的开支，从而形成图书馆的一项无形收益。

（3）工作效率的提升 = T_1W_1

（4）采访成本的节省 = T_2W_2

图书馆采用精准采购专项服务后，图书馆所采购到的图书的质量得到提升，学科专业性得到提升，因而所采购到的图书的借阅率会得到提升。精准采购带来图书馆借阅率的提升，图书馆借阅率由 r 增长到 r′，这也是图书馆所获得的收益的一部分。为了将图书馆借阅率量化，现引入借阅图书的机会成本来代替借阅率的效益提升。图书借阅率的提升所带来的效益即读者选择借阅图书而非其他活动所带来的效益，若读者从事其他活动（该段活动时间同阅读图书时间相同）时间为 T_3，从事该活动的单位收益为 W_3，则图书馆图书利用率上升给图书馆带来的收益为：图书利用率的上升 = $(r′-r)T_3W_3$。

（5）采购到的图书品种及数量 = B

图书馆馆藏结构的优化也是精准采购项目为图书馆带来的一项收益。图书馆馆藏结构的优化也即各学科馆藏图书的结构占比趋于标杆高校的馆藏结构，若原有的各学科结构为组合 U = $\{S_1, S_2, S_3, \cdots, S_n\}$，图书馆馆藏结构优化后的新学科结构为组合 U′ = $\{S_1′, S_2′, S_3′, \cdots, S_n′\}$，图书馆馆藏结构的优化主要体现为，若学科结构中有两学科同标杆高校学科有所差距，S_a 所占的比率要高于 $S_a′$，而 S_b 所占的比率要低于 $S_b′$，则 $B(S_a - S_a′)$ 为图书馆节省的购书经费开支，$B(S_b′ - S_b)$ 则是馆藏结构优化后为图书馆带来图书收益，则图书馆馆藏结构的优化所带来的收益为：

（6）图书馆馆藏结构优化 = $B\{(S_a - S_a′) + (S_b - S_b′) + \cdots\} + B\{(S_c′ - S_c) + (S_d′ - S_d) + \cdots\}$

综上所述，图书馆成本—收益各项量化指标见表7—3：

表7—3　　　　　　　图书馆成本—收益量化指标

	项目	量化模型
成本	精准采购服务费	C
	图书购置经费	B

续表

项目		量化模型
收益	工作效率的提升	T_1W_1
	采访成本的节省	T_2W_2
	图书利用率的上升	$(r'-r)T_3W_3$
	图书馆馆藏结构的优化	$B\{(S_a-S_a')+(S_b-S_b')+\cdots\}+B\{(S_c'-S_c)+(S_d'-S_d)+\cdots\}$
	采购到的图书品种及数量	B

则图书馆精准采购的效益模型为

$$Y = T_1W_1 + T_2W_2 + (r'-r)T_3W_3 + B\{(S_a-S_a')+(S_b-S_b')+\cdots\} + B\{(S_c'-S_c)+(S_d'-S_d)+\cdots\} + B - C - B$$

$$= T_1W_1 + T_2W_2 + (r'-r)T_3W_3 + B\{(S_a-S_a')+(S_b-S_b')+\cdots\} + B\{(S_c'-S_c)+(S_d'-S_d)+\cdots\} - C$$

2. 馆配商精准采购效益模型

馆配商在同图书馆达成精准采购协议后，为图书馆提供精准采购服务所需投入的成本主要是对高校数据的采集以及分析，相关的投入主要来源于人力成本的投入，主要包括数据采集、数据挖掘、数据分析人员的薪资。

其中，数据采集人员项目期间的单位平均工资水平为 W_4，项目期间数据采集人员的工作时间为 T_4，数据挖掘、分析以及学科购书表制定人员的单位平均工资水平为 W_5，项目期间数据挖掘、分析以及学科购书表制定人员的工作时间为 T_5，则馆配商投入的主要成本为

（1）数据采集成本 = T_4W_4

（2）数据分析、制作购书表成本 = T_5W_5

图书馆与馆配商精准采购项目合作为馆配商所带来的收益主要包括图书销售额和精准采购专项服务费用：

（3）图书销售额 = B

（4）精准采购专项服务费 = C

综上所述，馆配商成本—收益各项量化指标见表7—4：

表7—4　　　　　　　馆配商成本—收益量化指标

	项目	量化模型
成本	数据采集成本	T_4W_4
	数据分析、制作购书表成本	T_5W_5
收益	专项服务费用	C
	图书销售额	B

则馆配商精准采购的效益模型为

$$Y = C + B - T_4W_4 - T_5W_5$$

（四）精准采购效益模型分析

在对图书馆以及馆配商的量化模型进行分析后，需要深入分析图书馆、馆配商两者的成本、效益内涵。

1. 图书馆效益分析

图书馆在精准采购合作项目中获得的效益 $Y = T_1W_1 + T_2W_2 + (r' - r)T_3W_3 + B\{(S_a - S_a') + (S_b - S_b') + \cdots\} + B\{(S_c' - S_c) + (S_d' - S_d) + \cdots\} - C$。

图书馆精准采购项目使得图书馆采购图书效率得到提升，节省的经费包括图书馆学科馆员以及图书现采人员的有关费用，图书馆效益提升值 T_1W_1、T_2W_2 的增长主要来源于图书馆原有图书采购效率的提升，如图书馆原有采购效率较低，则该项效益提升空间则较大。

项目的实施提升了图书馆所购图书的利用率，精准采购项目的实施是根据高校学科建设方向结合标杆高校的学科建设方向来制定的，高校图书馆同标杆高校馆的学科建设方向统一度越高，精准采购项目所能提升的图书借阅率相比之前就越高，即 $(r' - r)$ 的差值就越大，为图书馆所带来的效益也就越大。

精准采购最主要的目的是优化图书馆的馆藏结构，图书馆原有各学科馆藏图书之间呈现一定比例，图书馆原有学科馆藏结构为 $U = \{S_1, S_2, S_3, \cdots, S_n\}$，图书馆原有学科结构必定同标杆高校有所差别，该部分精准采购的内涵便是图书馆新学科馆藏结构 $U' = \{S_1',$ S_2', S_3', $\cdots$, $S_n'\}$ 较原学科馆藏结构更符合高校学科建设的长期发展。

原学科组合：$S_1 + S_2 + S_3 + \cdots + S_n = 100\%$

精准采购后的学科组合：$S_1' + S_2' + S_3' + \cdots + S_n' = 100\%$

若原学科组合中 S_a、S_b 的学科占比要高于精准采购后的 S_a'、S_b'；原学科组合中的 S_c、S_d 的学科占比要低于精准采购后的 S_c' S_d'。图书馆从该部分获得的收益一部分来自对采购量过多学科的经费节省，一部分来自对采购过少学科采购量提升为图书股带来的效益提升，这两部分分别为图书馆所带的经费节省以及效益提升的量为 $B\{(S_a - S_a') + (S_b - S_b') + \cdots\}$；$B\{(S_c' - S_c) + (S_d' - S_d) + \cdots\}$，若精准采购后学科结构调整较大，则图书馆馆藏结构优化对图书馆所带来的效益就会较大。

2. 馆配商效益分析

馆配商精准采购的效益为 $C + B - T_4W_4 - T_5W_5$，由于模型分析是以单个图书馆为例来进行分析，当同馆配商达成精准采购合作协议的图书馆数量持续增加时，则会为馆配商带来一定的规模效益。

假定在一定期间内，同馆配商达成精准采购合作协议的专项服务费用 C_0 为定值，合作的图书馆的购书经费平均值 B_0 也为一固定值，而随着同馆配商合作的图书馆的数量的增加，馆配商的投入经费（数据采集人员工资 T_4W_4、数据分析人员工资 T_5W_5）会随着所分析研究图书馆数量的增量而形成规模经济效应。

同单个图书馆合作馆配商的效益为 $C + B - T_4W_4 - T_5W_5$，而当合作的图书馆数量逐步上升，达到某一临界值后，则会降低馆配商的投入成本。

若同馆配商合作的图书馆的数量持续上升，则相比于单个图书馆所带来的收益，单位图书馆投入的成本会下降。图 7—1 所示的 TC 总成本将远小于 $N(T_4W_4 + T_5W_5)$。

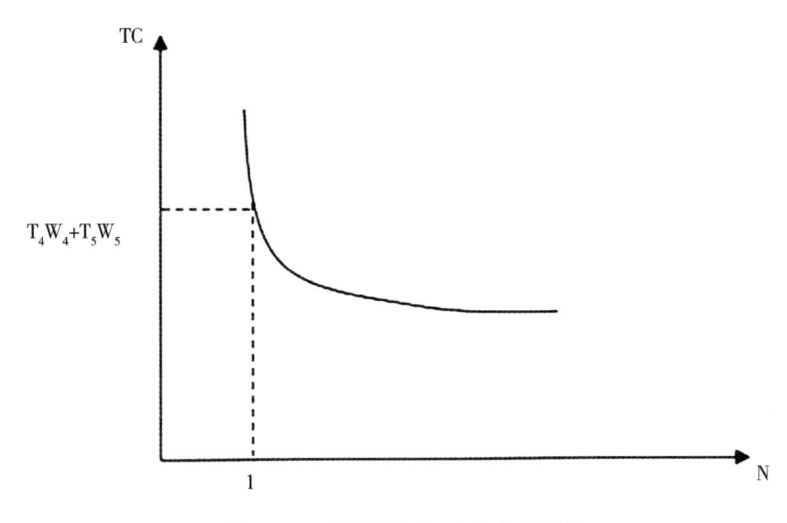

图 7—1 馆配商投入成本变化趋势

三 精准采购效益的主要体现

(一) 扩大学科文献采集面

通过以上对精准采购模型的分析发现,精准采购会对图书馆的馆藏结构进行优化,主要体现为对采购图书各学科采购量的比例调整。图书馆同馆配商的精准采购合作适用于高校学科建设的多重方面。

1. 单一学科下二级学科图书采集

前述对精准采购的研究主要以单一学科下各二级学科图书采集为例来说明。单一学科的图书采集主要是通过设立标杆高校,分析标杆高校该学科下各二级学科的馆藏图书结构,然后对被分析高校该学科的二级学科结构同标杆高校进行对比,确认高校学科建设下该学科的学科结构构成。分析各二级学科图书采购来源时（即确定该二级学科图书的核心出版社）,也需要对标杆高校各二级学科图书的馆藏图书情况进行分析,分析各二级学科馆藏图书所属出版社的比例情况,从而得出各二级学科的核心出版社。

2. 多元学科下二级学科图书采集

高校图书馆学科建设任务往往需要采购多学科图书,图书馆同馆配商在进行精准采购合作过程中需要把握学科建设的发展方向，根据学校的教学特色以及图书馆经费来制定高校的学科构成结构，确定高校发展的优势重点学科以及弱势非重点学科，合理分配购书资源，确保优势重点学科的高校学科建设示范作用，同时也要兼顾其他弱势学科的发展，为学科多元化发展制定合理可行的策略。在确定了各一级学科之间的结构关系后，在对各学科图书进行精准采购时，所需要的步骤等同于单一学科二级学科图书采集。

（二）减少学科文献漏购率

图书馆同馆配商的精准采购合作在各学科的馆藏图书的学科专业性以及学科结构上有了较大的优化。精准采购是基于高校图书馆学科建设基础而为图书馆制定的学科图书采购方案，除了对学科结构做出一定调整外，也能最大限度地减少学科文献漏购率。

高校图书馆目前存在的一个比较普遍的问题就是存在学科图书漏购，且漏购比率居高不下。导致学科文献漏购的主要原因一方面是学科结构设置不合理，致使部分学科图书少采、漏采；另一方面则是图书馆馆藏的部分图书不满足学科建设需求，学科专业性不高或权威度不够。由于出版社出版图书都有一定的方向主题，部分核心出版社约稿的作者一般都为该学科主题的权威专家，如果高校图书馆采购人员对各学科的了解程度或对学科发展趋势的认知度不高，则会导致专业性图书的漏采。

精准采购在一定程度上能够解决图书馆普遍存在的漏采问题，由于其首先对图书馆的学科结构进行了调整，使得各学科采购图书量得到均衡分配，一定程度上缓解了学科之间的资源分配问题。另外，精准采购对各学科核心出版社的确定保证了各学科所采图书的学科专业性，使得之前图书馆难以把握各学科的发展趋势的难题迎刃而解，各学科采购图书的专业性得到提升，所采图书均能得到有效使用，大大降低了图书的漏购率。

(三) 节省文献订购成本

我国高校图书馆在采购图书的过程中仍然采用现采模式来采购图书，该模式由于直接接触新书、图书到馆率高而被众多高校图书馆采购人员所采用。然而该方法仍然存在采购效率低、人工成本高等问题，而高校图书馆采购人员通过该方式所采购到的图书在数量以及学科专业性上也存在着一定的欠缺，难以满足图书馆的馆藏需求。

精准采购在优化图书馆馆藏的同时也节省了图书馆的文献订购成本，图书馆采购人员可以通过为其图书馆学科建设量身制定精准的采购学科建设方案来进行书目挑选，节省了之前采购过程中产生的图书馆采购人员的差旅费等费用开支，以及采购人员采购期间的有关开支，节约了图书馆的购书经费。

(四) 节省人力成本

在图书馆学科建设过程中，对学科结构和学科购书表的制定也是高校图书馆的一项重要开支。该项任务需要任命各学科的专业教师作为该学科的学科馆员，而各学科馆员需要对各自学科的学科建设有着深入的了解，从而才能在有限的购书经费限制下科学合理地制定各学科的购书需求以及学科图书购书表。由于各学科馆员在制定学科结构以及学科购书表时可能会存在着一定的主管偏向以及不专业，一定程度上会导致所采购的图书的利用率低、学科结构设置不合理等问题，同时也造成了图书馆购书经费的浪费。

图书馆同馆配商达成精准采购的合作协议后，以上问题都能得到相应的解决。由于馆配商长期积累的经验以及行业的专业性，馆配商提出精准采购服务后有相应的资源为图书馆制定科学合理的学科结构组合及相应的各学科购书清单，该项目除了优化图书馆的馆藏结构外，也是对图书馆原有采购流程中的经费开支等进行一定程度的节省。

四 精准采购效益提高的改进策略

除分析图书馆同馆配商精准采购所带来的效益及其具体表现外，馆配商也需要从多方探索，发掘提升精准采购效益的新路径，优化这项服务，从而为图书馆带来更优质的专项服务，改善图书馆的采购渠道，加强图书馆与馆配商的合作，从而实现双方的互利共赢。

（一）建立馆藏文献资源测评体系

馆配商在通过对数据挖掘以及数据分析探索性地制定适合各高校图书馆馆藏的新方案后，也需要对所提出的方案的精准程度做出相应的分析判断。这里需要引入馆藏文献资源测评体系对各项学科资源建设方案进行一一测评。

该馆藏文献资源测评体系主要是设立各学科的统一量化测量指标体系，从多维角度来分析所提出的学科建设方案的合理性、准确性、经济性等以进行有关测评。该测评体系也是精准采购项目未来的一大研究方向，通过对该方向的深入研究将可对精准采购模型进一步调整、优化。学科结构的合理性与否，图书经费是否得到最大化利用，图书购置后图书借阅率的持续观测值是否稳定等，这些问题均是测评体系需要考虑的问题。精准采购方案只有从根本上解决这些问题，才算得上是真正意义上的可行性方案。

馆藏文献资源测评体系的建立也意味着精准采购方案仍在不断得到完善，只有实践才能对精准采购的科学性做出验证，从多元指标来对精准采购进行检查，对检测精准采购的各项指标逐一量化，综合考虑精准采购方案的可行性与精准度。对各项指标之间的权重也要有所关注，利用综合评价方法对各项指标进行打分评价（如年度新书馆藏量、学科图书采购精准度、图书馆各学科图书利用率等），从而建立馆藏文献资源测评体系。

（二）规范图书选题策划

图书馆与馆配商在精准采购合作过程中，由于馆配商是同时与多所高校图书馆进行对接合作，而诸多高校因各自的学科建设差异以及高校现有资源条件各不相同，所需要制定的精准采购方案各异。但为了在项目实施过程中为各大高校带来高效率的学科精准采购体验，同时也节省馆配商的投入成本避免人力物力浪费，需要对图书馆学科采购图书进行规范化策划。所谓图书选题策划规范化即从图书出版源头对图书进行归类处理，从而方便馆配商对高校图书馆馆藏学科结构进行深入分析研究。

由于目前图书出版行业结构还存在一些不规范之处，图书出版主题也有诸多跟风趋势，导致目前图书出版同类主题较多，专业性、权威性难以得到体现。规范图书选题一方面需要馆配商、图书馆、出版社三方协力合作，另一方面也需要馆配商建立各类学科图书专家学者库，对各类学科的知名权威专家进行集中研究，建立学科权威结构网，从而在确定学科图书表时能够避免学科同质化的出现，不仅规范了图书选题，也为未来学科研究的纵向发展奠定了基础。

（三）制定科学合理的学科分类购书表

图书馆同馆配商的精准采购合作要体现精准二字，需要将学科、中图分类、核心出版社这三者结合起来进行研究。由于目前馆配商对全国各大高校图书馆馆藏数据的挖掘以及全国新书目名单体现的书目信息，均为图书对应相应的中图分类，而缺少中图分类与学科以及中图分类与核心出版社的一一对应关系。在制定精准采购学科分类购书表时需要对这两组对应关系做深入研究。目前我国教育部公布的学科有110个，根据《中国图书馆分类法（第五版）》将学科同中图分类进行一一匹配，找出各学科对应的中图分类，从而才能将学科同具体出版图书一一对应，之后再根据中图类别所对应图书的出版社来确定各学科图书的核心出版社。

学科分类购书表从学科、中图分类、核心出版社三方面对学科图书采购单进行确定，一定程度上保证了所购图书的专业性以及低漏购率，使各学科图书在采购过程中能够基于一定的科学化处理过程高效地采购到学科所对应的专业权威图书，从而满足高校图书馆各学科结构的购书需求，提升高校图书馆的馆藏利用率，优化馆藏结构。

（四）馆配商建立发展数据库，实现与图书馆数据双向互通

在大数据时代，数据库的价值不仅仅是储存数据，更是要能从结构化、非结构化的庞杂数据中挖掘到具有参考价值的信息，通过加工整合成为以供决策的丰富知识。目前图书馆的数据库建立和发展较早，相对来说馆配商的数据库建立还未起步。而馆配商若想要把握主动权、完成与图书馆的精准采购合作，就需要进一步扩大馆藏数据资源库，同图书馆的数据资源进行直接对接，形成有关数据的双向互通，以保证精准采购的准确度。

五　精准采购的实证分析

本研究以湖北三新同图书馆精准采购合作为例，分析图书馆与馆配商精准采购的合作效益。精准采购作为馆配商与图书馆合作的新兴模式在图书馆中得到具体实践的案例较少，并未形成规模。本次研究以同湖北三新达成精准采购合作协议的湖北爱华图书馆（化名）为例，结合精准采购效益模型，分析双方在该领域合作的效益情况。

（一）合作中成本、收益数值的确定

根据精准采购合作效益模型，首先需要对合作中各方成本及收益的实际数值进行统计、确定。

1. 湖北爱华图书馆的成本、收益值

湖北爱华图书馆于2016年同湖北三新达成精准采购的合作协议。

馆配商在该协议下需要根据图书馆学科建设需求，为所购学科图书提供图书推荐并根据图书购买量合理分配所购学科图书结构，从而在优化学科图书馆藏结构的同时提升图书质量。

精准采购订书模式需要图书馆提供馆藏图书学科结构数据以及所需进行书目推荐的学科，馆配商利用精准采购方式对图书馆各学科图书进行精准书目推荐，从而生成订单。湖北爱华图书馆2016年拟对该校7个学科进行学科图书优化，湖北三新针对这7个学科图书进行精准制定，为图书馆推送7个学科优化书目单，推送书单金额为20万元，约5000个品种数，图书馆选取该批图书量约为80%，即约16万元，约4000种。学科图书结构由于新购图书导致结构比例发生了变化，详细情况见表7—5。

表7—5　　　　　精准采购前后7个学科结构对比

学科结构	学科1	学科2	学科3	学科4	学科5	学科6	学科7
原结构比例	7%	28%	10%	16%	9%	14%	16%
新结构比例	9%	26%	9%	16%	8%	14%	18%
标准结构比例	13%	22%	8%	18%	7%	15%	17%

注：学科结构的比例为相对值，且变化后新结构为精准采购后的学科图书新值计算。

表7—5中7个学科的结构比例是相对值，即不考虑未纳入分析的其他学科图书数量，而单独分析这7个学科之间的结构配比，以调整各学科的结构。但实际情况为，图书馆并未全部采购湖北三新所推荐的包含7个学科的学科结构优化书目单，选取比例为80%，这就造成实际的新结构比例同标杆高校馆的标准学科结构比例存在着一定的差距，图书馆效益并未达到最大化。

图书馆根据馆藏情况以及学科建设任务来自行进行学科图书采访工作所花费的时间包括学科分析以及学科书目确定的时间、书目采访时间，单个学科的分析以及学科书目确定的时间平均为两个工作日，书目采访时间平均为6个工作日。以图书馆采访人员平均工资为5000元/月计算，则单位工作日的人工成本为 5000/ 21.7①，取整约 230 元/天，W_1 =230，图书馆采访人员现采所耗费时间一般为 3 个工作日。

图书馆阅读率提升的效益体现为读者放弃阅读图书而从事其他活动所取得的收益，借阅率提升所带来的效益即借阅率提升值与机会成本相乘值。精准采购后对图书馆借阅率持续观察，发现这 7 个学科图书借阅率由原有的 21% 增长至 33%。对机会成本的计算选取学生放弃阅读而选择打工所赚取的薪资，工资薪酬以 20 元/时记，图书量约为 4000 册，假设读者平均 3 个工作日能读完一册，则花费的时间 T_3 = 4000 × 3 × 8 = 96000 小时。

图书馆学科结构通过精准采购能够得到优化，结构调整所获得的收益体现在多购图书经费的节省以及漏购图书的补充这两个方面。

2. 湖北三新的成本、收益值

湖北三新对精准采购的成本投入源于数据库支撑以及有关技术人员、数据分析人员的技术支持，精准采购项目的主要成本为有关工作人员的薪资。目前配备的数据库数据挖掘、数据分析人员共 5 名，精准采购学科分析以及购书表制定人员共 3 名，以每月 5000 元的薪资水平计算。2016 年精准采购投入的人工成本为 5000 × 8 × 6 = 240000 元。由于目前精准采购尚在初步试用阶段，尚未对数据资源进行进一步学科化制定以及学科挖掘，如用户量进一步扩大，则需要考虑对数据资源的开发、数据提取的投入，由于目前该方式的试用图书馆较少，仍以总成本计算。

目前对精准采购项目的收益主要为图书馆付出的购书费用以及专项服务费用，专项服务项费用为 2 万元/次。

（二）湖北爱华图书馆与湖北三新的合作效益分析

1. 湖北爱华图书馆的效益分析

结合图书馆精准采购效益模型，以及上述案例中各项数值的确

---

① 《关于职工全年月平均工作时间和工资折算问题的通知》，2017 年 1 月 18 日，http：//www.gov.cn/zwgk/2008 - 01/10/content_ 855099. htm。

定，湖北爱华图书馆的效益公式为

$$Y = T_1W_1 + T_2W_2 + (r' - r)T_3W_3 + B\{(S_a - S_a') + (S_b - S_b') + \cdots\} + B\{(S_c' - S_c) + (S_d' - S_d) + \cdots\} - C$$

则图书馆的效益值 $Y = 9 \times 230 + (33\% - 21\%) \times 96000 \times 20 + 160000\{(9\% - 7\%) + (18\% - 16\%)\} + 160000\{(28\% - 26\%) + (10\% - 9\%) + (16\% - 16\%) + (9\% - 8\%) + (14\% - 14\%)\} - 20000 = 6390$

即通过精准采购的合作，湖北爱华图书馆花费 30000 元能获得 6390 元的效益增量。

2. 湖北三新的效益分析

馆配商精准采购的效益模型为 $Y = C + B - T_4W_4 - T_5W_5$，则湖北三新的效益为

$Y = 20000 + 160000 - 240000 = -60000$

2016 年湖北三新精准采购仍处于试用阶段，此处的效益为负值的原因主要为效益值以单个图书馆为合作对象计算，增加试用单位会对成本产生影响，但变动值主要为可变成本，固定成本则不会发生较大变化。

3. 湖北爱华图书馆与湖北三新的合作效益探讨

从上述合作案例分析中可以看出，湖北爱华图书馆获得了明显的效益提升；然而湖北三新则尚未达到规模效应，其从合作中可获得的效益尚不明显。

从湖北爱华图书馆的效益公式中可以看出，对图书馆效益影响的主要部分为借阅率的提升以及图书馆学科图书结构的优化。借阅率是图书馆建设需要关注的重要问题，对该部分效益的体现选取机会成本代替，从而将其数值化，以方便进行数据衔接。同样，对学科图书结构优化对图书馆带来的效益也对其进行数值化处理，将其延伸为购书费用的节约以及学科图书漏购率下降，从而进行效益计算。

湖北三新的合作效益同其用户规模以及后续数据拓展有着紧密的联系。随着用户量的增长，湖北三新通过直接收取服务专项费用获取

收益。而随着用户量的大幅上升，现有的数据库资源则难以满足精准采购专业服务所需的数据供应，则需对其进行有关投入，进一步扩大数据库容量，在目前现有数据库的基础上增加年学科变动情况以及高效馆藏数据情况等有关数据，该部分资源的投入同合作高校图书馆数量有一定的联系，从而效益模型可以对其进行相应改变。

（三）精准采购合作及其效益模型的实践效果

本次实证分析运用了精准采购合作效益模型，评估了图书馆与馆配商的合作效益情况，从结果来看，图书馆在同馆配商的精准采购合作过程中能够获得一定的效益增量，馆配商由于项目的初步投入试用，尚未形成规模效益，因而在本阶段并未得到效益体现。精准采购合作效益模型可以如实反映实践中的效益情况，但也存在着一些不足。

1. 精准采购对图书馆与馆配商均能带来一定的效益

通过相关实例进行的实证分析证明精准采购对图书馆与馆配商二者均能带来一定程度的效益提升，图书馆的效益能够得到较为具体的量化表现，馆配商的效益同服务图书馆的数量存在一定的关系，效益的增值在初期并未得到体现，需要用户规模进一步扩大才能使其得到具体的体现。

2. 效益模型可以真实体现图书馆与馆配商之间的合作效益情况

图书馆与馆配商合作效益模型通过案例所获得的结果一定程度上反映了图书馆与馆配商的效益。精准采购的效益体现主要为借阅率的提升以及学科结构的优化，而这两部分的结果显示也证明其为图书馆效益增量的主要构成。相应的，馆配商目前处于初步运用阶段，投入大于产出，因而效益体现为负值，但也同时说明了随着用户量的提升虽然需要对有关技术以及数据量进行进一步的投入，但精准采购的收益将会呈现稳健增长的趋势。

3. 效益模型未体现图书馆实际采购率

效益模型主要评估图书馆与馆配商产生合作部分的效益情况，但对因客观因素而无法满足的需求情况并未计入。由于案例中，图书馆对精准采购书目单的采纳比例为80%，并未对全部书目进行采纳，因而对其效益的计算并未按照标杆高校的标准学科结构比例计算，即学科结构优化部分的效益并未达到最大值。

4. 效益模型难以准确衡量馆配商的运营成本变化

馆配商的成本情况目前难以准确的估量，由于对馆配商的成本讨论中以单个图书馆为例进行讨论，且目前该项目仍处于试用阶段，故该阶段项目成本会相对较高，且缺少用户量来分担成本费用，因而对其以单位效益以及总成本来计量。但随着项目的逐步成熟，用户量将会提升，需要对项目容量扩大，也就意味着用项目对象数量的提升来分担总成本，以及需要进一步的投入有关费用，进一步投入的费用由于可能需要投入固定资产以及人员配备、技术投入，因而目前难以准确估量。

（四）精准采购合作及其效益模型的改进策略

1. 增加图书馆实际采购率

图书馆如未按照提供的精准采购书目名单来进行书目预订，则会对最终的精准采购效益产生一定的影响，需要在效益模型中增加图书馆实际采购率来对其进行校准，这里引入图书馆实际采购率 k（$0 < k \leq 100\%$）表示合作中图书馆的实际购买比例，当 $k = 100\%$ 时，馆配商所能够获得的效益达到最大值。

图书馆的效益模型为

$$Y = T_1W_1 + T_2W_2 + (r' - r)T_3W_3 + Bk\{(S_a - S_a') + (S_b - S_b') + \cdots\} + Bk\{(S_c' - S_c) + (S_d' - S_d) + \cdots\} - C$$

馆配商精准采购的效益模型为 $Y = C + Bk - T_4W_4 - T_5W_5$。

2. 项目后续发展成本费用的校准

由于馆配商目前处于初步投入阶段，因为对其计算以单个图书馆以及总成本进行计算，并省略了后续费用的投入。而随着项目的继续发展，用户量的提升以及数据库扩容均会导致成本效益的变动。假设用户量为 N，后续费用的投入同用户量 N 直接预计会呈现线性关系，假设这部分后续费用投入为 TN。

则馆配商精准采购的效益模型为

$Y = CN + Bk - T_4W_4 - T_5W_5 - TN$。

第八章

结论与展望

一 研究结论

合作共赢一向是企业之间追求的理想状态,在不少行业也存在许多成功的案例。在图书馆馆配产业里的上下游间的合作共赢,也逐渐成为图书馆与馆配商同步发展的趋势。国内外在相关领域的研究主要集中于对双方合作关系的宏观探讨以及合作案例的共享分析方面,尚未进行微观层面的详细研究。同时国内研究主要从图书馆角度入手,从馆配商角度研究的文献比较缺乏。因此,图书馆与馆配商合作的具体方式及流程尚待研究、探讨。而鉴于图书馆的公共服务的特性,目前尚缺乏一种能够评估双方合作效益的理论体系。

本研究以提升图书馆与馆配商的合作效益为目标,系统梳理了国内外图书馆与馆配商合作效益的研究成果,深入探讨了图书馆与馆配商合作及其效益追求的理论依据和实践动因,通过若干的实例分析了我国图书馆与馆配商合作效益的现状及存在的问题。本研究分析了图书馆与馆配商合作效益提升面临的新形势,借鉴国外的经验,提出了在新形势下提升我国图书馆与馆配商合作效益的三种新的合作模式,并运用数学模拟方法,分别构建了这三种模式的合作效益模型,提出了采用该模型提升合作效益的策略。最后,以三家图书馆与馆配商的合作为例,对这些合作效益模型进行了实证分析。通过以上研究,得出了如下结论。

第一，图书馆与馆配商的合作及其效益的提升应该是在科学理论指导下的实践活动。供应链管理理论、客户关系管理理论、合作竞争理论、营销管理理论和成本效益理论是指导图书馆与馆配商合作并提升合作效益的理论支撑。

依据合作竞争理论，图书馆与馆配商之间不应是对抗性的竞争，而应是在市场竞争中加强合作。供应链管理理论指导馆配商全局性地把握自身在供应链中所处的地位，根据自身优势同供应链上下游进行沟通协作，实现合作共赢。客户关系理论要求图书馆和馆配商都要以客户为中心，所有产品、服务、业务流程都要以最大限度地满足客户需求为出发点。营销管理理论要求馆配商与图书馆合作，确保供应环节中的有效沟通，形成有效的数据交换及信息互通，及时了解市场变化及趋势，从而制定相应的营销策略。成本效益理论使图书馆与馆配商合作具化为可实施的成本效益控制，是提升合作效益的理论推动力。

第二，目前我国图书馆与馆配商合作过程中存在诸多矛盾，这些矛盾影响了两者的深化合作及效益提升。读者决策采购、纸电同步和精准采购等新的合作模式，是解决这些矛盾，提升图书馆与馆配商的合作效益的有效途径。

对图书馆与馆配商合作效益的实例分析表明，目前我国图书馆与馆配商合作过程中存在诸多矛盾，这些矛盾影响了两者的深化合作及效益提升。这些矛盾主要有：图书馆的所需图书品质、品种与馆配商实际供应能力的矛盾；图书馆对服务质量要求提高与馆配商的运营成本的矛盾；信息传递效率与链式信息传递模式的矛盾；图书馆的差异化需求与馆配商标准化服务的矛盾；市场环境激变与馆配商应对能力的矛盾；短期利润与长期效益的矛盾。而在新形势下，解决上述矛盾，提升图书馆与馆配商的合作效益，需要有新的合作模式。这些模式主要包括：以用户需求为导向的读者决策采购、基于互联网技术的纸电同步合作、服务一流学科建设的精准采购合作。

第三，读者决策采购（PDA）效益模型分析表明，图书馆与馆配商在读者决策采购系统上的合作可以给两者都带来效益的提升。

读者决策采购在国外电子书采购等领域已经得到了成熟的应用，然而在我国相关的实践则相对有限。对读者决策采购效益模型的分析表明，图书馆与馆配商在读者决策采购系统上的合作可以给两者都带来效益的提升。其中，图书馆所获得的效益明显，在一定的采购经费投入及人工的配合下，图书馆可以收获超过原本投入的价值。在馆配商方面，考虑到图书采购数量或采购金额作为系数远大于馆配商工作人员平均日薪的系数，实际上图书销售的利润空间成为决定馆配商在读者决策采购合作中的效益水平的关键因素之一。国内 PDA 合作的可行方式为：根据综合实力选择 PDA 供应商；设置 PDA 采购预设文档，建立查重体系；并建立完善的购买触发机制。对于 PDA 合作的效益提升，则需要从人员培训、预设文档的严谨性以及馆配商营销方式的改变等方面入手。

第四，纸电同步是将互联网、大数据等新兴技术融入图书馆与馆配商合作的明智选择，是双方拓展合作领域和合作方式，提升合作效益的有效途径。本研究主要探讨的是基于馆配商平台的纸电同步销售，出版社及出版商自主研发的电子书平台则不在本研究讨论范围内。

纸电同步是我国数字出版的有效实践途径，然而完全实现纸质、电子图书同步出版、同步供应、同步销售，仍需要经历一定的发展过程。买纸送电、纸电图书捆绑等销售模式也是当前纸电同步合作的必经之路。实现纸电同步采购，同时也需要借助于云平台等网络信息技术，打造联通馆配产业链的一体化供应平台。我国馆配商也已经进行了不少尝试并取得了一定成效。通过纸电同步的合作效益模型的分析可知，纸电图书的同步率是影响双方合作效益的主要因素。另外通过提升云平台的运作效率也可以进一步提升合作效益。对馆配商来说，图书的利润空间仍是影响其效益的核心因素。通过建立全品种书目平台，完善招标制度，以及提高纸电同步率，可对该领域合作效益的提升有促进作用。

第五，精准采购的模式使图书馆可以准确采集、有针对性地向用户提供高质量学术信息资源，助力学科建设。馆配商在该服务达到规模效应的情况下，单一的服务成本达到最低，净利润得到提升。

学科建设一直以来也是我国高校教育体系中的主要组成部分，有助于高校综合实力的提升。而采用精准采购的模式，图书馆则可以有效提供科学的信息资源，助力学科建设。精准采购的实施方式为建立标杆学校，分析其馆藏结构，细分至二级学科，分析标杆高校该学科下二级学科图书的馆藏情况，从而分析该学科下二级学科的馆藏图书占比，确定学科优先发展方向；再确定二级学科图书的核心出版社，进行针对性采购。通过效益模型分析，精准采购所带来的工作效率提升以及借阅率的变化是该合作效益的显著表现。馆配商在该服务达到规模效应的情况下，单一的服务成本达到最低，净利润得到提升。同时还可以提高图书采集面以及节省采购及人力成本。通过资源评测、选题规划以及学科分类等方式可以提升精准采购的合作效益。

第六，图书馆与馆配商合作效益模型的实证分析证明了本研究设计能够准确测度双方的合作效益，也存在改进空间。

通过我国馆配商与图书馆的合作实践，本次研究对以上三种合作方式的效益模型进行了实证分析，其结果显示新的合作领域可给图书馆和馆配商带来良好效益；效益模型可以成功测量图书馆及馆配商的合作效益，并能反映实际的合作状况；然而同时也存在一定的不足及局限性。主要问题在于新领域合作的开展规模有限，时间不长，相关数据略显不足；同时在实践中，图书馆与馆配商的合作也存在很多个性化情况，并不完全如模型所抽象出的模式一样进行合作。针对三种模型各自存在的局限性，本次研究给出了三种合作领域的改进策略，以及模型指标和公式上的改良方法。其应用效果则需要更长时间的实践观测及研究。

二 研究的创新与局限

（一）研究的创新

图书馆与馆配商的合作已有较长的历史，但此前图书馆界和图书发行界对这一领域的研究，基本上局限于将它作为图书采访和图书销售的一项业务活动。本课题研究则引入供应链管理理论、客户关系管理理论、合作竞争理论、营销管理理论和成本效益理论来解释和分析图书馆与馆配商合作及其效益产生的理论依据，从而使这种合作及其效益的提升成为在理论指导下的实践活动。

随着社会信息化进程的加快，图书市场和社会的文献信息需求正在发生迅速而深刻的变化。面对正在到来的挑战和机遇，本课题研究提出图书馆与馆配商的合作及其效益的提升必须在读者决策采购、纸电同步和精准采购这三个方面有所突破。

图书馆与馆配商良好的合作无疑能给双方带来效益，但这种效益究竟有多大，业界往往只有模糊的感知。本课题研究运用数学模拟方法，构建了读者决策采购、纸电同步采购和精准采购合作效益模型，运用实证研究、案例研究方法，对这三种模型进行了实证分析，证明了在图书馆与馆配商的合作中采用这些模型提升合作效益是可行的。

（二）研究的局限

1. 相关文献不足

国内外关于图书馆与馆配商的合作效益的研究尚未进入成熟阶段，关于图书馆与馆配商的研究也主要集中在二者合作模式的探讨，因而对二者效益研究缺乏文献支撑。

2. 有关数据缺乏

在对图书馆与馆配商的合作领域进行分析时，由于这三个领域的发展在国内仍属于创新型发展，因而在有关数据的搜集上存在困难，对这三个领域的分析也主要采用数据模拟法，在一定程度上能够对合作领域进行相关分析但仍缺少具体案例数据进行佐证。

3. 策略有待检验

根据从业经验以及行业的发展趋势制定了图书馆与馆配商三个合作领域的效益提升策略，虽然经过实证验证，但在实践中如何调整变量，获得最佳效果仍有待检验。

三 后续研究的展望

本课题研究立足于对图书馆与馆配商的合作效益，以及提升双方合作效益的方式的研究，提出了三种可行的合作领域拓展，并构建了合作效益模型，通过实证分析验证合作领域及效益模型的应用效果。然而，由于本次研究的规模限制，以及馆配市场中相关领域的合作实践也仍处于起步阶段，图书馆与馆配商在该领域的合作效益在本次研究中也仅是初见端倪。因此，本次研究也留存了较多问题，可供后续研究。

第一，本次研究着重于图书馆与馆配商的合作效益研究，而对出版社、读者在馆配行业中的意义以及作用方式探讨有限。而这些主体与图书馆或馆配商之间的相互影响，乃至效益问题并未在本次研究中涉及。后续研究也可从馆配产业链中其他主体入手，研究主体间的相互关系及效益问题。

第二，本次研究提出了读者决策采购、纸电同步，以及精准采购等提升图书馆与馆配商合作效益的方式。而从国内外相关研究及案例中可知，图书馆与馆配商同样在开放获取、阅读推广等方面存在合作。故在后续研究中，可以进一步挖掘提升图书馆与馆配商合作效益的有效方法及相应的效益评估问题。

第三，本次研究分析了读者决策采购对提升图书馆与馆配商合作效益方面的作用，然而并没有深入探讨读者决策采购与图书馆现有工作流程的融合机制。读者决策采购固然减少了图书馆员的部分工作，但仍需要图书馆员进行相应的监管，以及完成采购的后续操作。因此，将读者决策采购融入图书馆工作流程的实施方式，使 PDA 大范围应用于我国馆配市场的条件也是后续研究值得深入分析的问题。

第四，本次研究对纸电同步的合作作出了基本的设计构想，并结合湖北三新的实例作出分析。而正如文中指出的，当前纸电同步实践情况与理论构想还存在一定的差异，主要表现在馆配商平台的纸电同步率还有待提高，以及当前平台对工作效率的提升未得到体现。后续研究中，除了对提升纸电同步率的良性发展机制的探索外，也可对纸电同步的合作实践做长期的观测研究，以验证本书的研究结论。

第五，本书分析了精准采购的合作效益，而因为研究规模的限制，本书主要细分至二级学科进行研究；而本次研究也同时表明，图书馆需要进一步细分学科类目，精准确定学科发展方向，馆配商也需要对学科的类目进行细分研究，从而以确定所推送方案的精准。因此，对学科分类的进一步细分是精准采购领域的后续研究方向之一。

参考文献

中文文献

［美］埃德·里格斯比：《合作的艺术》，唐艳、王倩芳译，中信出版社2003年版。

白新勤：《图书馆实施读者决策采购的基本路径探讨》，《图书情报工作》2013年第3期。

陈双飞：《大数据时代图书馆基于服务生命周期的客户关系管理研究》，《现代情报》2014年第5期。

陈雪：《大数据时代高校图书馆采编工作转型探析》，《河南图书馆学刊》2016年第7期。

崔波：《高校图书馆与馆配商互利共赢的思考》，《图书馆工作与研究》2009年第10期。

崔雁黎、张洪艳：《"互联网+"时代书业一站式平台高校图书馆与馆配商互动模块的框架和功能研究》，《图书馆研究》2016年第11期。

范林根、刘仲英：《供应链信息流结构研究——从链式信息流到信息流网络》，《商业经济文萃》2003年第5期。

［美］菲利普·科特勒、加里·阿姆斯特朗：《市场营销原理》（亚洲版·第3版），洪瑞云、梁绍明、陈振忠、游汉明译，机械工业出版社2016年版。

费希娟：《大数据时代图书馆编目业务外包工作探讨》，《长春师范大学学报》2016年第6期。

顾春来：《App应用程序开发模式探究》，《硅谷》2014年第5期。

郭晶、张志强：《我国出版社App类电子出版物的发展历程及其评价》，《科技与出版》2014年第2期。

国家新闻出版广电总局：《2015年新闻出版产业分析报告》，2016年。

韩冬丽：《供书商综合评价体系及评价方法》，《图书馆理论与实践》2008年第3期。

郝长春：《我国企业客户关系管理（CRM）的应用研究》，对外经济贸易大学，2006年。

何小玲：《改革开放30年来书商与高校图书馆合作关系的发展研究》，福建师范大学，2010年。

胡小菁：《PDA读者决策采购》，《中国图书馆学报》2011年第2期。

黄科舫、刘红英、王丽君：《论企业信息流的传播机制及其控制方法》，《情报杂志》2001年第10期。

贾丽君：《基于PDA的图书资源采购云平台构建分析》，《图书馆情报工作》2016年第2期。

江涛：《面向用户需求的图书馆云平台个性化服务系统模式研究》，《国家图书馆学刊》2013年第3期。

蒋璐：《美国电子书馆配研究》，《出版科学》2014年第2期。

金声：《高校图书馆服务营销研究综述》，《图书馆论坛》2013年第7期。

李洪梅、胡号寰：《国内图书馆配市场现状、问题及对策》，《长江大学学报》（社会科学版）2016年第8期。

李健、李泉年：《基于物流、信息流的企业资金流控制》，《商业研究》2003年第8期。

李莉、张超然、刘丹、李纪成：《移动App开发模式研究》，《长春理工大学学报》（自然科学版）2016年第5期。

李爽：《客户关系管理理论在图书馆的应用》，《图书馆杂志》2003年第1期。

李四克：《析图书馆对书商的选择》，《咸宁学院学报》2004年第5期。

李欣荣：《EDI技术与现代图书采购》，《图书馆理论与实践》2004年第6期。

李迎：《基于客户关系管理理论的高校图书馆服务读者研究》，《情报探索》2014年第9期。

梁嘉慧：《EDI技术与通信环境》，《电脑知识与技术》2004年第32期。

刘蒙之：《改革开放以来的大陆民营图书出版业研究》，复旦大学，2010年。

娄冰：《馆配商的过去、现在与未来》，《图书馆学刊》2016年第3期。

鲁俊杰、侯卫真：《面向信息资源整合的电子政务云平台构建研究》，《图书馆学研究》2012年第13期。

罗德一：《EDI技术在图书订购业务中的应用研究》，《图书馆学研究》2012年第10期。

吕娜娜：《加利福尼亚州立大学图书馆电子书PDA项目分析》，《图书馆建设》2014年第10期。

莫丹萍：《从"读者书吧"与"彩云项目"看图书馆与书商关系的重构》，《山东图书馆学刊》2016年。

彭飞、陆聆：《关于图书馆与书商关系的博弈论分析》，《图书馆学研究》2006年第12期。

[美] N. 格里高利·曼昆：《经济学原理》，梁小民译，机械工业出版社2003年版。

沈秀琼：《蓝海战略：高校图书馆与馆配商的"非零和"博弈》，《馆配园地》2015年第6期。

史丽香：《纸本图书PDA：境外图书馆的实践及其启示》，《图书馆杂志》2013 年第 11 期。

宋旅黄、赵冉：《"互联网 +" 背景下中文纸质图书采购模式的变革——以三新书业为例》，《图书情报知识》2016 年第 2 期。

苏开颜：《中文图书主题纲目采购的利弊》，《图书馆杂志》2001 年第 7 期。

孙晓、朱咫渝：《图书馆与图书供应商关系转型探索》，《图书馆杂志》2008 年第 3 期。

汤诚：《我国大学图书馆实行纲目购书的难点及可行性路径探析》，《图书情报知识》2016 年第 2 期。

田利：《图书馆、馆配商与出版社三方合作共赢的实现模式》，《图书馆学刊》2016 年第 4 期。

万慕晨、欧亮：《基于微信公众平台的高校图书馆阅读推广效果实证研究》，《图书馆情报工作》2015 年第 11 期。

王光波：《基于客户关系管理的图书馆服务模式分析》，《图书馆工作与研究》2009 年第 7 期。

王虎、尹作荣：《供应链管理与 EDI 技术》，《科技进步与对策》2002 年第 1 期。

王洁慧、张洪艳：《"互联网 +" 时代图书采购的供应链管理研究》，《图书馆学研究》2016 年第 3 期。

王克平、刘文云、葛敬民、冯晓娜：《基于 SWOT 分析的我国大学图书馆 4P 与 4C 营销理念》，《图书馆理论与实践》2013 年。

王磊：《国内"图书馆客户关系管理"研究探析》，《河南图书馆学刊》2007 年第 1 期。

王丽霞：《数字时代高校图书馆纸质文献的开发和利用》，《内蒙古科技与经济》2016 年第 3 期。

王瑞玲：《从图书招标谈图书供应商的选择》，《图书馆建设》2006 年第 3 期。

王燕：《基于云服务的数字化校园云平台设计研究》，《长江大学学报》（自然科学版）2013 年第 22 期。

乌家培、谢康、王明明：《信息经济学》，高等教育出版社 2007 年版。

奚雷、韦文联、郝赟、杨萍：《供应链组织间的信息流研究》，《衡水学院学报》2014 年第 2 期。

肖希明、完颜邓邓：《国外图书馆与出版商、书商的多元化合作》，《图书馆》2016 年第 4 期。

肖希明、张伶：《营销管理理论与图书馆管理》，《图书馆理论与实践》2011 年。

肖希明：《信息资源建设》，武汉大学出版社 2008 年版。

谢莉：《美国大学图书馆实施 PDA 过程中面临的问题及解决办法》，《图书情报工作》2013 年第 5 期。

徐辉、李长华、彭万程：《CRM 在企业营销中的应用研究浅谈》，《商业经济》2016 年第 10 期。

徐夏莲：《谈谈图书馆与图书供应商合作中存在的问题及对策》，《图书馆界》2009 年第 3 期。

薛冬辉：《大数据时代下的物流、信息流、资金流融合——基于商业银行视角》，《物流技术》2014 年第 1 期。

杨丹丹：《利用大数据分析法提高图书馆读者决策采购效能探析》，《图书馆工作与研究》2015 年第 1 期。

杨淑琼：《高校图书馆与馆配商合作机制探讨》，《图书馆学研究》2016 年第 7 期。

杨毅：《移动 App 开发模式探讨》，《福建电脑》2014 年第 6 期。

叶菁：《高校图书馆图书采购中构建双向诚信的思考》，《科技情报开发与经济》2014 年第 1 期。

殷康：《云计算概念、模型和关键技术》，《中兴通讯技术》2010 年第 4 期。

俞欣：《馆配市场中三方博弈与合作》，《图书馆建设》2008 年第 8 期。

袁芳：《从融合到同步——馆配电子书市场的发展构想》，《出版发行研究》2016 年第 7 期。

张丹:《读者决策采购模式中馆员的角色定位及职业前景分析》,《图书与情报》2014 年第 2 期。

张建民:《中文电子书馆配市场发展探析》,《出版广角》2016 年第 8 期。

张军:《纲目购书——中文图书采购的新形式》,《大学图书馆学报》2003 年第 3 期。

张美莉:《高校图书馆选择馆配商之策略探析》,《出版广角》2016 年第 3 期。

张天鹏:《信息化时代商业中"四流"的管理探讨》,《现代工业经济和信息化》2012 年第 16 期。

张晓强:《EDI 技术在订单管理中的应用》,《科协论坛》(下半月) 2008 年第 8 期。

章翠柳:《馆配市场的现状、问题及图书馆应对策略》,《中小学图书情报世界》2007 年第 12 期。

张倩:《"十三五"期间馆配商如何突围?》,《中国出版传媒商报》2016 年 4 月 3 日。

周群:《图书馆 PDA 微信采访平台构建》,《数字技术》2015 年第 11 期。

外文文献

Anna Alwerud & Lotte Jorgensen, ELIN@, *The Acquisitions Librarian*, 17, 2005.

Andrew Tessler, "Economic Valuation of the British Library", *Oxford Economics*, 2013.

Baker, Michael J., "Marketing is Marketing-Everywhere!", *Vikalpa*, July-September, 30 (3), 2005.

Bell-Elkins, J. B., *A Case Study of A Successful Community-campus Part-*

nership: *Changing the Environment Through Collaboration*, Boston: Unpublished Dissertation, University of Massachusetts, 2002.

Bingcong Zeng, Benjamin P. -C. Yen, "Rethinking the Role of Partnerships in Global Supply Chains: A Risk-based Perspective", *International Journal of Production Ecnomics*, Vol. 185 (3), 2017.

British Library, Measuring our Value.

Brooks. Sam, "Introduction: The Importance of Open Communication between Libraries and Vendors", *Journal of Library Administration*, Vol. 44, No. 3/4, 2006.

Carol Tenopir, "Beyond Usage: Measuring Library Outcomes and Value", *Library Management*, Vol. 33, Iss 1/2, 2011.

Carstea G., Paun O., Paun S., "New Approaches of Supplier Relationship Management", "Ovidius" University Annals, *Economic Sciences Series*, Vol. 14, No. 2, 2014.

Christopher, M., "The Agile Supply Chain: Competing in Volatile Markets", *Industrial Marketing Management*, 29 (1), 2000.

Dey, P. K., A. Bhattacharya, and W. Ho., "Strategic Supplier Performance Evaluation: A Case-based Action Research of a UK Manufacturing Organisation", *International Journal of Production Economics*, 166, 2015.

Dreyer, B., and K. Gronhaug, "Coping with Unpredictable Supply: The Role of Flexibility and Adaptation", *European Journal of Marketing*, 46 (10), 2012.

Dunie, Matt, "Negotiating with Content Vendors An Art or a Science?", *Library Technology Reports*, Vol. 51, Issue 8, 2015.

E. W. T. Ngai, T. C. E. Cheng & S. S. M. Ho, "Critical Success Factors of Web-based Supply-chain Management Systems: An Exploratory study", *Production Planning & Control*, 15: 6, 2004.

Foster-Fishman, P., Berkowitz, S. L., Lounsbury, D., Jacobson, S. and

参考文献

Allen, N., "Building Collaborative Capacity in Community Coalitions: A Review and Integrative Framework", *American Journal of Community Psychology*, 29 (2), 2001.

Gosling, J., M. Naim, and D. Towill, "A Supply Chain Flexibility Framework for Engineer-to-Order Systems", *Production Planning & Control*, 24 (7), 2013.

Gunasekaran, A and Kobu, B., "Performance Measures and Metrics in Logistics and Supply Chain Management: A Review of Recent Literature (1995-2004) for Research and Applications", *International Journal of Production Research*, 45 (12), 2007.

Gupta K. D., "Everything is Marketing: An Analysis of Functional Relationships of Marketing and Libraries", *Journal of Library & Information Technology*, Vol. 36, No. 3, 2016.

Haig-Brown, C., "Continuing Collaborative Knowledge Production: Knowing When, Where, How, and Why", *Journal of Intercultural Studies*, 22 (1), 2001.

Hofmann, E., "Quantifying and Setting off Network Performance", *International Journal of Networking and Virtual Organisations*, 3 (3), 2006.

Huxham, C., *Creating Collaborative Advantage*, London, UK: Sage, 1996.

J Bhatt, WC Paulsen, L Dunn, ASV Epps, "Vendor Partnerships with Engineering Libraries: Partnering with Knovel: Case Studies in Information Outreach", *American Society for Engineering Education*, 2005.

Jay Bhatt, W. Charles Paulsen, Lisa G. Dunn, Amy S. Van Epps, "Vendor Partnerships with Engineering Libraries", *American Society for Engineering Education*, 2005.

J-M. Griffiths., D. W. King., C. T. Herbison., S. Beach., J. Schlarb, "A Study of Taxpayer Return on Investment (rol) in Florida

Public Libraries: Detailed Results & Study Methods".

John Blosser, "Vendors and Licenses", *The Serials Librarian*, 38: 1 - 2, 2000.

Jose, J & Bhat, "Marketing of Library and Information Services: A Strategic Perspective, Vision", *The Journal of Business Perspective*, Vol. 1, No. 11, 2007.

Katy Ginanni, Anne E. McKee, Jenni Wilson & Linda A. Brown, "Yer Doin' it Wrong: How NOT to Interact with Vendors, Publishers, or Librarians", *The Serials Librarian*, Vol. 68, Issue, 1/4, 2015.

Kelly Lynch, "E-books: The Future for Publishers and Libraries", *Collection Building*, Vol. 31, Iss 2, 2012.

Kenneth E. Marks PhD, "Vendor/Library Collaboration—An Opportunity for Sharing", *Resource Sharing & Information Networks*, 18: 1 - 2, 2005.

Kevin M. Marmion & Richard J. Spinelli, "The Changing Role of Law Library Vendors", *Legal Reference Services Quarterly*, 21: 4, 2002.

Kirsten Ostergaard, Doralyn Rossmann, "There's Work to be Done: Exploring Library-Vendor Relations", *Technical Services Quarterly*, 34: 1, 2017.

Kotler, Philip & Sidney, J. Levy, "Broadening the Concept of Marketing", *Journal of Marketing*, Vol. 33, No. 1, 1969.

Kushner, R. J., "Understanding the Links between Performing Artists and Audiences", *Journal of Arts Management, Law, and Society*, 33 (2), 2003.

Levin, Driscoll & Fleeter, "Value For Money: Southwestern Ohio's Return from Investment in Public Libraries", 2006.

Margaret Beecher Maurer & Michele L. Hurst, "Library-vendor Collaboration for Re-engineering Work flow: The Kent State Experience", *Library Collections, Acquisitions, & Technical Services*, 27: 2, 2003.

Matt Barnes Jon Clayborne Suzy Szasz Palmer, "Book Pricing: Publisher, Vendor, and Library Perspectives", *Collection Building*, Vol. 24, Iss 3, 2005.

Metzler, M. M., Higgins, D. L., Beeker, C. G., Freudenberg, N., Lantz, P., Senturia, K. D. and Softley, D., "Addressing Urban Health in Detroit, New York City, and Seattle Through Community-based Participatory Research Partnerships" [Electronic Version]. *American Journal of Public Health*, 93 (5), 2003.

Monica Ward, Joanie Lavoie, "A Library-publisher Partnership for Open Access: Building and Innovative Relationship between Scholarly Publishers and Academic Libraries", *Liber Quarterly*, Vol. 25, No. 4, 2016.

Ostergaard K. & Rossmann D., "There's Work to be Done: Exploring Library-Vendor Relations", *Technical Services Quarterly*, Vol. 34, No. 1, 2017.

Peck, H., "Resilience in the Food Chain: The Inside Story", *Logistics & Transport Focus*, 9 (4), 2007.

Pickett C., Tabacaru S., and Harrell, J., "E-Approval Plans in Research Libraries", *College & Research Libraries*, 2014.

Raley S. & Smith J., "Community College Library/Vendor Relations", *Journal of Library Administration*, Vol. 44: 3 - 4, 2006.

Ray L. Henry, "Library Software Vendors: Improving Relationships", *The Journal of Academic Librarianship*, Vol. 42, Issue 5, 2016.

Ricco, M. E., "21st Century Inter-organizational Collaboration Success and Dedicated Alliance Function", *Phoenix, AZ: University of Phoenix*, 2009.

Rick Anderson, Jane F. White & David Burke, "How to Be a Good Customer", *The Serials Librarian*, 48: 3 - 4, 2005.

Rolando B. Oloteo, Henry A. Mabesa, Jr., "Library Services and Customer Satisfaction in State Universities and Colleges in the Bicol Region".

Ronald A. Gagnon, "Library/Vendor Relations from a Public Library Perspective", *Jounuil of Library Administration*, Vol. 44, No. 3/4, 2006.

Rosanna Fornasiero, Carlo Brondi, Davide Collatina, "Proposing an Integrated LCA-SCM Model to Evaluate the Sustainability of Customisation Strategies", *International Journal of Computer Integrated Manufacturing* 0: 0, 2017.

S. K. Lippincott, S. Brooks, A. Harvey, J. Ruttenberg, L. Swindler, J. Vickery, "Librarian, Publisher, and Vendor Perspectives on Consortial E-Book Purchasing: The Experience of the TRLN Beyond Print Summit", *Serials Review*, Vol. 38, Issue 1, 2012.

Sam B., "Introduction: The Importance of Open Communication between Libraries and Vendors", *Journal of Library Adminstration*, Vol. 44. No. 3/4, 2006.

Sarah Raley & Jean Smith, "Community College Library/Vendor Relations", *Journal of Library Administration*, 44: 3 – 4, 2006.

Shepherd, C and Günter, H., "Measuring Supply Chain Performance: Current Research and Future Directions", *International Journal of Productivity & Performance Management*, 55 (3), 2006.

Shripad V. Chandratre, Meghana S. Chandratre, "Marketing of Library and Information Services", *Journal of Commerce & Management Thought*, Vol. 6 – 1, 2016.

Strand, K., Marullo, S., Cutforth, N., Stoecker, R. and Donohue, P., "Community-based Research and Higher Education: Principles and Practices", *San Francisco, CA: Jossey-Bass*, 2003.

Taps, S. B., and K. Steger-Jensen, "Aligning Supply Chain Design with Manufacturing Strategies in Developing Regions", *Production Planning & Control*, 18 (6), 2007.

Timothy J. Tillack, "Pressures, Opportunities and Costs Facing Research Library Acquisitions Budgets: An Australian Perspective", *The Australian*

Library Journal, 63: 3, 2014.

Tompson, J. L., Obrig, K. S. & Abate, L. E., "Web-scale Discovery in an Academic Health Sciences Library: Development and Implementation of the EBSCO Discovery Service", *Medical Reference Services Quarterly*, 32 (1), 2013.

Vieri, Davide, Paolo, Federico, "Supply Chain Performance Measurement Systems: Asystematic Review and Research Agenda", *International Journal of Production Economics*, Vol. 183 (1), 2017.

Wakeham M., "Marketing and Health Libraries", *Health Information and Libraries Journal*, Vol. 21, 2004.

Yvette Diven, Cathy Jones & Katy Ginanni, "Working Collaboratively with Vendors to Create the Products You Want", *The Serials Librarian*, 48: 3-4, 2005.

Zizys, T., "Collaboration Practices in Government and in Business: A Literature Review", *In The Inter-agency Services Collaboration Project*, Edited by: Robert, J. and O'Conner, P. 68-88. Toronto, ON, Canada: Wellesley Institute, 2007.

后　　记

　　1998 年，我因对图书的喜爱而走进图书馆馆配行业，从此全身心地投入工作中，到今天蓦然回首，一路风雨兼程，已然从业 20 年了。当初的爱好和热血，现已成为个人毕生的事业与使命——"为好书找读者，为读者找好书"。在这句话的启发与激励下，我不断在事业上开展各种创新与尝试，三新文化的经营内容也得以不断扩充和升级，力求能为客户提供更好的服务，让企业建立更强的竞争力。

　　在多年为图书馆服务的实践过程中，我逐渐发觉图书馆文献资源建设是一门深奥的学问，其中包含的众多课题，值得人们仔细研究并勇于实践。而帮助图书馆做好文献资源建设，有助于图书发行行业整体的良性发展。于是，我联合各方力量和支持，陆续创办了"馆藏与出版"论坛，以及"图书馆馆长及业务骨干高级研修班"，为馆配领域的图书馆、出版社，以及馆配商等各方人士提供一个学术交流平台，对图书馆文献资源建设等问题进行广泛的探讨和研究。截至目前，"馆藏与出版"论坛已经连续举办了 14 年，"高级研修班"也已连续举办了 5 年。借助这个平台，不少课题都得到各方专家、代表的热烈探讨和解析，我们都受益匪浅，然而仍有一些问题缺乏有效的解决方式。

　　因此，我决定前往武汉大学信息管理学院进修图书馆学博士，希望借此机会能够对文献资源建设领域有更深的认识和领悟。在进修过程中，我陆续走访了全国约 500 家各类型的图书馆，深入调研，并逐

后 记

渐发掘了图书馆文献资源建设中的一些新的研究课题，同时认真开展更进一步的研究。

为提升图书馆馆藏质量，提升文献资源利用率，各类型图书馆采取了多层次的措施，而我则从馆配商与图书馆的合作角度出发，提出了自己的观点。"纸电同步"采购，是我基于目前图书馆电子书采购现状，结合对多方利益的考虑而提出的图书馆电子资源建设的有效途径。"读者决策采购"已在国外应用多年，但在我国却仅以"你选书、我买单""读者荐购"等变形方式进行尝试，其对提升馆藏建设质量的实际作用仍需调查研究；我则试图发掘一套符合我国馆配市场情况，具备实操意义的解决方式。"精准采购"是我根据高校"双一流"建设相关理念而提出的优化馆藏配置的采购方式，力求促进高校图书馆对学科建设的支持。同时，我通过引入"成本效益"等经济学理论及市场营销理念，力图为图书馆与馆配商的合作效益建立一种科学的评估模式，为今后合作绩效考核提供可量化的参考标准。

在研究过程中，我也遇到了一些问题。如新合作模式目前的实践案例仍非常有限，未能获得大量研究样本，从而进行更充分的对比研究。同时，我国图书馆文献资源建设质量也受到来自行业现状等因素的深刻影响，如当前招标采购制度的局限，图书供给端销售政策限制以及图书同质化等问题。这些在本书中也有所提及，但并未展开。

图书馆文献资源建设领域是一块宝藏，仍有众多课题等待进一步研究与探索，在本书撰写的过程中，图情领域亦不断发展变化着。随着图书馆信息化水平的不断提升，新的文献资源建设思路及实施方式也将持续涌现出来，我本人亦将积极探索、不断完善自身的理论体系，努力为图书馆文献资源建设贡献自己的一分力量。

最后，由衷感谢我的导师彭斐章教授、肖希明教授，在我攻读博士学位及论文撰写期间给予了悉心的指导；彭老师是我学术上的明灯，照亮了我前行的道路，肖老师不辞辛劳，在我的学习研究中耐心指导，完善我的研究思路。十分感谢武汉大学信息管理学院的陈传夫教授、方卿教授、黄如花教授、司莉教授、吴丹教授、冉从敬教授、李明杰教授，感谢老师们的辛苦教学，老师们不仅拥有学术界一流的教研水平，还有宽宏的品德和胸怀。十分感激中山大学图书馆程焕文馆长、天津科技大学图书馆王昌禄馆长、北京大学王余光教授、南开大学徐建华教授对我的学习和论文以及实践工作提供了指导。

宋旅黄

2018 年 8 月 18 日

于湖北武汉凌家山